W0253032

GOLDMANN
Lesen erleben

Katharina Stueber

Unzensiert durch Amerika

Gibt's hier noch was zu lachen?

GOLDMANN

Wir haben uns bemüht, alle Rechteinhaber ausfindig zu machen, verlagsüblich zu nennen und zu honorieren. Sollte uns dies im Einzelfall aufgrund der schlechten Quellenlage bedauerlicherweise einmal nicht möglich gewesen sein, werden wir begründete Ansprüche selbstverständlich erfüllen.

Sollte diese Publikation Links auf Webseiten Dritter enthalten, so übernehmen wir für deren Inhalte keine Haftung, da wir uns diese nicht zu eigen machen, sondern lediglich auf deren Stand zum Zeitpunkt der Erstveröffentlichung verweisen.

Dieses Buch ist auch als E-Book erhältlich.

MIX
Papier aus verantwortungsvollen Quellen
FSC® C083411
FSC www.fsc.org

Verlagsgruppe Random House FSC® N001967

1. Auflage
Originalausgabe Dezember 2017

Dieses Buch wurde vermittelt durch die AVA international GmbH
Autoren- und Verlagsagentur, München
www.ava-international.de
Umschlag: Uno Werbeagentur, München
Umschlagfoto: Stefan Maria Rother
Satz: Uhl + Massopust, Aalen
Druck und Bindung: CPI books GmbH, Leck
Printed in Germany
MZ · Herstellung: IH
ISBN 978-3-442-17723-3
www.goldmann-verlag.de

Für Michael Clifton, den positivsten Menschen,
den ich kennengelernt habe,
und für Opa, der immer weiter laufen muss.

Inhalt

Vorwort

Wer kann schon einem 89-Jährigen widerstehen, der einem eine Geburtstagseinladung auf die Facebook-Pinnwand schreibt? Vor allem, wenn sie mit dem zusätzlichen Hinweis kommt, dass er ja hundert Jahre alt werde und jetzt schon mal plane, welche Geburtstage er in den nächsten zehn Jahren, bis zu seinem hundertsten ausgiebig und welche nur im kleinen Kreis feiern wolle.

Dieser jemand war mein Opa.

Ich erinnere mich noch an seine ersten Schritte in den sozialen Netzwerken. Zunächst hatte er beschlossen, sich ein Smartphone zu kaufen. Optimist, der er ist, kaufte er es per Ratenzahlung über fünf Jahre. Es sollte schließlich ein gutes Handy sein. Dann setzte er sich hin und lernte Facebook. Sich hinsetzen und etwas lernen, das ist sein Ding. Ich weiß noch gut, was er als Erstes online unternommen hat. Ich bekam eine Freundschaftsanfrage von Rochard B., sah Opas Foto und wunderte mich. Dann las ich seinen Facebook-Eintrag: »Hilfe, ich heiße gar nicht Rochard, ich heiße RICHARD!! Wie kann ich das ändern? Patty, kannst du das machen?« Mittlerweile heißt er wieder Richard und ist ganz froh darüber. »Rochard ist nun wirklich ein blöder Name«, meinte er im Nachhinein. Er lernt eben gern dazu.

Seine Facebook-Kenntnisse sind immer noch etwas lückenhaft, was man einem 90-Jährigen gut verzeihen kann. Oft verwechselt er, was es heißt, eine private Nachricht zu schicken oder jemandem etwas an die Pinnwand zu schreiben, weswegen meine Geburtstagseinladung auch dort landete.

Das war im Oktober 2016. Die anstehende Feier im Februar 2017. Und Opa war nicht der Einzige, der etwas zu feiern hatte. Allerdings war sein Geburtstag weit weniger kontrovers als das, was rund 62,8 Millionen US-Bürger erleben würden: den Sieg ihres Präsidenten, den Sieg von Donald Trump. Ich beschloss, mir eine Weile frei zu nehmen, um durch die Staaten zu reisen, mit Freunden und Verwandten zu sprechen und zu erfahren, was die Menschen dort bewegt.

»Die Amis sind halt dumm!« oder »Trump hat gar keine Wähler, alles ›getürkt‹!«. Das klang für mich zu einfach. Denn seien wir mal ehrlich, eine Geschichte kann aus vielen verschiedenen Blickwinkeln erzählt werden. Jeder Mensch hat seine eigene Wahrheit und Lebensumstände, die sie formen. Keine Angst, Sie haben sich kein philosophisches Was-der-Mensch-wirklich-ist-Buch gekauft. Ich bin auch keine Anthropologin, kein Geschichtsexperte à la Guido Knopp oder Enthüllungsjournalist wie Günter Wallraff. Ich bin eine 30-jährige Comedyautorin aus Berlin, die losgezogen ist, um zu hören, was die Menschen auf der anderen Seite des großen Teichs zu berichten haben, deren Stimmungen aufzufangen und niederzuschreiben. Ohne Anspruch auf Allgemeingültigkeit, denn auch ich habe meine Sichtweise, meine Wirklichkeit. Was ich Ihnen aber vorweg schon sagen kann, ist, dass mich diese Reise verändert hat und ich erkannt habe, dass man nie gut daran tut, Dinge nur in Schwarz und Weiß, Gut und Böse oder Richtig und Falsch zu unterteilen.

KALIFORNIEN

»Los Angeles ist eine intellektuelle Wüste,
deren einziger Beitrag zur amerikanischen Kultur
darin besteht, dass man bei Rot
rechts abbiegen darf.«

Woody Allen

Auf in die USA

»Hier werden Träume wahr«, tönt es von den Bildschirmen im Flugzeug. »Willkommen an Bord des 787 Dreamliners.«

Kurz zusammengefasst ist dieser Flieger mit hochmodernem Schnickschnack ausgestattet, den kein Mensch braucht, der aber in spätestens einem Jahr nicht mehr wegzudenken sein wird. Für jeden der zwei- bis dreihundert Passagiere gibt es ein eigenes Display samt Fernbedienung, das keine Wünsche offen lässt: Filme, Serien, Musik, Spiele und die Möglichkeit, per Kreditkarte Essen und Getränke zu bestellen, sowie die Option, dem Flugbegleiter eine Nachricht zu senden, was man außerdem braucht, um die Reise kostenpflichtig noch schöner zu haben. Ohrstöpsel beispielsweise.

Die Kabine ist mit indirekter Beleuchtung ausgestattet, die je nach Tages- oder Nachtzeit, Start oder Landung von warmem Sonnengelb über puffiges Pink bis hin zu dunklem Blau changiert. Gepaart mit einem angenehmen Lilienduft aus den Klimadüsen soll das den Jetlag reduzieren. Ich bin gespannt. Die Fenster sind viel größer als in einem normalen Flugzeug, und man kann per Knopfdruck verschiedene Abstufungen von Verdunkelung auswählen. Donnerwetter. In einem Werbefilm, der auf dem Display läuft, wird außerdem erklärt, dass dieses Flugzeug viel umweltschonender ist als vergleichbare Modelle. Weniger Schallemissionen, geringerer Kerosinverbrauch und Gewichtsersparnis. Da hat man das Gefühl, dass man etwas zum Umweltschutz beiträgt. Für die Meilen kann man sich ja dann einen fetten Mercedes mieten.

Die Sitze sehen ein bisschen aus wie diese tollen Managerstühle in den Wolkenkratzern aus amerikanischen Serien. Ich bin 34A. Das konnte ich mir schon bei der Onlinebuchung aussuchen. Der Platz ist in der vorletzten Reihe. Die letzte habe ich nicht genommen, weil ich glaube, dass man da die Sitze nicht zurücklehnen kann, und mir die Illusion bewahren möchte, irgendwann meinen Sitz zurückzukippen. Kackfrech. Einfach so. Da muss ich an meine Lieblingsantwort vom Familienduell denken: »Wir haben 100 Leute gefragt, nennen Sie einen Ort mit viel Beinfreiheit! Antwort: Spanien.«

Fast ganz hinten zu sitzen hat auch den Vorteil, dass in dem Dreamliner die letzten beiden Reihen nur zwei Sitze nebeneinander haben statt drei.

Ich habe zwei Fantasien dazu:

Bei der ersten kommt eine Flugbegleiterin und bittet mich auf Grund eines Problems bei der Platzvergabe aufzustehen und in der 1. Klasse Platz zu nehmen. Zwei andere Fluggäste, zum Beispiel Mutter und Kind, müssten UNBEDINGT zusammensitzen. Meine zweite Variante ist, dass der andere Platz ebenfalls von einem gut aussehenden Single gebucht wurde und wir über den Wolken zehn Stunden lang das tollste Date unseres Lebens haben. Wir essen zusammen, ohne entscheiden zu müssen, ob italienisch, chinesisch oder indisch, es gibt eben, was es gibt. Chicken, Beef oder vegetarisch. Die Frage, wer bezahlt, stellt sich auch nicht, und hinterher können wir gemeinsam einen Film schauen. Wenn wir uns nicht einigen können, welchen, dann guckt eben jeder den, den er will, und man hat danach Gesprächsstoff. Dann, und das ist mein Lieblingsteil, verbringen wir die Nacht zusammen, ohne dass wir uns über fehlende Rasuren, Verhütung oder etwaige Geschlechtskrankheiten Sorgen machen müssen.

Am nächsten Morgen gibt es Frühstück ans Bett, obwohl keiner von uns beiden aufstehen musste. Hat doch was.

Bis kurz vor knapp bleibt der Platz neben mir frei. Dann wird es plötzlich dunkel. Oben dunkel, unten dunkel, rechts und links dunkel. Ich denke an eine spontane Notfallübung und beschließe, vorbildhaft Ruhe zu bewahren, und suche die Leuchtstreifen am Boden, die mich zum Notausgang führen. Da ich einmal für ein Theaterprojekt eine Domina im Stewardesskostüm gespielt habe, kenne ich mich in einem Flugzeug mindestens genauso gut aus wie der Gimp in »Pulp Fiction« in seiner Kiste. Aber Pustekuchen. Plötzlich höre ich ein Brummen, dann gibt es eine erdbebenartige Erschütterung. Es wird deutlich wärmer. Für einen Moment denke ich, dass ich keine Luft bekomme, doch dann kann ich zumindest die Deckenbeleuchtung wieder sehen. Was zur Hölle war das? Meine Hand tastet in eine warme Dunkelheit, und ich spüre einen heißen Widerstand. Fühlt sich an wie ein Autositz, auf den zu lange die Sonne geschienen hat. Ich beuge mich ein wenig vor, etwas ängstlich, aber auch von kindlicher Neugier beflügelt, das Unbekannte zu erforschen. Als ich meine Hände ins Dunkle schiebe wie ein Pantomime, der eine Tür sucht, brummt es plötzlich wieder. Meine Augen versuchen, die Geräuschquelle zu orten, und wandern an dem 1,90 Meter großen Fleischmassiv hoch, das den Sitz neben mir und die Hälfte meines Platzes eingenommen hat. Er ist ein Klischeeamerikaner. Übergewichtig und ignorant. Die nächsten zehn Stunden beobachte ich, wie mein Sitznachbar nichts tut, nichts in dem megacoolen Entertainmentsystem schaut, aber alles isst, dessen er habhaft werden kann. Ich denke an den Alien, der sich die Haut des Bauern Edgar in »Men in Black« angezogen hat, und bin mir nach vier Stunden sicher, dass ein Alien in dem Mann neben mir wohnen muss.

Ich weiß, was Sie jetzt denken: »Die Stueber, die hat etwas gegen Dicke!« Aber das stimmt nicht. Von mir aus können alle so dick sein, wie sie wollen. Ja ehrlich. Wenn man aber so übergewichtig ist, dass man im Flugzeug einen zweiten Anschnallgurt braucht, um den regulären zu verlängern, und der eigene Oberschenkel so dick ist, dass er beide Beine der Sitznachbarin um ein Vielfaches an Umfang übertrifft, dann finde ich, dass man das auch kommunizieren könnte. Zum Beispiel, indem man vorschlägt, die Plätze zu tauschen, damit der andere nicht zwischen Fenster und Bauchfett eingesperrt ist. Oder dass man wenigstens ein nettes Gespräch anfängt, um sich die Zeit zu vertreiben. Der Koloss von Rhodos sieht das anscheinend anders.

Zweimal bemühe ich mich aufzustehen, um auf die Toilette zu gehen und mir ein bisschen die Beine zu vertreten. Alleine die Vorbereitung dafür nimmt schon gefühlt mehrere Stunden in Anspruch. Tage, bis er den Anschnallstecker wiedergefunden hat, der sich irgendwo im Marianengraben seines Hinterteils verkrümelt hat. Jahre, bis er in Wallung kommt und aufsteht. Ach, da landet der Flieger auch schon sechs Stunden später. Ich finde, dass ich zumindest nur die Hälfte des Preises für die Hälfte des Sitzes hätte zahlen müssen. Aber hey! Immerhin noch nicht das schlechteste Date, das ich je hatte. Und ich bin in Los Angeles, mein Abenteuer kann beginnen.

Los Angeles: der große rote Elefant

Ich frage mich, wie lange es dauert, bis ich das erste Mal kontrontiert werde mit dem jähzornigen Geschäftsmann aus dem Reality-TV, diesem dünnhäutigen Dickhäuter, Wrestler, Grabscher, von dem zumindest in Deutschland kaum jemand gedacht hatte, dass er es mal zum Präsidenten der Vereinigten Staaten bringen würde. Schon oft habe ich Amerika bereist, und doch habe ich das Gefühl, dass es dieses Mal anders werden wird.

Ich marschiere neben den großen Rollbändern entlang, die viele Passagiere nutzen, obwohl sie gerade stundenlang unbeweglich in einem Flugzeug saßen. Ein paar Meter weiter laufen mehrere Korridore zusammen, zu uns stoßen Passagiere von anderen Gates. Der Weg führt auf eine Treppe zu. Und während die ersten Leute anfangen, sich darüber zu beschweren, wie es denn sein kann, dass man an einem Flughafen eine Treppe benutzen muss, bleibt die Menschenmasse wie auf Kommando plötzlich stehen. Da ist er, der große rote Elefant. Noch nicht in persona, aber fast.

Über der Treppe steht in großen Buchstaben: LOS ANGELES AIRPORT – WELCOME TO THE UNITED STATES OF AMERICA. Daneben hängt ein übergroßes Porträt des noch amtierenden

Präsidenten Barack Obama, bei dessen Anblick eine Mitvierzigerin direkt in Tränen ausbricht. Ein junges Mädchen wischt sich ebenfalls mit dem Handrücken über die Wange. Ihr Freund fasst sie bei der Hand und schüttelt traurig den Kopf. Viele der Menschen um mich herum zücken ihre Handys in dem Wissen, dass ab morgen dort ein übergroßes Porträt von Donald Trump hängen wird. »Es ist eine Schande«, höre ich eine ältere Dame zu ihrem Mann sagen.

Ansonsten gestaltet sich die Einreise außerordentlich einfach. Statt an Schaltern anzustehen und sich von Menschen ins Kreuzverhör nehmen zu lassen, benutzt man nun Automaten, die diesen Job erledigen.

Ich scanne meinen Pass ein, beantworte alle Fragen mit »nein«, genau wie ich es online schon Wochen zuvor beim Einreiseantrag getan habe. Seit 2008 wird hier in einer ausgebufften Sherlock-Holmes-Arbeit herausgefunden, ob man den Vereinigten Staaten etwas Böses will, sodass Columbo vor Ehrfurcht das Glasauge herausfallen würde.

Auf dem Formular stehen Fragen wie:

Leiden Sie an einer ansteckenden Krankheit, an einer körperlichen oder geistigen Störung, oder betreiben Sie Drogenmissbrauch oder sind drogenabhängig?

Beabsichtigen Sie, zum Zweck krimineller oder sittenwidriger Handlungen einzureisen?

Waren Sie jemals oder sind Sie gegenwärtig an Spionage- oder Sabotageakten, an terroristischen Aktivitäten oder an Völkermord beteiligt, oder waren Sie zwischen 1933 und 1945 in irgendeiner Weise an Verfolgungsmaßnahmen im Zusammenhang mit dem Naziregime oder dessen Verbündeten beteiligt?

Haben Sie jemals eine Person mit U.S.-Staatsbürgerschaft daran gehindert, das ihr gerichtlich zustehende Sorgerecht für ein Kind auszuüben, oder haben Sie ihr dieses Sorgerecht vorenthalten oder verweigert?

Und letztendlich:

Haben Sie sich auf Grund von Täuschung oder Falschangaben ein Visum oder Zutritt zu den Vereinigten Staaten verschafft?

Früher konnte man dieses Formular im Flugzeug ausfüllen. Damals stand noch der Hinweis darunter, wenn man irgendwo mit »ja« geantwortet hat, sollte man sich umgehend beim Flugpersonal oder gleich bei der Polizei am Flughafen melden.

Wahrscheinlich hat es den Amerikanern irgendwann gedämmert, dass es vielleicht ein bisschen zu spät ist, wenn man erst im Flugzeug feststellt, dass ein geistig behinderter, drogenabhängiger Nazispion mit der kriminellen Absicht, ein Kind zu entführen, und auch noch mit falschem Pass (!) in der Maschine sitzt. Jetzt wissen sie das vorher und können den Antrag auf Einreise ablehnen: »Ätsch bätsch, in unser tolles Land lassen wir dich nicht, mach deinen Kram doch zu Hause bei dir.«

Mir juckt es immer in den Fingern, einfach mal bei der Spionagefrage »ja« anzukreuzen und bei Anmerkungen »aber bitte nicht weitersagen« zu ergänzen. Um wie vieles kürzer wohl diverse Filme wären, wenn alle so wahrheitsgetreu Fragen beantworteten würden, wie es sich die Amerikaner vorstellten. »Kap der Angst« zum Beispiel. Nick Nolte sagt zu Robert De Niro: »Haben Sie vor, unser Hausboot mit meiner Familie zu entführen und uns alle zu quälen?« – »Ganz recht, das habe ich.« – »Okay, kleinen Moment, dann müsste ich mal kurz telefonieren.«

Oder James Bond:
»Bond. James Bond.«
»Sind Sie ein Spion?«
»Ja ...«
Peng. Ende.

Ich lege meine Hand auf eine gläserne Oberfläche, die meine Fingerabdrücke scannt, und lasse ein fesches Foto von mir schießen. Die Abdrücke und das Bild bekomme ich hinterher auf einem dollarscheingroßen Zettel ausgedruckt, den ich dann noch vorzeigen muss. Es folgt Ernüchterung. Jetzt heißt es doch noch anstehen. Und die Schlange, in der ich stehe, bewegt sich nur millimeterweise vorwärts.

Ein Mann in Uniform schaut auf die Ausweisdokumente und schickt die Ausländer nach rechts zu zwei geöffneten Schaltern, die Amerikaner nach links, zu vier anderen.

An seinem Gürtel hängen eine Pistole, Handschellen, ein Schlagstock und ein Taser. Der Mann arbeitet für ein Sicherheitsunternehmen, ist also kein richtiger Polizist. Ich bekomme immer einen Kloß im Hals, wenn ich daran denke, dass es in diesem Land mehr Schusswaffen als Einwohner gibt.

Es wird deutlich, dass beim Immigrationsprozess kein Spaß verstanden wird. Alle sind verdächtig. »Im Zweifel für den Angeklagten« wurde mit Sicherheit nicht an einem Flughafen in Amerika erfunden. Als ich endlich dran bin, stellt mir der Beamte dieselben Fragen, die ich bereits zweifach schriftlich beantwortet habe.

Woher ich komme, wohin ich will, wo ich wohnen werde, was ich beruflich mache, wie mein Familienstand ist.

Seine Landsleute sind mittlerweile bestimmt schon längst zu Hause, ihre Schalter sind längst geschlossen. Sie haben sicherlich schon ihre Lieben begrüßt, ihre Koffer ausgepackt, sich hingelegt, sind wahrscheinlich sogar schon wieder aufgestanden und haben den nächsten Urlaub gebucht.

In einem Supermarkt wäre das undenkbar (»Gabi, zweite Kasse bitte!), aber hier gibt es Menschen mit Privilegien – das sind die US-Bürger – und welche ohne – das sind wir.

Nach insgesamt einer Stunde trete ich aus der Tür des Flughafens. Draußen hängen dicke, schwere Wolken über der Stadt, die für ihren Sonnenschein bekannt ist. Leichter Regen setzt ein. Die ältere Dame, die sich gleich nach dem Ausstieg Sorgen um die Zukunft gemacht hat, steht zufälligerweise wieder neben mir, während ich nach meinem Uber-Fahrer Ausschau halte. »Sogar der Himmel weint«, kommentiert sie das Wetterphänomen. Dann steigt sie mit ihrem Mann in ein Taxi, und sie fahren davon.

Ich schaue noch einmal auf mein Handy. Mein Fahrer heißt Hashid und fährt einen grauen Toyota Prius. An der Uber-Haltestelle sehe ich das Modell und steuere geradewegs darauf zu, als ich sehe, dass ein Farbiger aussteigt.

Mein Fahrer sollte eher hellhäutig aussehen. Aber wer weiß, vielleicht ist die Aufnahme, die ich auf meinem Handydisplay sehen kann, auch nur äußerst unglücklich?

»Hashid?«, rufe ich, und er schüttelt belustigt den Kopf. »Mädchen, Toyota Prius fahren wir alle. Solange du nicht ein Typ namens Mike bist, kann ich dich nicht mitnehmen.«

Ich stimme ihm zu, obwohl mich im selben Moment interessiert, wer wohl dieser Mike ist und wohin er fährt. Mein Blick wandert an der wartenden Autoschlange entlang, und tatsächlich sind von zehn Autos, die ich sehen kann, sieben Toyotas. Sofort muss ich wieder an Trump denken. Der hat der Autoindustrie noch vor seiner Inauguration mit Strafzöllen gedroht, wenn sie in mexikanische Werke investieren. Sogar die japanische Regierung hat sich schon zu Wort gemeldet und Toyota in Schutz genommen, aber es half alles nichts. Toyota hat seine Pläne für ein neues Werk gestrichen und brav versprochen, mehr Arbeitsplätze in den USA zu schaffen. Auch die deutsche Autoindustrie ist vor Trump nicht sicher. In einem Interview mit der Bildzeitung hat er herumgenörgelt: »Deutschland ist ein großartiges Land, ein großes Herstellerland. Wenn man durch die 5th Avenue geht, hat jeder einen Mercedes-Benz vor seinem Haus stehen, stimmt's? Tatsache ist, dass ihr den USA gegenüber sehr unfair wart. Es besteht keine Gegenseitigkeit. Wie viele Chevrolets sehen Sie in Deutschland? Nicht allzu viele, vielleicht gar keine, man sieht drüben gar nichts, es ist eine Einbahnstraße. Es muss in beide Richtungen laufen. Ich will, dass es fair ist, es muss Gegenseitigkeit bestehen und deswegen verlieren wir fast 800 – stellen Sie sich das vor – 800 Milliarden Dollar pro Jahr beim Handel, also wird das aufhören!«

»Katharina?« Hashid ist da. Er spricht Englisch mit einem harten Akzent. Ich mutmaße, dass er Perser ist. Wo ich hinmöchte, weiß er durch die Uber-App bereits. Woher ich komme, will er erfahren. Aus Deutschland, antworte ich ihm, und wie aus der Pistole geschossen fragt er, was ich vom zukünftigen Präsidenten halte. Genauer genommen, was Deutschland über ihn denkt. »Naja«, beginne ich, doch seine Frage diente nur der Einleitung, denn sofort reißt er das Gespräch an sich und erzählt mir, was ihm auf dem Herzen liegt: »Barack Obama war der beste Präsident, den wir je hatten. Ich lebe hier seit 45 Jahren, ich komme aus dem Iran, und meine Frau ist krank. Wenn Trump Obamas Gesundheitssystem abschafft, dann wird sie bestimmt sterben ...« Heidewitzka, denke ich. Trump ist noch nicht mal im Amt, und Hashid stellt gedanklich bereits eine Urne auf den Kaminsims.

»... Ich werde meinen Job verlieren«, fährt er fort. »Ich bin 63 Jahre alt. Ich hatte ein Taxiunternehmen, aber dann kam Uber und hat alles kaputt gemacht. Sie drücken die Preise.«

»Aber du arbeitest doch selbst als Uber-Fahrer?«, frage ich ihn vorsichtig. »Ich bin alt, kein Taxiunternehmen will mich mehr«, versucht er zu erklären, schwenkt dann aber gleich auf das nächste Thema um: »Und jetzt nimmt mir Trump mein Auto weg, weil es ein Toyota ist. Ich liebe Toyotas, das sind tolle Autos. In Deutschland fahren alle einen Mercedes. Und die fahren jetzt schon bald alleine. Das habe ich im Fernsehen gesehen. Da braucht man dann gar keine Taxifahrer mehr. Wovon soll ich denn leben?« Die Verzweiflung in seiner Stimme ist unüberhörbar, und er sieht mich durch den Rückspiegel an. Plötzlich fühle ich mich, als ob das meine Schuld wäre, und ziehe mich in meine Rumpelkammer zurück.

So nenne ich es, wenn mir wahnsinnig viel im Kopf herumgeht und ich das Gefühl habe, weder ein noch aus zu wissen. Ich stelle mir dann meine Gedanken wie einen Abstellschrank vor, in dem kreuz und quer überall Zeug herumfliegt. Da hilft nichts, man muss durchatmen und erst mal aufräumen. Dann weiß ich, was wegkann und welche Sachen ich wozu sortiere. Das hilft mir oft, einen halbwegs klaren Kopf zu bekommen.

»In Deutschland fahren gar nicht alle Mercedes«, sage ich, um Hashid irgendwie zu beruhigen, finde aber gleichzeitig, dass es ziemlich dämlich und klugscheißerisch klingt. Aber er lässt die Bemerkung zum halb geöffneten Fenster auf den Highway hinausfliegen, und sie geht im allgemeinen Gebrumm der sich stauenden Autos unter. Dann schneidet er direkt das nächste Thema an:

»Ich habe viele Verwandte im Iran. Ich besuche sie jedes Jahr. Für Trump sind doch alle Moslems Verbrecher. Stell dir vor, er lässt niemanden mehr aus dem Iran in die USA. Das wäre ein Alptraum. Meine Frau soll noch einmal nach Hause können, um sich von allen zu verabschieden, wenn es so weit ist. Ich habe mein Leben lang hart gearbeitet, und jetzt wird mein Leben von Tag zu Tag unsicherer. Das ist nicht in Ordnung.«

Einen kurzen Moment schweigen wir beide, dann kommt er zu einem der Anfangsthemen zurück: »Du solltest auch kein Uber fahren, das ist nicht gut.«

Ich versuche, ihm zu erklären, dass ich kein glühender Fan des Unternehmens bin, aber zugeben muss, dass es mir im Ausland bisher immer gute Dienste geleistet hat, gerade wenn ich alleine unterwegs bin. Denn die App teilt einem nicht nur mit, wer einen fahren wird, sondern auch, wie viel die Strecke kostet. Den Preis nicht erst verhandeln zu müssen oder sich nicht plötzlich in der unangenehmen Situation zu befinden, an einer unfreiwilligen Stadtrundfahrt teilzunehmen, schätze ich sehr. Zudem muss ich auch gestehen, dass es mir ein Gefühl von Sicherheit vermittelt, dass die Fahrten aufgezeichnet werden. Obwohl es einen echten Psychopathen vermutlich nur sekundär interessiert, ob es nachzuvollziehen ist, dass ich zuletzt in seinem Auto saß.

»Ich wünschte, ich wäre noch mal jung«, träumt Hashid. »Vielleicht würde ich dann nach Deutschland gehen. Merkel hasst die Moslems nicht. In Deutschland kann es noch jeder zu was bringen.« Und nach einer kurzen Pause ergänzt er: »Hätte ich doch bloß noch die beiden Taxen. Dann wäre alles ein bisschen besser.«

Ich versichere ihm, dass ich mit ihm auch im Taxi fahren würde. »Das ist nett. Du bist ein gutes Mädchen«, lobt er mich und hält an. »Wir sind da. Allah sei mit dir.« »Und mit dir und deiner Familie«, antworte ich und steige aus. Als ich seinem Prius hinterhersehe, bemerke ich Schmerzen in der Magengegend. Ich bin noch nicht einmal zwei Stunden in den Staaten und fühle, wie der große rote Elefant mit der toten Biberschwanzfrisur einen bedrohlichen Schatten wirft, bevor er überhaupt in den Porzellanladen hineingelassen wird.

Erschöpft falle ich in meinem Airbnb-Zimmer ins Bett.

It Never Rains in Southern California

Am nächsten Morgen nehme ich eine Dusche und beschließe, spazieren zu gehen. Draußen nieselt es zwar immer noch, aber das kann mich nicht aufhalten. Ich brauche Bewegung. Ein Schauspielkollege hatte mir das »Urth Caffé« auf der Melrose Avenue empfohlen, knapp anderthalb Stunden zu Fuß. Sie sehen, ich meine es ernst, wenn ich spazieren gehe. Meine Wanderlust wird aber bereits nach zehn Minuten massiv geschwächt, weil sich aus dem Nieselregen Bindfäden entwickeln. Wie lange kann so ein Regen in Los Angeles wohl dauern? Hier regnet es so gut wie nie. Tapfer marschiere ich weiter, immerhin ist es nicht kalt, und meine Kunstlederjacke gibt ihr Bestes, die dicken Tropfen abperlen zu lassen. Nach einer halben Stunde pladdert es wie verrückt. Ich bin komplett durchnässt. Und dann fährt einer der Autofahrer auch noch durch die tiefen Pfützen am Straßenrand, und – platsch – ich bin endgültig von Kopf bis Fuß nass, obwohl ich versucht habe, geistesgegenwärtig zur Seite zu springen. Gibt es hier denn nirgendwo eine Bushaltestelle oder einen Taxistand?

Plötzlich hupt es neben mir, und ich mache mich innerlich bereit, eine wilde Schimpftirade loszulassen, sollte ich erneut Opfer eines hinterhältigen Pfützenterroristen werden.

»Hey, Mädchen! Steig ins Auto, du holst dir noch den Tod«, vernehme ich eine Frauenstimme. Sie kommt aus einem kleinen Ford Fiesta, dem vermutlich kleinsten Auto, das ich jemals in Amerika gesehen habe.

Ich zögere und wäge ab. »Niemals zu Fremden ins Auto steigen«, höre ich die Stimme meiner Mutter. Andererseits sieht die junge Frau wenig bedrohlich aus, und ich bilde mir ein, dass ich sie »schaffen« könnte, sollten wir eine körperliche Auseinandersetzung haben.

»Nun mach schon, ich kann dich ein paar Blocks mitnehmen«, erläutert sie ihr Angebot. »Ich bin aber ganz nass, ich sau dir dein Auto ein«, gebe ich ihr zu bedenken und schüttele innerlich über mich selbst den Kopf, da sie mich ja mitnehmen will, eben *weil* ich so nass bin.

»Das Auto ist so alt, dem macht es nichts aus«, erwidert sie und überzeugt mich einzusteigen.

»Ich heiße Gabriela! Musst du zur Arbeit? Ich muss zur Arbeit. Ein paar Blocks die Straße runter, ich arbeite in einem französischen Restaurant als Küchenhilfe.«

»Ah okay. Nein, ich muss nicht zur Arbeit. Ich heiße Katharina, ich will zum Urth Caffé.«

»Zum Urth? Auf der Melrose? Das ist aber noch ziemlich weit. Was willst du denn da?«

»Einen Kaffee trinken und mich aufwärmen.«

»Ist dein Auto kaputt?«, fragt Gabriela, und ich kann in ihrem Gesicht sehen, wie es in ihrem Kopf arbeitet, um zusammenzubekommen, wieso um alles in der Welt eine Frau morgens im strömenden Regen einen für sie scheinbar sehr weiten Weg auf sich nimmt.

»Nein, ich habe gar kein Auto. Ich bin zu Besuch in der Stadt, und ein Freund sagte mir, dass es ein sehr schönes

Café ist. Ich bin gestern erst angekommen und wollte mich nach dem langen Flug bewegen.«

»Aber dios mio, es regnet, das ist der El Niño. Da hast du dir aber einen schlechten Zeitpunkt ausgesucht, um nach L.A. zu kommen.«

Ich nicke. El Niño. Von dem Wetterphänomen habe ich schon mal gehört. Klingt nach Erdkundeunterricht in der 8. Klasse. Vor meinem inneren Auge sehe ich Grafiken mit Kalt- und Warmwasserströmen. Ich denke an Passatwinde und den Pazifik, aber es will kein sinnvolles Bild in meinem Kopf entstehen. Setzen, Sechs!

»Was ist der El Niño?«, frage ich meine Fahrerin ungeniert und hoffe auf eine verständliche Erklärung.

»Das ist, wenn es zu viel regnet! Passiert nicht oft, aber passiert!«, erklärt sie kurz und knapp. Mhm. Hätte ich doch in der Mittelstufe mal aufgepasst und weniger Zettelchen geschrieben.

Das dichte Treiben des Verkehrs lässt uns im Schneckentempo vorankommen, und die Wassermassen, die auf die Windschutzscheibe klatschen, erschweren Gabriela die Sicht.

»Verdammt, ich werde zu spät kommen«, sagt sie und überprüft zugleich, ob es nicht sinnvoller wäre, ein weiteres Mal die Spur zu wechseln. »Eigentlich ist es gar nicht mehr weit. Siehst du die Tankstelle dahinten? Da würde ich dich rauslassen, weil ich abbiegen muss. Vielleicht kannst du dir dann ein Taxi rufen.«

»Super, vielen Dank, dass du mich eingesammelt hast.«

»Na klar, gerne. Mir tat es so leid, dass die Leute dich nass gespritzt haben. Das hat keiner verdient. Außer dem da.« Sie zeigt auf einen jungen Mann am Straßenrand, der eine völlig durchweichte Collegejacke und eine Schirmmütze trägt und genau wie ich nur wenige Minuten zuvor am Straßenrand entlangstapft.

»Was ist mit ihm?«, frage ich sie. »Der ist ein Arsch«, antwortet sie, »der arbeitet auch im Restaurant. Ständig macht er sich darüber lustig, dass ich Mexikanerin bin. ›Eine Mexikanerin in einem französischen Restaurant‹«, äfft sie ihn nach »›So weit ist es jetzt schon. Chica, du kannst nicht auf alles Nachosoße kippen. Das ist hier Belle Cuisine‹«, fährt sie in ihrer Darbietung fort. »Ich richte da die Teller an, weißt du? Und wenn ich den kleinsten Fehler mache, verpetzt er mich sofort. Er sagt, dass meine mexikanischen Wurstfinger zu fett sind, um gut zu arbeiten. Der Arsch! Geschieht ihm recht, wenn er jetzt nass wird. Außerdem trägt er immer zu viel Deo – da würde mein schönes Auto tagelang nach dem Zeug riechen. Nie und nimmer würde ich den mitnehmen. Nimm das!«, sagt sie herausfordernd und zeigt ihm unterhalb der Fensterkante den Mittelfinger, während sie den Kopf einzieht, damit er sie nicht sieht.

»Jetzt hast du es ihm aber gegeben«, kommentiere ich ihre Verrenkung anerkennend, dann setzt sie mich an der Tankstelle ab. Nach einem weiteren fünfzehnminütigen Fußmarsch erreiche ich eine Bushaltestelle. Mittlerweile ist es mir schon egal, ob der Bus mich meinem Ziel näher bringt, Hauptsache, ich kann wieder im Trockenen sitzen.

Aber tatsächlich fährt er die Melrose Avenue entlang, und ich erreiche schließlich das Urth Caffé. Es ist sehr klein, aber gemütlich, und ein Platz erregt sofort meine Aufmerksamkeit. Er befindet sich an einem kleinen Tisch direkt neben einem Kamin, in dem ein prasselndes Feuer Wärme verspricht. Leider ist er besetzt, von einer Frau, deren T-Shirt verrät, dass sie in dem Laden arbeitet.

Jetzt gilt es, sich vorzuarbeiten. Vermutlich macht sie gerade eine Pause. Wie lange kann das schon dauern? Gedankenversunken starrt sie in die Flammen und ignoriert meine Frage, ob der Stuhl ihr gegenüber noch frei ist.

Vorsichtig tippe ich mit dem Finger auf ihre Schulter und hoffe auf ihr Mitgefühl beim Anblick der dicken Tropfen, die von den Haarspitzen auf meine Jacke perlen, um dort im Kunstleder zu versickern.

Angestrengt dreht sie ihren Kopf zu mir und schaut mich mit kleinen, müden Augen an. »Entschuldigung, kann ich mich dazusetzen?«, frage ich sie, bemüht ebenso liebesbedürftig auszusehen wie sie. Das quittiert sie mit einem leichten Achselzucken und wendet sich wieder dem Feuer zu. Ich bestelle einen Milchkaffee und beobachte voller Neid, wie ihr Gesicht immer röter von der Wärme des Kamins wird.

Ob Missgunst wohl von unseren Urinstinkten herrührt?

Nass. Kalt. Feuer. Kathi will am Feuer sitzen. Frau muss weg. Kathi Frau wegschubsen. Kathi warm.

Kurz bevor ich ihr in Gedanken mit meiner imaginären Keule eins überziehe, steht sie auf und verschwindet hinter einer Tür nur für Mitarbeiter.

Während ich meine Jacke von der Stuhllehne nehme, um sie über den Sitz gegenüber zu werfen, steht bereits der nächste Höhlenmensch an meinem Tisch.

»Ist hier noch frei?«, fragt der Mann. »NEIN!«, knurre ich ihn an und schiebe mich ganz nah entlang der Tischkante in Richtung des begehrten Platzes. Dabei versuche ich, gleichzeitig ihn und den Stuhl, auf den ich mich setzen will, zu fixieren, was dazu führt, dass ich grotesk schiele. »Den da kannst du haben«, sage ich zu ihm, als ich schon fast sitze, und nicke dabei lässig zu meinem alten Sitzplatz, auf dem die Nässe deutliche Spuren meines Hinterns hinterlassen hat. »Schon gut!«, sagt er und zieht sich zurück, während ich innerlich triumphiere.

Kathi gut gemacht!

Nun gilt es, das Meiste aus meinem Sieg herauszuholen. Dafür ziehe ich zunächst heimlich unter dem Tisch die

Schuhe aus. Ich plane, erst die Schuhe am Feuer zu trocknen, um dann, während meine nackten Füße in den trockenen Schuhen verweilen, die nassen Socken zum Feuer zu hängen. Beides gleichzeitig zu trocknen würde bedeuten, barfuß am Tisch zu sitzen, was meiner Meinung nach zu viel Aufmerksamkeit erregt. Nicht, dass noch am Ende jemand denkt, ich wäre komisch. Da ich schwarze Socken trage, hoffe ich, dass die Leute, wenn sie mir nur flüchtig auf die Füße gucken, von schwarzen Schuhen ausgehen. Niemand erwartet, dass man in einem Café in Socken sitzt.

Es dauert einen Moment, bis ich das richtige Arrangement gefunden habe. Meine Jacke verdeckt den Blick auf meine trocknenden Schuhe, beides dicht genug am Feuer, um effizient zu trocknen, aber nicht angesengt zu werden.

Aus meinem kleinen Rucksack ziehe ich meine Reiseschreibmaschine. Das ist ein kleiner Laptop, den ich vorsichtshalber in ein Handtuch eingewickelt habe, mit dem ich mir nun schnell die Haare frottiere. Den restlichen Inhalt des Rucksackes, mein Portemonnaie und mein Notizbuch, lege ich vor mich auf den Tisch, der Rucksack selbst kommt zu den Schuhen. Ich beschließe, dass es ein guter Zeitpunkt ist, ausgiebig zu frühstücken, da ich schätzungsweise die nächsten zwei Stunden hierbleiben möchte, bis alles trocken ist.

Als ich meine Bestellung aufgegeben habe, ertönt aus der Seitentasche meines Rucksacks die Knight-Rider-Titelmusik. Wer sollte mich denn jetzt anrufen? Das Handy ist schön angewärmt, das tut dem Akku bestimmt gut.

»Hallo?«, sage ich.

»Hey, hier ist Jack«, tönt es aus dem Lautsprecher. »Was machst du?«

»Ich sitze mit einem Handtuch um den Kopf vorm Feuer und warte auf mein Avocadobrot.«

»Bist du im Hotel?«, will Jack wissen.

»Nee«, antworte ich. »Ich wohn in einer Airbnb-Wohnung in Silverlake. Aber jetzt bin ich im Urth Caffé.«

»Mit einem Handtuch?«, fragt er ungläubig und ergänzt nach einer kurzen Pause: »Sehen wir uns heute Nachmittag? 14 Uhr? Soll ich dich in Silverlake abholen?«

»Gerne, bis später«, erwidere ich und lege zufrieden auf. Jack – lassen Sie sich von dem Namen nicht täuschen – ist Deutscher, wollte aber irgendwie immer lieber Amerikaner sein. Wir haben uns in Berlin kennengelernt bevor er für den ganz großen Durchbruch nach Amerika gezogen ist. Leider ist der bisher ausgeblieben. Meistens wird er als Nazideutscher besetzt, was angesichts seiner dunklen Haare merkwürdig anmutet, aber deutsch ist eben deutsch. Inzwischen lebt er in Los Angeles und verdient sich etwas als Yogalehrer dazu.

Ich öffne die WLAN-Einstellungen in meinem Handy, kann aber kein Netzwerk finden. Die Bedienung erklärt mir, dass wir uns hier an einem Ort befinden, wo man miteinander kommunizieren soll. Deswegen gibt es aus Prinzip kein WLAN. »Wir wollen miteinander reden«, fügt sie noch einmal hinzu und ist im Begriff, hinter den Tresen zurückzukehren.

»Worüber denn?«, frage ich sie. »Worüber was?«, erwidert sie irritiert. »Worüber wir reden wollen? Setz dich doch«, biete ich ihr den nassen Stuhl gegenüber an. Wahrscheinlich fragt sie sich, ob ich völlig gestört bin. Immerhin trage ich ein Handtuch auf dem Kopf. Sie holt tief Luft, setzt an, etwas zu sagen, bricht dann aber wieder ab.

»Ich muss arbeiten«, bringt sie kurz und knapp hervor.

Die nächsten anderthalb Stunden beschäftige ich mich damit, alle zwanzig Minuten meine Klamotten zu wenden, meine Avocadostulle zu essen und Menschen zu beobachten. Das Highlight ist ein ungefähr dreijähriger Junge, der vor einer Vitrine mit Kuchen steht. Er ist angezogen, als ob er zu seiner eigenen Beerdigung ginge. Er trägt einen kleinen schwarzen Anzug unter einem schwarzen Dufflecoat. In der Hand hält er ein Smartphone, und ich hoffe inständig, dass es seiner Mutter gehört, die sich mit einer Freundin angeregt an einem der Tische unterhält.

Als meine Habseligkeiten halbwegs trocken sind, trete ich den Heimweg an.

Die (Alp-)Traumfabrik

Nachmittags sitze ich mit Jack in einem Café im Hipster-Distrikt Silverlake, vis-à-vis einem Imbiss, dessen Name »Berlin Currywurst« lautet. Mensch, hier in L.A. gibt es wirklich alles. Jack eröffnet mir, dass er sich jetzt auch ab und zu etwas als Uber- und Lyft-Fahrer dazuverdient. Bisher waren alle meine Fahrer, bis auf Hashid, in Los Angeles arbeitsuchende Schauspieler. Jack erklärt mir, dass sie hoffen, während der Fahrt neue Kontakte knüpfen zu können. Man sitzt zu zweit im Auto, und der andere kann nicht weg.

Ich schlage ihm vor, sich doch eine Routine dazu einfallen zu lassen. Sodass er potentiellen Talentagenten sein facettenreiches Spiel während der Fahrt präsentieren kann. Den cholerischen »Verpiss dich von der Straße, du Nachgeburt«-Fahrer, den sensiblen »Ich sehe, du hattest einen schweren und anstrengenden Tag, soll ich lieber durch ruhige Seitenstraßen fahren und dir einen Yogitee kochen?«-Fahrer oder den coolen »Jo, Mann, ich kann dir den krassesten Shit und die tightesten Chicks besorgen«-Fahrer. Am Ende der Fahrt bekäme dann noch jeder ein Foto von sich und Jack, wie in der Achterbahn, nur mit seinen Kontaktdaten drauf.

Dass Jack Menschen einmal von A nach B kutschieren würde, dagegen hätte ich früher einhundert Euro gewettet. Er war eher ein Einzelgänger. Freundlich, aber kein Smalltalker.

Früher waren eine alte Lederjacke und eine Schirmmütze sein Markenzeichen, heute trägt er eine gefällige blaue Collegejacke, mit passender Mütze in hippem Blau statt der alten, abgelebten.

»Meinst du denn, dass du der Typ dafür bist, aufgeregte L.A.-Menschen durch die Gegend zu fahren?«, frage ich nach.

»Naja, weißt du, man muss eben das Beste aus allem machen. Seine Möglichkeiten umarmen und wohlwollend mit sich sein.«

»Wie bitte?«

»Ach, schon gut. Ich überlege, so Kurse zu geben, Lebenshilfeanleitungen und so ein Zeug. War wohl nicht so überzeugend, was?«, versucht er mir seinen esoterischen Anfall zu erklären.

»Ich glaube immer noch an dich als Schauspieler!«, gebe ich zurück und bin dabei bemüht, motivierender zu klingen als er.

»Ich habe doch neulich von dir 'nen Facebook-Post über eine Serie gesehen, in der du mitgespielt hast. Wie war das denn?«

In seinem Gesicht meine ich eine Art Stolz zu sehen. Oder ist es Sarkasmus?

»Das war mein *ganz* großer Auftritt.«

Sarkasmus.

»Ich habe einen Nazi gespielt, der von einem Zombie gefressen wird. Ziemlich stark, was?«

Eindeutig Sarkasmus.

»Das Schlimme ist, dass dann alle in den sozialen Netzwerken für ein paar Augenblicke durchdrehen und dich bejubeln. Der Jack, der hat es jetzt geschafft. Der wird zur Prime Time in einer Serie zerfetzt. Aber neue Castings bekomme ich dadurch nicht. Es gibt so viele Schauspieler hier. Und du reibst dich auf und versuchst, am Ball zu bleiben. Nimmst

Workshops, produzierst Demomaterial, gehst zu irgendwelchen Pseudoevents und hoffst, dass sich etwas Gutes ergibt. Und gerade, wenn du kurz davor bist zu kapitulieren, bekommst du plötzlich eine Mail, dass du wieder die Nazijacke anziehen darfst, weil man davon ausgeht, dass du als Deutscher so einen witzigen Akzent hast.«

»Ja, wer hat das nicht schon mal erlebt!«, versuche ich die Stimmung etwas aufzulockern. »Aber mal ehrlich. Wäre es denn für dich eine Option, wieder nach Deutschland zu kommen? Da könntest du doch mit deiner Amerika-Vita super auf dicke Hose machen.«

Jack wiegt seinen Kopf hin und her. »Vielleicht, mal sehen. Mit Trump als Präsident weiß man eh nicht, was passiert. Vielleicht bricht der ganze Laden hier sowieso bald zusammen. Weißt du, gerade als Deutscher ist es irgendwie eigenartig, so einen Wechsel mitzuerleben. Niemand in meinem Freundeskreis findet den gut. Für die ist alles, was gerade abgeht, unerklärlich. Dieser ganze Populismus. Wer am lautesten schreit, hat recht, weil alle anderen Stimmen im Lärm untergehen. Ich kann die Wut der einfachen Leute verstehen. Sieh mal, wir leben in den Ballungszentren, in den Metropolen. Dieses Leben ist ein ganz anderes als auf dem Land beispielsweise. Viele Leute hier leiden an Realitätsverlust. Hier geht es nur noch darum, wer am besten aussieht, wer das dickste Auto fährt und in dem teuersten Penthouse wohnt. Die Leute ziehen drei Kinder groß, ohne sie je zu Gesicht zu bekommen, weil sie drei Nannys haben, und ihr größtes Problem besteht darin, in welches Nobelrestaurant sie abends essen gehen. Wen wundert es denn da, wenn sich die Unterprivilegierten auflehnen? Leider dieses Mal mit der völlig falschen Galionsfigur. Das ist so, als ob man mehr Sport machen und gesünder leben will und dann Reiner Calmund um Rat fragt. Der ist doch noch dick, oder?«

»Glaube schon. Schaust du dir heute noch die Amtseinführung an?«

»Auf keinen Fall. Das ist alles so ein schlechter Witz. Ich warte ab und hoffe das Beste. Gehst du morgen zum Women's March?«

»Zum was?«

»Morgen gibt es eine Art Demo für Frauenrechte, gegen Trump. Wegen »Pussy Grabing« und so. Wird bestimmt eine große Sache. Solltest du mal bei Facebook nachschauen. Dir gefällt das bestimmt.«

»Und dir nicht?«

»Doch, aber ich drehe morgen mit ein paar Freunden ein paar Szenen. Um im Training zu bleiben. Ich muss auch bald los, noch eine Yogastunde geben.«

»Verstehe. Aber bevor du gehst, muss ich dich noch etwas fragen, was mir schon seit Jahren auf der Seele brennt. Wir kennen uns ja schon sehr lange …«, setze ich an und breche dann ab.

Jack schaut mich verwundert an. »Frag mich doch, was du willst«, ermuntert er mich und sieht dabei wie ein frecher Schuljunge aus, der sich gerade einen Streich ausgedacht hat.

Ich hole tief Luft und sehe ihm fest in die Augen. »Okay. Es ist mir etwas unangenehm, aber mir ist in den letzten 24 Stunden wieder etwas aufgefallen, was mir jedes Mal Kopfschmerzen bereitet, wenn ich in den Staaten bin. Es ist dramatisch …«

Er greift nach meiner Hand und wir sehen uns durchdringend an. »Nur raus damit! Du wirst dich gleich viel besser fühlen, wenn du deine Seele erleichterst.«

Ich muss ein bisschen kichern, »erleichtern« trifft meine Frage ganz gut. »Also, pass auf«, sprudelt es aus mir heraus, »95 Prozent der Klos, auf denen ich in Amerika war, hatten keine Klobürste! Wie zum Teufel machen die das? Und wo wir gerade dabei sind, wie schließt man in den Toiletten die Türen richtig ab?«

Jack nickt verständnisvoll. »Was ich dir jetzt sage, wird dich schockieren. Zunächst, auf Toiletten musst du den kleinen Knopf am Knauf reindrücken und darauf vertrauen, dass man die Tür von außen nicht öffnen kann. Das fiel mir am Anfang auch schwer, weil die Tür trotzdem aufspringt, wenn man am Knauf dreht. Und das andere …« Er holt tief Luft, beugt sich verschwörerisch zu mir nach vorne, sodass sich unsere Nasen fast berühren, schaut prüfend nach links und rechts, als ob er sicher gehen will, dass uns niemand hören kann, und fährt dann fort: »Sie spülen und schmeißen Papier rein. Sie spülen so oft, bis alles weg ist. Es ist grauenhaft. Predigen alle übers Wassersparen, weil Dürre herrscht und brauchen für einen Haufen vier-, manchmal fünf Klospülungen. Abartig ist das.«

»Oh, mein Gott, das ist ja schrecklich!« Wir nicken beide ernst und müssen dann plötzlich unheimlich lachen. Wir sehen uns um und beginnen zu raten, welcher der anderen Gäste in dem Café wohl eine Bürste zu Hause hat und welcher nicht.

Dann sieht Jack erneut auf seine Casio-Uhr. »Du, ich muss jetzt wirklich los. Aber melde dich, wenn du irgendwas brauchst. Und danke, hat gutgetan, mal wieder Deutsch zu sprechen! Soll ich dich noch irgendwo absetzen?«

»Nee, ist gut. Regnet ja nicht mehr so doll.«

Frauenpower

Mein zweiter Morgen in Amerika. Der Jetlag hat mich noch fest im Griff, aber ich versuche ihm zu trotzen. Es ist halb fünf Uhr morgens, und ich will unter keinen Umständen ein Frühstück bei McDonald's einnehmen. Also Augen zu und weiterschlafen. Bis halb sieben wälze ich mich herum und beschließe dann doch aufzustehen. Vielleicht hat bald das schöne Café auf, in dem ich gestern mit Jack war. Ein schneller Blick auf mein Handy bestätigt das. Ich lege zufrieden mein Telefon beiseite, und dann geschieht es plötzlich: Meine Augen fallen zu.

Als ich sie um kurz nach acht wieder öffne, fühle ich mich, als ob jemand mit einer Walze über mich gefahren wäre. Etwas in mir schreit: »Hey, sofort weiterschlafen! Nicht aufstehen. Bleib liegen, ist doch egal, ob du nun um zehn oder zwölf zu dieser Demo gehst! Komm schon, du willst es doch auch, nur noch ein Stündchen! Draußen regnet es bestimmt sowieso immer noch.« Ich lausche angestrengt, aber das vertraute »Plitsch-Platsch« der letzten sechsunddreißig Stunden bleibt aus. Na gut. 1 : 0 gegen den Schweinehund.

Im Café ist nicht besonders viel los. Anscheinend schläft ganz Los Angeles an Samstagen gerne lang. Ich nehme an der Bar Platz und bestelle mir Huevos Rancheros, eine mexikanische Frühstücksspezialität, bestehend aus mehreren

Schichten Mais-Tortillas, zwischen denen Bohnen, Tomaten-Chili-Salsa, Spiegeleier und Käse geschichtet sind, dazu ein paar Avocadospalten.

Es schmeckt köstlich. Nach dem fulminanten Frühstück frage ich den Kellner, ob er mir sagen kann, wie ich mit dem Bus nach Downtown komme.

Irritiert sieht er mich an. »Mit dem B-U-S?« Es klingt, als ob ich ihn gefragt hätte, wo man sich hier gut Syphilis holen könnte.

»Du kannst den Vierer oder den Zweier nehmen.Gleich da drüben auf der anderen Straßenseite. Aber willst du nicht lieber mit einem Uber fahren? Nachher verirrst du dich noch.«

»Nein, der Bus ist gut, danke«, beruhige ich ihn.

Er entgegnet nur: »Wenn du meinst. Viel Spaß!« Dann wendet er sich wieder dem Kaffeenachschenken zu.

Echte Sorge ist anders. Aber das habe ich in Amerika bereits gelernt. Kurze, oberflächliche Gespräche, ein oder zwei tiefgründig gemeinte Ratschläge und dann wieder Dienst nach Vorschrift. So schnell man mit einem Amerikaner ins Plaudern gerät, so schnell kann es auch schon wieder vorbei sein.

Im Bus sitzend werde ich dann doch etwas unsicher. Was ist, wenn der Kellner recht hat und ich die Demo tatsächlich nicht finde?

Aber meine Sorgen lösen sich bereits an der nächsten Haltestelle in Luft auf, als eine Gruppe von Leuten mit selbstgebastelten Plakaten einsteigt. Als sie Platz nehmen, wendet sich ihnen eine Frau zu, die mit ihren beiden Söhnen unterwegs ist.

»Ihr wollt auch zur Demo?! Das ist prima, ich gehe mit meinen Jungs.«

Sie beginnen ein angeregtes Gespräch darüber, wie es wohl sein wird, wie viele Leute kommen werden und wie wichtig es ist, dass Kinder frühzeitig lernen, ihrer Stimme Ausdruck zu verleihen.

Von Haltestelle zu Haltestelle wird es immer voller. Im Bus herrscht Klassenfahrtstimmung. Alle quatschen durcheinander und können es kaum noch erwarten, dass es endlich losgeht.

Dann meldet sich der Busfahrer über das Mikrofon zu Wort: »Leute, quetscht euch zusammen, damit noch mehr Menschen einsteigen können. Ganz ehrlich, wenn euch das hier schon zu eng ist, dann weiß ich nicht, ob ihr zu der richtigen Veranstaltung geht!«

Allgemeines Gelächter tönt durch den Bus, und alle geben ihr Bestes, sich noch näher aneinanderzustellen.

Draußen auf der Straße wird der Verkehr immer zäher. Das sei ein Zeichen dafür, dass wir bald da sind, bemerkt die Mutter der beiden Kinder. Und tatsächlich, man sieht auf den Fußgängerwegen immer mehr Menschen mit Plakaten. Die meisten sind bunt gekleidet, und an der nächsten Kreuzung ist die Straße bereits gesperrt.

Kurz darauf hält der Bus an, und der Fahrer meldet sich erneut. »So die Damen … und natürlich auch die Herren, raus mit euch und seid alle stolz darauf, Frauen zu sein!«

Die Fahrgäste brechen in Jubel aus, und der Busfahrer gibt allen, die vorne aussteigen, ein High-Five zum Abschied.

Ich laufe der Menschenmasse hinterher und lande kurz darauf vor dem Rathaus. Dort sind ein paar Stände aufgebaut, und es gibt eine Bühne.

So richtig Eindruck macht das noch nicht auf mich. Da bin ich vom 1. Mai in Berlin-Kreuzberg mehr Action gewöhnt. Ich laufe mühelos einmal um den Platz und lande kurze Zeit später wieder an meinem Ausgangspunkt. Jetzt bin ich doch beeindruckt. Als wäre ich durch eine Zeitschleife gelaufen: Es ist rammelvoll geworden. Ein buntes Meer aus Menschen und Plakaten. Die Protestierenden machen sich Luft über ihren Präsidenten, der gerade einmal vierundzwanzig Stunden im Amt ist: »Nicht mein Präsident«, »Hände weg von meiner Muschi!«, »Er sät Hass, doch wir wollen Frieden«, »Dieb! Lügner! Grabscher!« oder schlicht »Fuck Trump«.

Hinter mir auf einem Bushäuschen entdecke ich einen jungen Menschen, der so vermummt ist, dass nicht zu erkennen ist, ob es sich um einen Mann oder eine Frau handelt. Von Kopf bis Fuß in Rot gekleidet, schwenkt er oder sie die Kommunistenflagge und brüllt etwas, was im allgemeinen Geräuschpegel untergeht.

Immer mehr Leute strömen dazu, und ich kann mittlerweile kein einziges Stück Straße mehr erkennen, egal in welche Richtung ich blicke. Über Lautsprecher meldet sich der Bürgermeister zu Wort, Eric Garcetti, ein Demokrat.

Die Menge jubelt. Aber die Stimmung ist nicht aggressiv, sondern hoffnungsvoll. Da mir klar wird, dass sich diese riesige Ansammlung wahrscheinlich nicht vorwärtsbewegen wird, wie ich es von Demonstrationszügen aus Berlin kenne, entscheide ich mich, ein paar Blocks weiter zu gehen, um noch mehr von diesem Spektakel mitzubekommen.

Ich finde mich Third Street Ecke Broadway wieder. Hier scheint gleich noch etwas stattzufinden, eine große Menschentraube hat sich versammelt und schaut die Straße herunter. An einer Absperrung stehen drei junge Mädchen, ungefähr zwischen elf und vierzehn Jahre alt. Vor ihnen steht eine große Pappe mit der Aufschrift »Wir suchen nach dem amerikanischen Traum«, hinter ihnen hängen zwei geflochtene Luftballonketten in den Nationalfarben Blau, Weiß und Rot. Das Mädchen in der Mitte hält ein Megaphon und skandiert: »My pussy, my choice, my body, my voice.« Man muss eben Prioritäten setzen. Die anderen beiden Mädchen brüllen aus Leibeskräften mit, ihre kleinen Fäuste hoch in den Himmel gestreckt. Viele Demonstranten bleiben stehen, applaudieren und fallen spontan in den Chorgesang mit ein.

Ein paar Meter weiter auf der Bühne heißt eine Frau erneut alle willkommen und übergibt das Wort an Schauspielerin Jane Fonda. Sie war Kritikerin des Vietnamkrieges, ist aber bekannter für die Zeit, in der sie ihren Prachtkörper für Aerobicvideos vermarktete. Jetzt steht sie auf der Bühne in einem kamelfarbenen Rollkragenpullover, einen weiteren, pinkfarbenen hat sie sich um die Hüfte gebunden. Pink ist im Übrigen die dominierende Farbe an diesem Tag. Ihre Augen verbirgt sie hinter einer großen dunklen Sonnenbrille. An beiden Seiten der Bühne stehen Gebärdendolmetscher, und ihr Bild wird über eine große Leinwand übertragen, vor der sich ein schier endloses Meer an Menschen versammelt hat. Die bekennende Klimaaktivistin sieht Handlungsbedarf:

»Glückwunsch zu dieser fantastischen Arbeit. So muss eine Demonstration aussehen. Wir wissen, wen man mit riesigen Massen beeindrucken kann ...«

Der erste Seitenhieb auf Trump, über dessen Wortschatz sich schon diverse Komiker lustig gemacht haben. Alles was er vorhat geht in seinen eigenen Worten immer mit den Adjektiven »great« oder »huge« (»riesig«) einher. Zudem ist es eine Anspielung auf die Präsidentenvereidigung am Tag zuvor, an der laut Trumps Pressesprecher eine nie dagewesene Menschenmenge teilgenommen hätte. Luftaufnahmen aus Washington beweisen das Gegenteil.

Die Menge lacht, und einige schwenken demonstrativ ihre Schilder, auf denen sie »Nimm deine winzigen Hände von meiner Muschi« geschrieben haben. Auf einem Plakat ist der Tyrannosaurus Rex zu sehen, dessen Kopf durch Trumps Konterfei ersetzt wurde. Darunter steht: »Riesiges Raubtier, kleine Hände, wir wissen, wie das ausgegangen ist«.

Passend dazu fährt Fonda fort: »Ich werde seinen Namen nicht laut sagen, ich nenne ihn den ›Predator in Chief‹ ...«

Der korrekte Ausdruck lautet eigentlich »Commander in Chief«, was so viel wie Oberbefehlshaber bedeutet. Der »Predator« hingegen ist ein raubtierähnliches Alien, das Arnold Schwarzenegger im gleichnamigen Film kaltmachen muss. »Du blutest«, sagt im Film ein Soldat zum anderen und bekommt die Antwort: »Zum Bluten habe ich keine Zeit.« Ähnlich scheint es auch Jane Fonda zu sehen:

»... Wir dürfen ihn nicht normalisieren. Wir dürfen ihn nicht als legitim ansehen. Er demontiert unsere Regierung, nimmt uns unsere Rechte und unseren Frieden. Jetzt ist nicht die Zeit zu schweigen ...«

Ein Raunen geht durch die Menge. Vereinzelt wird gejubelt. Ich lasse den Blick schweifen und bleibe an einem Mann in schwarzer Bomberjacke hängen, der dicht umringt von Demonstranten neben einem Geschäftseingang steht. Ich werde ganz aufgeregt: Das ist der Schauspieler James Franco, ganz sicher. Da wäre Jack bestimmt neidisch. Hier hätte er mal mit herkommen sollen.

»Es wird ein langer und harter Kampf, um diese Demokratie wieder auf den richtigen Weg zu führen. Aber wir können es schaffen. Sprecht mir nach: ICH VERSPRECHE, WIDERSTAND ZU LEISTEN!«

Jetzt ist die Menge kaum noch zu halten. Aus voller Kehle brüllen sie nach, was Jane Fonda von ihnen fordert:

»ICH VERSPRECHE, ANDERE SO ZU BEHANDELN, WIE ICH SELBST BEHANDELT WERDEN WILL, MIT LIEBE.«

Donnernder Applaus hallt über den Platz, es wird geschrien, gepfiffen, erneut werden die Fäuste gereckt.

Als Nächstes gibt Fonda das Wort ab an Skandalnudel, Sängerin und Schauspielerin Miley Cirus. Auf ihrem Pullover wirbt sie für ihre Nonprofitorganisation »Happy Hippie«, die sich für »Planned Parenthood«, vergleichbar mit Pro Familia, einsetzt. Ihre Rede dauert nur eine Minute. Ihre Message lautet: »Leute, die gläserne Decke ist bereits zerbrochen!«

Dann gibt sie das Wort ab, lässt es sich aber nicht nehmen, noch ein »Fuck Yeah!« in das Mikrofon zu brüllen.

Die Masse jubelt, aber für mich wirkt Cirus wie ein Promi, der kurz aus einem Auto gesprungen ist, das Band zur Eröffnung eines Baumarkts mit einer überdimensionalen Schere durchtrennt, schnell jemandem die Hand schüttelt, für ein paar Fotos posiert und wieder ins Auto steigt. Rein und raus in vierundfünfzig Sekunden. Vielleicht tue ich der jungen Hupfdole unrecht. Allerdings bleibt mir kaum Zeit, darüber nachzudenken, da die nächste Prominente die Bühne entert: Alfre Woodard, eine afroamerikanische Schauspielerin, die sich für die Rechte von Afroamerikanern einsetzt. Nach ihr folgt das Musik-Starlett Demi Lovato. Zur allgemeinen Überraschung singt sie nicht, sondern kündigt den Gitarristen von U2 an, der zusammen mit der Schauspielerin Juliette Lewis den U2-Song »Pride« anstimmt.

Mir drängt sich der Eindruck auf, dass ich gerade mein persönliches Woodstock erlebe. Juliette Lewis wirbelt über die Bühne, und wie schon bei einem Konzert im letzten Jahr in Berlin fällt mir auf, dass sie wirklich eine fürchterliche Sängerin ist. Aber was ihr in der Stimme fehlt, macht sie mit Elan wieder wett. Außerdem ist bei ihrer Darbietung der Inhalt entscheidend, und ich bekomme Gänsehaut, als die Abertausende von Menschen in den Refrain einsteigen: »In the name of love, what more in the name of love.«

Völlig eingelullt von der Musik, höre ich plötzlich eine Frauenstimme, die neben mir fragt, ob Juliette nicht Scientologin sei. Ihre Freundin bejaht. »Die sollte hier nicht auftreten«, resümiert sie, während sie weiter im Takt der Musik wie ein Pendel hin und her schwingt.

Ich frage mich, ob sie recht hat. Heiligt der Zweck die Mittel? Gerne wüsste ich, warum Frau Lewis auftritt. Scientology ist zum einen nicht dafür bekannt, sich politisch zu positionieren, und zum anderen sind sie eindeutig gegen Homosexualität, sehen diese als Krankheit an. Dadurch müsste man sich doch automatisch als Teilnehmer dieser Veranstaltung disqualifizieren?

Im Anschluss meldet sich die schwangere Natalie Portman zu Wort und erklärt, dass ihr erst klar wurde, wie wichtig es ist, sich für eine gute Zukunft und die Rechte der Menschen einzusetzen, seit sie Mutter geworden ist. »Aber die ist doch noch schwanger!? Oder bekommt sie es jetzt gerade?«, tönt die Frau neben mir. Was für eine Klugscheißerin. Ich bin kurz geneigt mich einzumischen. Wenn Natalie es schaffen sollte, während ihrer Rede ein Kind zu bekommen, ohne dabei die Miene zu verziehen, dann finde ich, sollte man ihr gleich noch einen Oscar geben.

Als dann die transsexuelle Schauspielerin Laverne Cox spricht, werden von den Demonstranten Regenbogenfahnen hin und her geschwungen. Ein lesbisches Pärchen, von denen beide aussehen, als könnten sie mal Männer gewesen sein, hält sich ergriffen die Hände, der/die eine sagt der/dem anderen, was es für ein historischer Tag sei und wie viel Glück sie hätten, ihr Vorbild sprechen zu hören.

Dann bleibt mir kurz das Herz stehen. Julia Louis-Dreyfus wird auf die Bühne gebeten. Sie zählt zu meinen Lieblingscomedians und wurde an der Seite von Jerry Seinfeld in dessen gleichnamiger Comedyshow berühmt. Sie trägt eine pink gehäkelte Mütze mit Kätzchenohren, ein Symbol für die »Pussy« in der Farbe der Frauenbewegung. Sie wirkt aufgebrachter als ihre Vorrednerinnen und regt sich darüber auf, dass es immer als elitäres Gequatsche abgetan würde, wenn sich ein Prominenter zu Wort meldet.

Natürlich ist es wahr, dass Promis die Probleme des kleinen Mannes nicht teilen, aber trotzdem finde ich es gut, wenn sie als Vorbild agieren und ihre Bekanntheit nutzen, um sich für einen guten Zweck stark zu machen. Und seien wir mal ehrlich, ich glaube, dass Menschen, die so etwas vorwerfen, auch neidisch auf den Erfolg und Einfluss sind.

Plötzlich bricht ein paar hundert Meter weiter Unruhe aus.

»Ein Arzt! Wir brauchen einen Arzt«, kann ich mit Mühe und Not verstehen. Da bei Ankündigung der Demonstration nur mit wenigen Tausend Menschen gerechnet wurde, sind die Sicherheitsvorkehrungen ungenügend. Krankenwagen sucht man vergeblich. Innerhalb weniger Sekunden verbreitet sich die Hilfesuche wie ein Lauffeuer. Jamie Lee Curtis, die gerade auf der Bühne steht, bricht immer wieder irritiert ab, weil die Masse ihr etwas entgegenruft. Mittlerweile brüllen Hunderte von Menschen im Umkreis des Notfalls »Doktor! Doktor!« und zeigen mit ausgestrecktem Arm in die Richtung, aus der die Rufe zuerst kamen. Jamie Lee versteht jetzt, dass die Menschen ihr nicht ins Wort fallen oder einen Kommentar zu ihrer Rede abgeben, sondern auf ein Problem im Pulk aufmerksam machen wollen. Sie gibt den Hilferuf per Mikrofon weiter: »Es gibt einen medizinischen Notfall. Wer von euch ist Arzt? Zeigt weiter dorthin, wo die Person ist, die Hilfe braucht. Am besten setzt ihr euch alle hin, und nur die direkt drum herum bleiben stehen!«

Fasziniert von diesem »Härtetest«, dass hier nicht nur palavert und herumdiskutiert wird, sondern die Menschen tatsächlich anpacken und etwas tun, zeige ich weiter mit dem Finger. Jetzt kommt ein anderes Zeichen aus derselben Richtung. Die Leute formen mit den Fingern das Zeichen für »Okay«, einige beruhigen: »Ein Arzt ist da!«

Jamie Lee Curtis ist froh, es gibt spontan Applaus, und alle, ich eingeschlossen, sind ziemlich stolz auf diese Gemeinschaftsleistung. Danach fährt die Schauspielerin mit ihrer Rede fort und singt kurz darauf mit der 76-jährigen Gesangs-Ikone Helen Reddy deren berühmtestes Lied: »I am Woman«.

Auf der Bühne im Hintergrund stehen die berühmten Vorredner und klatschen im Takt mit. Eine Welle der Euphorie breitet sich in mir aus. Was für ein Event. Von mir aus könnte es noch Stunden so weitergehen. Prominente, die sich öffentlich und live engagieren, und emotionale Gesangsdarbietungen.

Als neben mir ein kleiner Junge »Mama, HUUUUUUNGER!!!!« brüllt, bemerke ich, dass ich seit dem Frühstück nichts mehr gegessen habe. Es ist inzwischen schon drei Uhr nachmittags. Weil ich befürchte, dass der Kleine die Pulle, die er aus dem Rucksack der Mutter gereicht bekommt, nicht mit mir teilen wird, beschließe ich, den Marsch zum Café gegenüber anzutreten. Obwohl das nur ein paar Meter entfernt ist, dauert es fünf Minuten, bis ich ankomme.

Auch hier herrscht ein dichtes Gemenge, und es dauert noch einmal zwanzig Minuten, bis ich meine Bestellung aufgeben kann. Ich bestelle ein Sandwich und eine kleine Flasche Wasser und gehe eine Runde um den Block, hinter die Bühne, um in Ruhe zu essen.

»Entschuldige!«, höre ich eine Stimme hinter mir. »Bin ich zu spät? War sie schon da? Oh Gott, war sie schon da?«

Etwas unsicher, über welche der A-Prominenten der junge Mann, der von Kopf bis Fuß in eine Regenbogenfahne gehüllt ist, spricht, frage ich: »Wen meinst du? Laverne Cox?«

»Nein, nein, nein. Obwohl, mein Gott, sie ist soooo großartig. Nein, ich meine Barbara Joan!«

Immer noch habe ich keine Ahnung, wen er meint.

»Barbara Joan, Babs, La Streisand!«.

»Barbra Streisand?«

»Natürlich, wer denn sonst. Kennst du etwa noch eine andere Barbara Joan?« Neckisch tätschelt er meine Schulter.

»Ehrlich gesagt nicht«, antworte ich. »Ich kann es dir aber nicht sagen, ich war eine halbe Stunde weg, um mein Essen zu besorgen. Davor habe ich sie nicht gesehen.«

»Oh mein Gott, ich könnte es mir nicht verzeihen, wenn ich sie verpasse! Barbra ist für einen Schwulen das, was für eine Hete Pamela Anderson ist. Nur, dass ich sie natürlich nicht vögeln würde.«

»Was würdest du denn mit ihr machen?«

»Ich würde ihre Füße waschen und ihr die Haare kämmen, und dabei würde sie für mich singen und vielleicht für Patrick. Das ist mein Freund. Gott, er wäre so neidisch, wenn ich sie sehen würde.«

Witzig, denke ich. Die ganze Prominenz des heutigen Tages war nirgendwo angekündigt. Ich empfinde sie als Bonus zum regulären Programm. In ganz Downtown Los Angeles laufen zwischen 200 000 und 750 000 Menschen herum.

Ob es wohl auch Leute gibt, die einfach nur promigeil sind und darauf kalkuliert haben, dass sie hier welche treffen? Gehört es vielleicht zum Bild des hippen Städters, seinen Sonntag bei einem solchen Event zu verbringen?

»Weshalb bist du heute hier?«, frage ich ihn. Er antwortet: »Weil ich finde, dass wir Mädchen zusammenhalten müssen. Komm, wir gehen an die Seite der Bühne, da können wir mehr sehen.«

Einfach so schnappt er sich meine Hand und schlängelt uns durch die Menge, bis wir tatsächlich am seitlichen Bühnenrand stehen und eine ganz gute Sicht haben. Immer noch macht er auf mich den Eindruck, als wäre ihm die Performance wichtiger als der Inhalt. Andererseits bin ich der Meinung, dass es besser ist, sich zu engagieren, als mit seinem Hintern faul auf der Couch abzuhängen.

Mein neuer Begleiter tippt mehrere Zuschauer vor uns an und fragt erneut nach der Streisand.

»Sie war vor einer halben Stunde da«, erklärt ihm eine ältere Frau.

Mein bunter Freund lässt die Schultern hängen. Ich lege ihm eine Hand auf den Rücken. »Dann hat es eben nicht sollen sein«, kommentiert er die Lage sehr gefasst. »Ich werde Patrick sagen, dass ich sie gesehen habe, aber keinen Akku mehr hatte.« Er greift in sein Fahnenkleid und holt ein Smartphone hervor. Dann steckt er es wieder ein.

»Nein, ich kann ihn nicht anlügen, das wäre nicht fair.« Er blickt sich um und schreit dann plötzlich: »Oh mein Gott!!! Ist das Jenifer Lewis? Fantastisch!«

Er drückt mich herzlich und zückt sofort wieder sein Handy, während ich denke, dass ich mehr Klatschmagazine lesen sollte, um mich in der Welt der Prominenten besser auszukennen. Danach betritt eine kleine Frau mit rotgefärbten Haaren die Bühne und heizt der Masse ordentlich ein.

»Das war Rose' Mutter in Titanic!«, erklärt mir mein Promiexperte. »Francis Fisher, die ist umwerfend.« Aha.

Kurz vor Ende der Veranstaltung gibt es noch eine ganz besondere Gesangseinlage: die Songschreiberin von Michael Jackson, Siedah Garrett singt einen sozialkritischen Song, der heute genauso aktuell ist wie damals, und alle um mich herum singen mit. Während ich vor ein paar Stunden noch dachte, dass sich das Gänsehautmoment nicht überbieten lassen könnte, wurde ich nun eines Besseren belehrt.

Kurz darauf ist die Demonstration vorbei, und ich verlasse die Veranstaltung mit dem Lied im Ohr und dem Gefühl im Herzen, dass trotz des Trump-Regimes noch alles möglich ist: »If you wanna make the world a better place, then take a look at yourself and make a change!«

Vom Millionär zum Tellerwäscher

Nach dem Women's March machte ich mich auf den Weg zu meinem Freund Oliver. Eigentlich wollte ich meine komplette Zeit in Los Angeles bei ihm verbringen. Aber ein paar Tage vor meiner Ankunft hatte Oliver mir per Mail mitgeteilt, dass ich nur zwei Nächte bei ihnen bleiben könnte. Er würde erst einen Tag vorher aus Berlin zurückkommen, und eine Woche später müsste er mit seiner Frau nach Sun Valley fliegen. Dazwischen bräuchten sie Zeit für sich. Sie hätten Verpflichtungen. Aber zwei Nächte, das ginge. Ich war enttäuscht, aber freute mich dennoch, ihn zu sehen.

Jetzt wohne ich bereits seit fast 48 Stunden in seiner Villa und habe mehr Zeit mit dem vietnamesischen Nagelpfleger Mike verbracht als mit ihm. Mike hat zwei Töchter und eine Frau, mit der er gerne in Karaoke-Bars geht. Das hat er mir ausführlich während meines Maniküretermins erzählt und mir sogar ein wenig vorgesungen. Vielleicht hätte ich mit Olivers Sekretärin auch einen Termin vereinbaren sollen. Denn Oliver ist busy. Er ist Millionär. Und seine Frau ist noch reicher als er. Das ist emotional tatsächlich von Vorteil. Denn dass Geld einsam macht, hat Oliver viele Jahre am eigenen Leib erfahren: Frauen interessierten sich nur für seine Finanzen.

Ich habe ihn vor über fünfzehn Jahren kennengelernt. Er ist der Cousin einer ehemaligen Handballfreundin von mir. Wenn er zu Besuch kam, brachte er uns tolle Geschenke mit: DVDs, Klamotten, Süßigkeiten, Modeschmuck. Außerdem unternahmen wir mit ihm völlig übertriebene, fabelhafte Ausflüge. Zum Beispiel eine Ballonrundfahrt, Bungeejumping oder wir feierten Geburtstag in einem Nobelhotel. Allerdings waren wir da nicht, wie man vermuten könnte, Anfang oder Mitte zwanzig. Wir waren vierzehn und fünfzehn Jahre alt. Oliver war Ende zwanzig. Damals lebte er in Köln und arbeitete bei einer Bank. Mit Anfang dreißig war er des Jobs überdrüssig und beschloss, nach Los Angeles zu ziehen, um seiner wahren Passion zu folgen, der Malerei. Er schrieb sich an einer Kunsthochschule ein und wohnte in Beverly Hills.

Als ich ihn vor zehn Jahren das erste Mal dort besuchte, sorgte ein Thema für Verwicklungen: sein Alter. Es durfte keiner seiner neuen Studentenfreunde wissen, dass er über dreißig war. Denn wer in Los Angeles diese Altersgrenze überschritten hat, kann seine Koffer packen und ins Altersheim ziehen – so hatte er es zumindest damals beschrieben.

Im Nachhinein bin ich mir nicht sicher, ob seine Kommilitonen ihm geglaubt haben, dass er noch in den Zwanzigern ist, aber sein Wohlstand und die rauschenden Partys, die er schmiss, ertränkten sicher jeden Zweifel in ein paar Margaritas.

In den letzten Jahren nahmen wir am Leben des anderen primär über soziale Netzwerke teil. Oliver postet gerne und viel und machte auf mich den Eindruck, jetzt ein lebensfroher und durchweg zufriedener Typ zu sein. Aber es hatte ihm lange eine Frau an seiner Seite gefehlt, die das Glück komplettierte. Dann lernte er seine heutige Frau Chloe kennen. Sie kommt aus einer reichen Familie. Die beiden verliebten sich bei irgendeiner Vernissage, heirateten im Folgejahr und bauten ein Haus in Los Angeles am Strand. Sie teilen die Leidenschaft für Reisen, und so kam es, dass ich Olivers Frau nie kennengelernt hatte, weil sie ständig unterwegs war.

Oliver hingegen traf ich zuletzt vor ein paar Jahren in Berlin, und wir schnatterten stundenlang in einer Bar. Ich hatte damals das Gefühl, ihm das erste Mal wirklich als Erwachsene zu begegnen. Natürlich hielt ich mich auch mit vierzehn schon für schrecklich erfahren, und vielleicht schreibe ich dasselbe auch noch mal über mich, wenn ich vierzig bin.

An diesem Abend erzählte er mir hingebungsvoll von seiner Frau. Nicht nur, dass sie wunderhübsch und klug sei, sie teilt auch seine Begeisterung für das Schöne im Leben, ohne abgehoben zu sein.

Ich konnte es kaum erwarten, sie kennenzulernen.

Voller Vorfreude auf ihn, seine Frau, das schöne Haus und das lässige Leben in L.A. hatte ich meinen Besuch angekündigt. Aber dann kam alles anders als gedacht.

Bei meiner Ankunft empfing Oliver mich noch herzlich und zeigte mir das Haus. Es hat vier Ebenen, drei Jacuzzis, zwei Terrassen und einen Pool. Das Gästezimmer befindet sich im Keller. Nachdem ich meine Tasche abgestellt hatte, nahmen wir den Fahrstuhl zur Dachterrasse, um den Sonnenuntergang anzuschauen.

Während wir dort oben den atemberaubenden Anblick der Sonne genossen, die glühend rotorange im Meer versank, brachten wir uns auf den neuesten Stand.

»Seit heute Trump, was?«

»Ja, was soll man machen, ist blöd gelaufen. Wie war's beim Women's March?«

»Es war der Wahnsinn.«

»Ja, da war einiges los, das habe ich im Fernsehen gesehen. Wie geht es deiner Familie?«

»Gut. Und deiner?«

»Sehr gut. Wie war deine Reise bisher?«

»Nass.«

Es fühlte sich an wie der Schnelldurchlauf einer fünfstündigen Marathonfernsehsendung. Oder wie ein Vokabeltest in der Schule. Das Gespräch passte so gar nicht zu der verträumten Kulisse, vor der wir saßen. Nach einer Weile gesellte sich Olivers Frau Chloe zu uns. Sie trug ein pinkfarbenes Poloshirt unter einer weißen Steppweste. Ihre schulterlangen blonden Haare waren offen und wurden durch eine Sonnenbrille davon abgehalten, ihr in die Augen zu fallen. Ihr optischer Auftritt war tadellos. Als hätte man sie aus einem Schöner-Wohnen-Katalog ausgeschnitten und aufgeblasen.

»Hi, schön dich kennenzulernen. Essen ist fertig«, sagte sie. Sie hatte Thailändisch bestellt, da ihre Küche noch nicht funktionsfähig war. Kurz darauf saßen wir an der typisch amerikanischen Wohnzimmerbar auf Hockern und aßen. Chloe erkundigte sich zwar höflich, ob ich einen guten Flug hatte und wie meine Reise bisher verlief. Statt auf Antwort zu warten, nutzte sie allerdings die Gelegenheit, um von sich zu erzählen: »Immer werde ich gefragt, ob wir Kinder haben, und sage, nein. Dann fragen die meisten, ob wir wenigstens Hunde haben, und ich sage, nein. Wenn sie dann fragen, was wir überhaupt haben, dann antworte ich immer: Reisepässe. Wir haben Reisepässe.« Es klang wie eine Zeile aus einer amerikanischen Comedyshow, allerdings konnte ich nicht einordnen, wie viel Ironie oder vielleicht sogar Zynismus in ihrer Bemerkung steckte.

Nach dem Essen sammelte Oliver die leeren Plastikschachteln ein und brachte den Müll raus. Sofort stand Chloe vom Tisch auf und verabschiedete sich, sie sei noch geschwächt von einer Grippe und müsse ins Bett. Ich schaute auf die Uhr. Es war kurz vor sieben.

Nachdem ich fast zwanzig Minuten allein auf meinem Barhocker gesessen hatte, kam mir ein Verdacht. Ich glaube, dass Oliver heimlich kifft. Das hat er jedenfalls vor zehn Jahren gern mal gemacht, und es würde mich nicht wundern, wenn er es vor ihr verbirgt, bei so viel Perfektion, wie sie an den Tag legt.

Aber als er wieder hereinkam und ich ihn danach fragen wollte, verabschiedete er sich unter dem Vorwand, er habe Jetlag und lege sich besser auch hin. Dann bot er mir noch an, den Whirlpool anzumachen. Weil ich eine Schwäche für Whirlpools habe, nahm ich sein Angebot an und tröstete mich damit, dass wir am nächsten Tag Zeit miteinander verbringen würden. Ich war zuversichtlich, dass ich vielleicht doch länger bleiben dürfte, jetzt, da seine Frau mich kennen gelernt hatte.

Nachdem ich meinen Badeanzug angezogen hatte, warf ich einen Blick in den Kühlschrank, aus dem ich mich bedienen sollte. Neben unzähligen Vitaminwässerchen stand dort eine Flasche Weißwein. Auf das Etikett ist der Nachname von Olivers Frau gedruckt. Donnerwetter. Ihrer Familie scheint also mindestens ein Weingut zu gehören. Samt Wein zog ich in den Whirlpool um.

Es war eine sternenklare Nacht, das Wasser war heiß, der Wein kalt. Ich fühlte mich wie Arielle im Hummerbad und wechselte zwischen Jacuzzi und angrenzendem Pool. »Hui, wie heiß!« und »Hui, wie kalt!«. Es ähnelte einer verstörenden Delfinshow. Nach einer wohltuenden Dusche ging ich zufrieden ins Bett.

Am nächsten Morgen lagen vor meiner Tür ein Handtuch und eine Notiz, auf der »für den Strand« und eine vierstellige Nummer standen, der Code für die Tür. Wie aufregend. Ich hatte noch nie irgendwo gewohnt, wo man einen Code brauchte. Ich fühlte mich wie eine Mischung aus Pretty Woman und James Bond. Im Wohnzimmer war niemand zu sehen, und auch auf meine Rufe hinauf in das obere Stockwerk folgte keine Reaktion. Also beschloss ich, die Gegend zu erkunden und mir einen Kaffee zu besorgen, und bemerkte ein Problem: Olivers Tür fällt nicht ins Schloss, wie man es aus Deutschland gewöhnt ist. Sie lässt sich nicht ohne Schlüssel schließen.

Es dauerte eine halbe Stunde, bis ich einen Weg aus dem Haus fand. Die Tür meiner Wahl befand sich an der Seite, eine Art Dienstboteneingang. Hier erschien es mir sicher, nicht abzuschließen. Von dort führte mich ein Weg um das Haus herum zum Garagendach, von wo aus ich über eine Mauer zur Straße klettern konnte. Zufrieden schlenderte ich zu einem nahe gelegenen Café, aß einen Bagel und trank einen Kaffee. Als ich zurückkam, stellte ich fest, dass die Mauer von unten viel höher aussah als von oben.

Aus Sorge, die Nachbarn würden die Polizei rufen, wenn ich von der Straße aus versuchte, die Mauer zu erklimmen, beschloss ich, es mit etwas Naheliegendem zu probieren und klingelte. Chloe war an der Sprechanlage. Was ich will, wollte sie wissen. »Ich möchte ins Haus rein«, antwortete ich. Warum ich denn keinen Schlüssel habe, fragte sie weiter. »Das weiß ich nicht«, antwortete ich ihr. In einem Haus, in dem alles über in dic Wand cingelassene iPads gesteuert wird, hatte ich angenommen, dass ich keinen bräuchte. Ich solle den Code eingeben, erklärte sie. Und tatsächlich, an der Tür befand sich ein Zahlenfeld. Ich gab also die Zahlenfolge vom Zettel ein. Piep, piep, piep, nichts. Nochmal. Piep, piep, piep, nichts. Ich klingelte wieder. Jetzt hörte sich Chloe genervt an. Ich solle den Code eingeben und die Rautetaste drücken. Meinetwegen. Sie hätte die Tür vermutlich auch einfach öffnen können, aber warum simpel, wenn es auch kompliziert geht? Piep, piep, piep, Raute, brumm, brumm, die Tür ging auf. Hurra.

Und schon stand ich vor dem nächsten Problem, das mich an meiner geistigen Gesundheit zweifeln ließ. Mein Zimmer war weg. Besser gesagt: der Weg dorthin. Ich wusste noch, dass ein Gang vom Wohnzimmer aus zu einer Treppe führte, die mich in den Keller brachte. Nun stand ich im Wohnzimmer, die Bar im Rücken, die Terrasse zur Rechten, die Wand zur Linken, die Küche geradeaus. Keine Tür, kein Gang, nichts. Vielleicht konnte das iPad an der Wand weiterhelfen? Vielleicht musste ich eine App öffnen, die »Rooms« oder »Doors« oder »Basement« hieß? Ich war kurz davor »Siri, wo ist mein Zimmer?« in den Kasten an der Wand zu rufen, als mir ein Licht aufging. Die Tür musste in der Wand sein. Wie ein sehr stümperhafter James Bond klopfte ich die holzvertäfelte Wand ab und fand tatsächlich eine Unregelmäßigkeit. Ha! Das Holz ließ sich eindrücken, eine Tür sprang auf – und ich stand vor der Besenkammer. Knapp daneben. Nach zahllosen weiteren Klopf- und Drückmanövern fand ich endlich die Geheimtür zum Keller, und erst da wurde mir bewusst, dass ich auch den Aufzug hätte nehmen können.

Ich packte meine Badesachen zusammen und ging an den Strand. Nachdem ich mich auf meinem Handtuch eingemuggelt hatte und in meinem Buch las, fiel mir auf, dass niemand sonst am Strand einfach nur so rumgammelte. Die Menschen hier übten sich in Yoga, hoben Gewichte, liefen im Sprint durch den Sand, machten Akrobatik oder Sportschwimmen. Und alle sahen dabei fantastisch aus, sodass ich mich fett, faul und hässlich fühlte. Klar, gegen Aktivität ist nichts einzuwenden. Allerdings artete sie hier in Zwang aus. Ich dachte an Jack und den Druck des Erfolges. In L.A.

muss man top aussehen, topfit sein und das Ganze in mehreren Apps protokollieren. Wenn hier jemand beim Herumlümmeln am Strand erwischt würde, wäre er wahrscheinlich seinen Job los. »Der faule Meier, liegt am Strand in der Sonne, anstatt an seinem Sixpack zu arbeiten. Völlig verantwortungslos, so wird der nie leitender IT-Manager! Meier, you are fired!«

Ich ging zurück ins Haus, am Pool konnte ich ohne schlechtes Gewissen abhängen und die Reste vom Thaifutter vertilgen.

Gegen Nachmittag überfiel mich dann ein Migränekopfschmerz. Ich wagte es, die Treppe in den ersten Stock zu nehmen, und klopfte an die Tür. »Wer ist da?«, hörte ich Chloe von drinnen rufen und musste unwillkürlich lachen, was eine weitere Schmerzwelle in meinem Schädel auslöste. Oliver war arbeiten. Wer außer mir konnte es also sein?

»Ich bin es!«, sagte ich. »Hast du Migränetabletten?« Sie kam zur Tür, bedeutete mir mit einer Geste zu warten und verschwand in einem der Zimmer. Kurz darauf gab sie mir zwei kleine weiße Kapseln.

»Gute Besserung«, wünschte sie und schloss die Tür hinter sich ab. Die nächsten zwei Stunden verbrachte ich in der Dunkelheit des Kellers und wartete, dass die Schmerzen nachließen.

Abends saß ich dann geduscht, geschminkt, hübsch angezogen und migränefrei im Wohnzimmer und wartete gespannt darauf, was wir am Abend unternehmen würden. Essen gehen, auf den Pier, in einen Club, tanzen, ich war zu allem bereit. Und endlich rauschte Chloe ins Wohnzimmer. Als sie mich auf der Couch sitzen sah, wirkte sie allerdings erstaunt. »Du bist gar nicht in deinem Zimmer!«, stellte sie fest. Ich konnte den Ton in ihrer Stimme nicht einordnen. Es konnte mütterlich strafend gemeint sein, als ob ich Stubenarrest hätte und nun doch herausgekommen war, oder ernsthaft verwundert, wieso ich auf *ihrer* Couch in *ihrem* Wohnzimmer saß. »Geht es deinem Kopf besser? Was machst du heute Abend?«, fragte sie. Ich nickte. »Ich dachte, ich warte mal ab, wie eure Pläne sind?«, sagte ich. »Ja, Pläne. Wir haben welche. War schön, dich zu sehen, bis morgen dann«, antwortete sie hastig, während sie zur Haustür hinausging.

In mir breitete sich ein Gefühl von Einsamkeit aus. Ich fragte mich, was ich falsch gemacht hatte. War ich unhöflich? Hatte ich etwas Dummes gesagt oder getan? Immer wieder ging ich die wenigen Worte in meinem Kopf durch, die ich mit ihr gesprochen hatte.

Ich möchte mich weigern das Klischee zu verifizieren, dass reiche Menschen zunehmend oberflächlicher werden und egozentrisch sind. Aber es fällt mir schwer. Natürlich hatte ich nicht erwarten können, dass wir sofort beste Freundinnen werden, aber dass unser Kontakt so unterkühlt wurde, überraschte mich schon.

Es ist viel besser, alleine unterwegs zu sein, wenn man niemanden kennt, als allein zu sein, wenn man weiß, dass da Leute sind, die man kennt, dachte ich. Traurig machte ich mich auf zur Main Street, um Geld abzuheben und essen zu gehen. Ich kann mich auch mit mir amüsieren.

Am Santa Monica Pier, einer Art Rummel für Touristen, fand ich eine Bar, aus der laut Rockmusik dröhnte. Sofort erinnerte ich mich an die Kiezkneipe nahe meiner Berliner Wohnung. In diesem Moment war dort der schönste Ort der Welt für mich. Dort kennt man mich, da sind meine Freunde, da bin ich zu Hause. Ich denke, bis vierzig ist so was okay, dann wird man wahrscheinlich plötzlich von der fröhlichen, süßen Singlemaus zur traurigen, alten Säuferin.

Ich pirschte mich an das Etablissement an und entdeckte

einen St.-Pauli-Pullover, in dem ein bärtiger Typ steckte. Das war auf jeden Fall ein Grund hineinzugehen.

Am Tresen begrüßte mich der unverschämt gutaussehende Surfer-Barkeeper. »Hey, wie geht's?« »Beschissen. Und selber?« Er setzte zum üblichen »Auch gut, danke« an, merkte aber, dass etwas nicht stimmte. »Das tut mir leid«, sagte er nach kurzem Zögern. »Kann ich irgendwas für dich tun?« »Ja! Ein Bier. Groß und kalt. Keine langen Diskussionen über verschiedene Sorten. Kein Yogitee-Bier, kein Detox-Gurke-Dunkel. Ich will einfach nur ein Bier!«

»Yes Ma'am!« Ein Pärchen am anderen Ende des Tresens wurde aufmerksam, als der Barkeeper mir mit unsicherem Blick das Glas herüberreichte und dabei ernsthaft so aussah, als befürchte er, jeden Moment eine gewaltige Tracht Prügel zu beziehen. Ich entschuldigte mich bei ihm und erklärte, dass heute nicht mein Tag war. Als ich bezahlen wollte, rief das Mädchen zu uns rüber, dass sie und ihr Freund mich einladen wollten. Wer einen Scheißtag hatte, sollte nicht auch noch sein Bier selbst zahlen müssen, fanden die beiden. Das fand ich auch.

Sie kamen aus Georgia und hatten noch nie zuvor ihren Bundesstaat verlassen. Schnell waren wir mit dem oberflächlichen Geplänkel durch und ließen uns ausgiebig und von Bier zu Bier mehr darüber aus, was die Leute in Santa Monica größtenteils für Aliens waren. »Ja, Mann, diese gutaussehenden Penner machen den ganzen Tag nur Yoga. Was für sexy-durchtrainierte Arschlöcher!« »Voll Yoga, man!« »Ja, voll die Penner, ey!«

Als ich um halb elf zurück zum Haus kam, waren die Jalousien unten und die Lichter aus. Bestimmt musste Oliver nochmal »den Müll rausbringen« und dann dringend schlafen.

Das war gestern. Heute Morgen ging ich schließlich zur Maniküre und fasste den Entschluss zu gehen. Im Internet habe ich mir einen neuen Unterschlupf in einer spanischen Studenten-WG in »NoHo«, das ist cool für North Hollywood, gebucht. Oliver begleitet mich zur Tür und entschuldigt sich, dass er nur so wenig Zeit für mich hatte. Ich sage ihm, dass ich mich noch gerne von seiner Frau verabschieden würde, doch sie will jetzt wohl duschen gehen. Na dann.

»Wir waren irgendwie nicht so richtig auf Besuch eingestellt«, fügt er noch hinzu und drückt mich kurz.

Ich frage mich, ob die beiden das Gästezimmer vielleicht nur eingerichtet haben, weil man eben eines haben *muss* bei so einem riesigen Haus. So, wie ich Chloe erlebt habe, ist sie eine »One Woman Show«. Sie muss immer im Mittelpunkt stehen, alles dreht sich nur um sie.

Nach NoHo dauert es vierzig Minuten mit meinem Uber. Mein Fahrer ist ein Schauspieler, der etwas enttäuscht wirkt, als er erfährt, dass ich nichts mit der hiesigen Filmbranche zu tun habe. Als wir an der angegebenen Adresse halten, fragt er mich, ob ich hier wirklich aussteigen will. Ich nicke, bedanke mich und steige aus. Vor mir liegt ein fünfstöckiger brauner Plattenbau. Er sieht heruntergekommen und schmuddelig aus. Fünfzig Euro soll mich die Übernachtung hier kosten. Drinnen erwartet mich Miguel, der sich die Zweizimmerwohnung mit drei anderen teilt. Er nimmt mich in Empfang und gibt mir eine kurze Einweisung. Er kommt aus Spanien und studiert Regie an einer der Filmschulen in Hollywood.

Mein »Zimmer« ist die Wohnküche, mein Bett ist eine Matratze, die neben der Haustür liegt. An der gegenüberliegenden Wand hängen ein großer Spiegel und eine Postkarte, auf der steht: »Träume haben kein Verfallsdatum«. Ich fürchte, ich muss brechen. Und das Gefühl wird noch bedrohlicher, als er mir den Kühlschrank zeigt, der für mich gedacht ist. Er stinkt bestialisch. Ich mache mich schleunigst auf den Weg, um einzukaufen. Ganz oben auf meiner Liste: Febreze. Auf der Vineland Avenue ist tote Hose. Zwar steht alle fünfzig Meter eine Marihuana-Klinik, dazwischen aber sind die meisten Häuser leer.

Dann entdecke ich eine Bar. Sie sieht aus wie ein Fass. Im Fassinneren lerne ich den Barkeeper kennen. Er ist sehr nett und lädt mich auf einen Kaffee ein. Plötzlich platzt es aus mir heraus. Hier will ich nicht bleiben. Hier ist es schrecklich. Erst hat es die ganze Zeit geregnet, und jetzt stinkt es im Kühlschrank.

Er tut so, als ob meine wirren Gedankenfetzen für ihn Sinn ergeben, und nickt. Dann wünscht er mir Glück.

Zurück in der Platte hat sich die Anzahl der Menschen in der Wohnung vervielfacht. A little fiesta. Lauter Filmstudenten um die zwanzig tummeln sich in meinem Schlafzimmer, trinken Wein mit Cola und diskutieren heiß über die Oscars. Na meinetwegen. Ich kapituliere.

Plötzlich drückt mir ein kräftiger Inder einen Kaffeebecher in die Hand, preist die darin enthaltene Colamischung an und verwickelt mich in ein Gespräch. Ehe ich mich's versehe, palavare ich mit zukünftigen Filmpreisträgern aus Indien und Estland darüber, ob »Lalaland« besser sein kann als »Moonlight«. Dann werde ich nach meinen Reisegeschichten gefragt, und sofort beginnen ein paar der Partypeople damit, Verfilmungen zu planen. Ich soll wahlweise von Renée Zellweger oder Amy Schumer gespielt werden, was mir schmeichelt, und so wird der Abend immer fabelhafter. Es gibt noch mehr Wein aus Kaffeebechern, Nacho-Chips aus Plastiktüten und Salsa, die eigentlich nur Ketchup aus der Flasche ist. Aber all das reicht völlig aus, wenn man unter netten Leuten ist. Als letzte

Amtshandlung des Tages versuche ich noch herauszubekommen, wer denn hier jetzt eigentlich wohnt, komme dann aber darauf, dass es mir ziemlich wurscht ist, solange ich mit niemandem meine Matratze teilen muss. Morgen werde ich schon sehen, wer von der Party noch übrig geblieben ist.

San Francisco: von Chinesen und Mimosas

»Ich war den Asiaten immer zu schwul und den Schwulen zu asiatisch. Und die homophoben Rassisten mussten sich entscheiden, was sie schlimmer fanden: dass ich ein Homo bin oder von den Philippinen.« Mein Freund Jaden nippt an seinem Kaffee im recyclebaren Pappbecher und schaut weiter auf das Meer am Sunset Beach von San Francisco.

»Die meisten Amerikaner können einen Chinesen nicht von einem Filipino unterscheiden. Ich glaube, dass es ihnen im Grunde auch egal ist. Für die sind alle Schlitzaugen gleich. Dabei hat meine Familie mehr für dieses Land geleistet als viele von denen, die hier geboren sind. Ich bin nicht in einer behüteten Gemeinde aufgewachsen. Mein Vater wurde nach dem Zweiten Weltkrieg auf den Philippinen für die Navy rekrutiert. Er hat Röntgengeräte repariert. Als ich sechs war, sind wir nach Amerika gezogen, nach Kalifornien in die Alamida Bay Area. Dort lebten überwiegend Weiße, ich schätze, es war die Hälfte der Einwohner. Gleich danach kamen die Asiaten, die damals zuhauf dorthin gezogen sind. Das waren bestimmt dreißig Prozent der Bevölkerung, und das bei nur knapp sechzigtausend Einwohnern damals.«

»Wobei«, ergänze ich besserwisserisch, »schon zur Zeit

des Goldrausches Mitte des 19. Jahrhunderts viele Chinesen nach Kalifornien gekommen sind und die transkontinentale Eisenbahn mitgebaut haben.« Das hatte ich kürzlich in einer Zeitung gelesen. Jaden grinst. »Ja, das stimmt. Fast sechzig Jahre lang galten dann aber strenge Einwanderungsgesetze. Erst haben die Amis die Chinesen in Chinatown zusammengepfercht, und dann – ich glaube, das war 1882 – kam der ›Chinese Exclution Act‹, wonach kein Chinese mehr einreisen durfte. Der galt bis 1943. Und die Chinesen, die schon hier waren, durften auch keinen Kontakt mehr zu ihren Familien in China haben.«

Chinatown. Ad hoc muss ich an meinen Wohnort Berlin-Kreuzberg denken. In den sechziger Jahren warb die deutsche Regierung türkische Gastarbeiter an. Die meisten, die nach Berlin kamen, zogen nach Kreuzberg, und so wurde es zu »Klein-Istanbul«. Sie eröffneten rund um das Kottbusser Tor viele Geschäfte und Restaurants. Der Berliner Senat versuchte kurzzeitig, das Ganze zu entzerren, und wollte sie an den Rand der Stadt in Plattenbauten umsiedeln. Es gab sogar ein Zuzugsverbot für Türken nach Kreuzberg. Aber es gelang nur teilweise, sie von hier zu verdrängen, Türken prägen bis heute das Stadtbild des Viertels.

»Gegen Ende des Krieges«, fährt Jaden fort, »hat sich der Druck auf die USA erhöht, weil China zu ihren Verbündeten zählte. Dann haben sie das Gesetz aufgehoben und nach und nach wieder mehr Chinesen reingelassen. Dazu kam, dass es natürlich amerikanische Soldaten gab, die sich im Krieg in chinesische Frauen verliebt hatten, während sie am Pazifik stationiert waren. Sollen wir ein Stück gehen?«

»Gern«, antworte ich, klopfe mir den Sand von der Hose und spaziere mit Jaden los. Wir haben uns im letzten Jahr kennengelernt, als wir beide im gleichen Haus in San Francisco wohnten. Er als fester Mieter, ich als Feriengast.

Inzwischen ist er ausgezogen, denn der Hausherr, ein launiger, machohafter Argentinier, wurde Jaden ein bisschen zu zutraulich, wenn er spätabends rotzbesoffen in seinem Zimmer stand. Jetzt wohnt er nur ein paar Blocks weiter in einer WG mit vier Iren und einem Bulgaren.

»Ich habe in einem Artikel gelesen«, nehme ich unser Gespräch wieder auf, »dass es in ein paar Jahren in San Francisco mehr Asiaten geben wird als andere Volksgruppen.«

Was im Übrigen ein weiterer Dorn im Auge des neuen Präsidenten sein dürfte, der mit der weltoffenen Stadt an der Ostküste auf Kriegsfuß steht. Man munkelt, das sei auch, weil er auf die Produktivität der Chinesen neidisch ist.

Das »San Francisco Board of Supervisors«, eine Legislative, die die Bedürfnisse, Ansichten und Forderungen der Einwohner vertritt, hatte nach dem Amtsantritt eine Resolution gegen Trump verabschiedet. Darin hieß es, dass San Francisco eine Zufluchtsstätte bleiben sollte, egal welche Drohungen der Präsident gegen Minderheiten oder bestimmte Gruppe aussprechen würde. Die Stadt würde sich für Gleichberechtigung und Gleichbehandlung einsetzen und keine Diskriminierung dulden, weder wegen der Religion noch der Nationalität oder geschlechtlicher Orientierung. San Francisco baue Brücken, keine Mauern.

»Was meinst du, was Trump über San Francisco denkt?«

»Haha, der hasst es«, bestätigt Jaden meine Vermutung. »Lauter schwule Chinesen, die hier lernen und ihr Wissen dann ins Heimatland exportieren. China hat er ja sowieso gefressen, oder wie er sagen würde: TSCHEINAAAH. In Wirklichkeit gehen nur einige zurück, die meisten aber bleiben. Und dann vermischen sie sich mit anderen Menschen, und etwas Neues entsteht. Das ist doch fabelhaft. Wir haben hier einen Bürgermeister, der englisch und kantonesisch spricht. Die Jungen, die zum Studieren herkommen, lernen auf dem

College Leute kennen, und da spielt die Herkunft in der Regel nur die zweite Geige. Problematisch finde ich diejenigen, die sich absichtlich ausgrenzen. Die von ihren Familien darauf getrimmt werden, fleißige Karrierebienchen zu sein und gefälligst einen anderen Chinesen zu heiraten. Kennst du das Buch ›Tiger Mom – Die Mutter des Erfolges‹?«

»Von der durchgeknallten Übermutter, die ihre Kinder zwingt, wie verrückt Musikunterricht zu nehmen?«

»So ungefähr. Die chinesischen Erziehungsmethoden unterscheiden sich erheblich von den modernen Ansätzen der westlichen Welt. Er wird nicht viel gesprochen. Stattdessen müssen die Kinder den Eltern durch Taten Respekt erweisen. Und das bedeutet, wenn deine Mutter dein Musiktalent bis zum Erbrechen fördern will und dafür große Opfer auf sich nimmt, musst du das würdigen, indem du übst, übst und nochmals übst. Soziale Kontakte gibt es praktisch nicht. Schon gar nicht mit konsumverdorbenen, faulen Ami-Kids. Meine Mutter hat meinen Bruder und mich ähnlich erzogen, aber weil mein Vater nie da war, hat sie auch gemerkt, wie wichtig eine emotionale Bindung zu uns ist. Als ich zehn war, sind wir nach Seattle gezogen und danach nach Virginia. Dort hatte ich mein Coming-out. Ich war heilfroh, dass meine Mutter das akzeptiert hat. Wahrscheinlich ist es ihr bei mir nicht so schwer gefallen, weil sie sich bei meinem schwulen Bruder schon damit auseinandersetzen musste. Sie fragte sich allerdings, ob wir nicht schwul geworden sind, weil unser Vater nie da war und wir nur Zeit mit ihr verbracht haben. Vor ein paar Jahren hatte ich ein langes Gespräch mit meinem Vater darüber und konnte ihm das erste Mal sagen, dass mir eine emotionale, tiefe Bindung zu ihm tatsächlich fehlt, das aber überhaupt gar nichts damit zu tun hat, dass ich schwul bin. Letztendlich wollten meine Eltern, dass mein Bruder und ich glücklich sind, und sie haben verstanden, dass es auch ohne blutsverwandte Enkelkinder und einen 24/7-Job im Silicon Valley geht. Apropos, habe ich dir schon von meinem neuen Job erzählt?«

»Bist du nicht mehr in dem städtischen Planungsbüro bei der Feuerwehr?«

»Doch, aber ich sammele gerade Geld für ein Projekt. Ich will an Schulen Yoga für unterprivilegierte Kinder anbieten. Und einmal die Woche arbeite ich noch in diesem Drag-Brunch-Laden. Man muss halt schauen, wie man sich über Wasser halten kann. Heute habe ich aber frei. Wenn du willst, können wir trotzdem hingehen. Hast du Lust? Es gibt Mimosas gratis.« Ein Mimosa ist ein Cocktail, bestehend aus gleichen Teilen Champagner oder Sekt und gekühltem Zitrus- oder Orangensaft. Ich liebe Mimosas.

»Also, entschuldige mal«, muss ich lachen, »hochtrabende Geschichtsexkurse, sozialkritische Erziehungsdiskussionen und auch noch Mimosas gratis und von Dragqueens serviert? Da kann ich ja wohl gar nicht ›Nein‹ sagen.«

Als wir den Highway überqueren wollen, bleiben wir beide abrupt stehen. Ein Stückchen weiter die Straße hinunter spielen zwei asiatisch aussehende Kinder auf dem Zebrastreifen. Der Highway ist für den Verkehr gesperrt worden, da es auch hier in den letzten Tagen überdurchschnittlich viel geregnet hat und ein Teil der Straße unter Wasser steht.

Das Bild, das sich uns bietet, ist rührend. Mit hochgekrempelten Hosen spielen die beiden circa Sechsjährigen in der großen Wasserlache, die den Fußgängerüberweg umgibt. Voller Freude rennen sie in der überdimensionalen Pfütze hin und her, während sie sich darüber kaputtlachen, wie »verbogen« der Zebrastreifen durch die optische Krümmung unter dem Wasser aussieht. Voller Elan versuchen sie nach den schiefen Ausläufern der weißen Streifen zu greifen. Auf der anderen Seite steht ihr Vater, der das Treiben amüsiert beobachtet.

»Versucht bitte, euch nicht komplett hineinzuschmeißen!«, bringt er lachend hervor, aber dafür ist es zu spät. Mit einem gewaltigen Platsch landet einer von ihnen mit dem Hosenboden auf der Straße. Die Szene sorgt für Gelächter, nicht nur bei den Kindern. Mich erinnert die Szenerie an das sentimentale Gerede älterer Menschen. Aus der Kategorie: Damals war alles besser. Wir konnten noch draußen spielen und brauchten keine Smartphones.

Wenn ich so etwas höre oder lese, muss ich immer an meine Oma denken, die solche Sätze bedenkenlos unterschrieben hätte. Meine Mutter erzählte mir mal, dass meine Urgroßmutter genauso große Skepsis gegenüber dem Telefon hatte. Ein Teufelsapparat war das. Dass zwei Menschen an unterschiedlichen Orten sein und sich dennoch gegenseitig hören konnten, kam ihr wie schwarze Magie vor. Meine Oma wiederum liebte das Telefon.

Als sie das erste Mal eines bekam, richtete sie eigens dafür eine Telefonecke im Flur ein. Hier stand ein kleiner Tisch mit einem Deckchen, auf dem das Telefon stand. Daneben gab es ein handgeschriebenes Telefonbuch, das später durch eines von der Post ergänzt wurde, und natürlich einen Stuhl, auf dem man Platz nehmen konnte, wenn man ein Telefonat führen musste.

Meine Urgroßmutter fand, dass ihre Tochter viel zu viel Zeit an dem Apparat verbrachte, obwohl es damals noch keine Flatrates gab und meine Oma sich nicht häufig den Luxus des Telefonierens leistete.

Wer weiß, vielleicht werde ich in fünfzig Jahren auch irgendwo sitzen und über die gute alte Zeit reden, in der wir »nur« Smartphones hatten und nicht den ganzen Tag mit Virtual-Reality-Brillen umhergelaufen sind, die schlechte Augen machen.

Als hätte Jaden meine Gedanken gelesen, fragt er mich:

»Musst du auch gerade an ein Fünfziger-Jahre-Szenario denken, bei dem Kinder glücklich lachend draußen im Sonnenschein um einen Hydranten herumhüpfen?« »So in der Art. Es gibt wohl Sachen, die ändern sich nie.«

Nach einer fünfzigminütigen Fahrt mit der Straßenbahn – kein Retro Cable Car, wie man es aus den Filmen kennt, sondern eine moderne Version – kommen wir im Mission District an. Seinen Namen verdankt dieses Künstlerviertel einer im Norden gelegenen Kirche (Mission), dem ältesten erhaltenen Bauwerk der Stadt. Filmfans dürften es aus Hitchcocks Film »Vertigo« kennen. Allerdings ist hier vom Einfluss der altehrwürdigen Kirche wenig zu spüren. Künstler- und Musikerkneipen dominieren das Stadtbild ebenso wie mexikanische Restaurants, die alle paar Meter versprechen, den besten Burrito zu servieren. Wie es oft ist, ziehen Künstlerviertel und gutes Essen Yuppies an, und so erklärt Jaden mir, dass es unfassbar ist, wie extrem die Mieten angestiegen sind.

Wir erreichen die Bar, in der er arbeitet. Es herrscht bereits vor der Tür ausgelassene Stimmung. Ein paar Männer und Frauen stehen dort, rauchen, lachen und kramen in ihren Portemonnaies. Von drinnen ist laute Musik zu hören. Für einen Sonntagmittag nicht schlecht.

In dem Laden ist ein großes Büfett aufgebaut, die Tische sind restlos besetzt. Auf jedem steht eine große Karaffe, vermutlich mit den von Jaden angepriesenen Mimosas gefüllt.

Am Ende des Raumes befindet sich eine ebenerdige Bühne, hinter der ein DJ am Pult steht und für die Beschallung sorgt. Eine zwei Meter große Dragqueen in Netzstrumpfhosen, einem engen schwarzen Kleid und einer blonden Bob-Perücke stakst auf ihren fünfzehn Zentimeter hohen High Heels von Tisch zu Tisch und erkundigt sich nach dem Wohl der Gäste.

»Hast du zehn Dollar?«, fragt mein Freund. »Na klar«, antworte ich und fummele den Schein aus meiner Hosentasche. »Super, ich komme gleich wieder!«, verspricht er und macht sich auf den Weg zur Bar. Währenddessen schaue ich mir die Gäste an.

Im Gegensatz zu meiner Vorstellung, dass die beliebte Mahlzeit irgendwo zwischen Frühstück und Mittagessen hier überwiegend schwule Männer einnehmen, ist das Publikum durchaus heterogen. Junge und alte Paare, gemischte Gruppen, ganze Runden mit aufgedrehten Frauen. Ich nehme an, dass Geburtstagskinder dabei sind. Es gibt ein paar Tische mit Männern, denen man auf den ersten Blick nicht das Prädikat »schwul« anheften würde, und zwei oder drei Tische, bei denen ich wegen der äußerlichen Ähnlichkeiten darauf wetten würde, dass hier Eltern mit ihren erwachsenen Kindern sitzen.

Jaden kommt zurück und drückt mir zehn Eindolllarscheine in die Hand. Etwas irritiert nehme ich das Geld entgegen. »Du warst doch schon mal bei einem Drag-Brunch, oder?«

»Ähm, nein. Drag-Shows ja, aber Drag-Brunch, nein«, gebe ich zu.

»Es ist ganz einfach, du wirst sehen, das wird ein riesiger Spaß.«

Er nimmt mich an die Hand und wir drängen uns an den Tischen vorbei. Am seitlichen Rand der Bühne entdeckt er zwei Freundinnen. Sie sitzen an einem hohen Stehtisch auf Barhockern. Die Kanne mit dem Sekt-Orangensaft-Gemisch steht bereits zur Hälfte geleert vor ihnen. Gerade als wir uns einander vorstellen wollen, wird die Musik lauter, und Diskoscheinwerfer beleuchten den Raum hektisch in bunten Farben.

Das Publikum beginnt frenetisch zu klatschen, und die Gastgeberin, die Drag Queen mit der Netzstrumpfhose, eilt in die Mitte der Bühne. Zum Gesang eines Popsternchens, das ich irgendwo zwischen Rihanna und Beyoncé einordnen würde, führt sie einen wilden Tanz auf. Sofort fliegen ihr die ersten Dollarscheine entgegen, die sie keck mit den Absätzen ihrer Schuhe hinter sich kickt. Tanzend durchquert sie die Bar und zieht den Gästen unter großem Gejohle die Scheine aus den Händen. Ach, so ist das. Drag-Brunch. Wie Stripclub ohne Ausziehen, aber dafür mit Sekt.

Ein paar Gläser Mimosa und sechs Dollar später fragt sie das Publikum nach Geburtstagskindern. Ganze acht Personen feiern heute ihren Ehrentag und kommen gut gelaunt und angeheitert auf die Bühne getippelt. Es sind drei Männer und fünf Frauen, die sich einzeln vorstellen müssen, Name, Wohnort und Alter.

Ich staune nicht schlecht, als eine Frau nach vorne kommt. Sie trägt eine blaue Jeans, eine dunkle Bluse, darüber eine Jeansjacke, und vor allem sieht sie aus wie die Zwillingsschwester von Hillary Clinton.

Ihr Name ist Deborah, sie kommt aus der Nähe von Chicago, ist bei ihren Kindern zu Besuch und heute siebzig Jahre alt geworden. Die Gäste sind außer sich, klatschen und pfeifen, was das Zeug hält.

Selbst der schlagfertigen Dragqueen fehlen jetzt die Worte, weil die Frau alles vermuten lässt, aber nicht, dass sie siebzig Jahre alt ist. Die Moderatorin schnappt dramatisch nach Luft.

»Siebzig? Nein. Das kann nicht sein. Du siehst unglaublich aus. Siebzig?«

»Ja, siebzig, Bitch.«

Für die Verwendung dieses Wortes erntet die Frau großes Gelächter. An ihrem Tisch ruft ein älterer Mann, vermutlich ihr Ehemann und nebenbei erwähnt nicht Bill Clinton, »Zeig's ihr, Debbie.«

»Wow, du musst mir dein Geheimnis verraten!«, bettelt die Dragqueen, woraufhin Debbie ihr kokett etwas ins Ohr flüstert. Sie hält sich dabei eine Hand an den Mund, als würde es sie selbst überraschen, was sie mitzuteilen hat.

»Du machst was? Du kleines Luder!«, ruft die Dragqueen. Das Geburtstagskind zuckt lächelnd mit den Achseln.

»Okay, ihr Bitches, ich kann das nicht wiederholen, aber eines sage ich euch: Das hier ist ein ziemlich ausgebufftes Weibsstück, und du da« – sie deutet auf den Ehemann – »bist ein sehr, sehr, seeeehr glücklicher Mann!«

»Zur Hölle, ja!«, quittiert er die Aussage.

»Und jetzt brauchen wir alle einen Schnaps!«, beendet die Dragqueen die Fragestunde.

Die Musik setzt erneut ein, und während die Geburtstagsrunde ein paar Kurze serviert bekommt, macht sich die nächste Performerin ans Werk.

»Was meint ihr, was sie gesagt hat?«, fragt das Mädchen an unserem Tisch, dessen Namen ich immer noch nicht kenne.

»Bestimmt haben die beiden jede Menge Sex!«, antwortet die andere.

»Glaube ich auch, daran hätte sich Hillary mal ein Beispiel nehmen sollen«, kommentiert ein angetrunkener Mann am Nebentisch.

»Tja, einige Dinge sollten besser ungesagt bleiben«, mische ich mich ein und stoße mit den anderen an.

Als Letztes tritt eine wunderschöne, asiatisch aussehende Dragqueen auf, die an eine junge, gut trainierte Lucy Liu erinnert.

»Schau mal, das ist Lilac Lu«, sagt Jaden und deutet mit dem Finger auf ihr lilafarbenes Satinabendkleid. »Eigentlich heißt er Tung Miller, aber alle nennen ihn Frank. Der arbeitet auch bei uns im Fire Departement.«

»Ein Feuerwehrmann und eine Dragqueen? Weiß Donald davon?«, frage ich ihn amüsiert. »Wir sind überall, Girl, ich sage es dir, ü-b-e-r-a-l-l!«

TEXAS

»You may all go to hell and I will go to Texas.«

Davy Crockett

Die Zeit vergeht im Flug

Wer hat nicht schon einmal davon geträumt, am Flughafen anzukommen und unverhofft ein Upgrade zu erhalten? Vermutlich jeder, der sich auf einem Langstreckenflug durch die Businessclass an den luxuriösen Einzelsesseln, auf deren Tischchen bereits ein Aperitif steht, mit großen Augen vorbeibewegt hat.

Am Flughafen von Oakland ist dieser Traum gerade für mich wahr geworden, um Viertel nach sechs Uhr morgens. Ich halte meine soeben ausgedruckte Bordkarte in den Händen, Sitzplatz Nummer 1A! Mein Flug nach Austin dauert zwar nur knapp dreieinhalb Stunden, aber ich spüre bereits die Vorfreude auf den zuvorkommenden Service und die Beinfreiheit.

Beim Sicherheitscheck darf ich mich in der Reihe für »bevorzugte« Passagiere anstellen, und beim Boarding wird ausdrücklich darauf hingewiesen, dass die Menschen aus den ersten drei Reihen zuerst einsteigen dürfen. Ein bisschen schadenfroh, mich an der Menge vorbeidrängeln zu dürfen, stets mit dem Satz »Die ersten drei Reihen, das war mein Aufruf, darf ich mal bitte?« und einem Lächeln auf den Lippen, betrete ich die Gangway. Vor mir wird ein Mann in einem Rollstuhl gefahren. Als wir das Flugzeug erreichen, steht eine der Flugbegleiterinnen im Eingangsbereich, bereit, die Fluggäste zu begrüßen. Aber statt eines »Herzlich willkommen an Bord!« höre ich die Dame mit der blondierten Turmfrisur »Morgen. Du bist der mit dem Rollstuhl, was? Reist du alleine?« sagen. Ihr Make-up, dessen zweite Hälfte vermutlich in ihrem Kopfkissen haften geblieben ist, unterstreicht ihre Abgespanntheit.

Der Mann nickt, woraufhin sie die Augen verdreht, schwer ausatmet und »Na, das kann ja heiter für mich werden« in ihren nicht vorhandenen Bart murmelt. Der Flughafenmitarbeiter schiebt den Rollstuhl ins Flugzeuginnere. Ich folge den beiden, sage »Guten Morgen!« zu der Frau, die das mit einem »Was auch immer« kommentiert. Alter Schwede, denke ich, die hat schlechte Laune, hoffentlich spuckt sie nicht in meinen Gratis-Champagner.

In der Kabine wird mir klar, dass ich mir diese Sorge nicht zu machen brauche. Es gibt hier keine echte Businessclass, sondern lediglich drei Reihen mit zwei statt drei Plätzen und etwas mehr Beinfreiheit.

Insgesamt macht die Maschine einen veralteten Eindruck, zumindest sieht man auf den Lederimitatsesseln deutliche Gebrauchsspuren. Ein bisschen enttäuscht, weil man meiner Meinung nach nur einmal in seinem Leben upgegradet wird, nehme ich mein Schicksal an in der Hoffnung, dass wenigstens mein Sitznachbar nett und nicht allzu großformatig sein wird.

Als ein zierlicher Chinese neben mir Platz nimmt, bin ich mehr als dankbar. Er trägt Kopfhörer und beginnt sofort nach dem Anschnallen geschäftig auf seinem iPad herumzudrücken und Dinge hin und her zu schieben. Die übellaunige Flugbegleiterin begrüßt die hereinkommenden Passagiere über das Bordmikrofon im Leierton: »Meine Damen und Herren, willkommen auf diesem Flug von Oakland nach Austin-Bergstrom. Ihrem Boardingpass, das ist der kleine Zettel in

Ihrer Hand, entnehmen Sie bitte Ihre Sitzplatznummer, das ist die kleine Zahl mit dem Buchstaben rechts unten, nicht die Zahlenfolge links oben, das ist die Uhrzeit. Wenn Ihnen daran gelegen ist, dass dieser Flieger pünktlich abhebt, um Sie zu dieser unchristlichen Uhrzeit nach Austin zu bringen, was auch immer Sie *da* wollen, möchte ich Sie bitten, damit aufzuhören den Weg zu blockieren, weil Sie irgendetwas in Ihrem Handgepäck suchen, oder jetzt schon zur Toilette zu gehen. Im Namen unserer Airline heiße ich Sie noch einmal herzlich willkommen an Bord und wünsche uns allen einen guten Flug.« Ich mag die Frau. Gut, im Umgang mit körperlich eingeschränkten Personen scheint sie nicht besonders sensibel zu sein, aber ich finde, sie hat durchaus Comedyqualitäten.

Nachdem jeder seinen Platz gefunden hat, beginnt sie, die Sicherheitsvorkehrungen zu demonstrieren. »Wir möchten Sie bitten, alle Ihre Äpfel und Androiden in den Flugmodus zu schalten. Wenn Sie nicht wissen, wie Sie den Flugmodus einschalten, schauen Sie nach links oder rechts und fragen Sie den nächsten Achtjährigen, den Sie sehen. Kleiner Tipp von mir, Sie müssen auf das Symbol drücken, das aussieht wie ein Vögelchen oder, Achtung, wie ein FLUGZEUG.« In diesem Moment wünsche ich mir eine Tüte Popcorn, denn das hier hat Kinounterhaltungswert. Als Nächstes spricht sie über die Notausgänge. »... Wenn Sie keinen Notausgang sehen können, versuchen Sie doch mal sich umzudrehen, vermutlich ist er dann hinter Ihnen. Im Falle ... Moment mal ... Ich fasse es nicht. Kevin, STOP!«, entfährt es ihr, und ich erkenne, was ihren Zorn auf sich zieht. Mein Sitznachbar hat nach wie vor die Kopfhörer auf den Ohren.

Oh, oh.

Flugbegleiter Kevin kommt ebenso genervt zu ihr nach vorne gestampft, und ich frage mich, ob es vielleicht eine Art

Marketingmasche der Airline ist, dass jeder Mitarbeiter chronisch pampig ist. Die beiden bauen sich neben dem Sitzplatz des Chinesen auf. Über die Sprechanlage erklärt sie, dass hier wohl jemand sei, der sich zu schade ist, ihr und ihrem Kollegen zuzuhören. Es sei aber nun mal ihre Pflicht, jedem, und wirklich jedem Fluggast die Sicherheitsvorschriften zu erklären, egal ob er sie schon zehn oder hundert Mal gehört hat. Ihr größter Spaß sei das schließlich auch nicht. Sie fliege schon seit zwanzig Jahren, da könne man sich ja mal überlegen, wie oft sie sich das schon anhören musste.

Schuldbewusst nimmt der Mann neben mir die Kopfhörer ab und murmelt ein »Entschuldigung, Ma'am.« Danach zieht er das iPad aus seiner Hülle. Die Flugbegleiterin beugt sich darüber und schaut auf das Display: »Ist das etwa der FLUGMODUS?«, fragt sie. Schnell streicht er mit dem Finger über das Gerät und drückt auf das erwähnte Vögelchen. Fehlt nur noch, dass sie ihm ein »Braver Junge« zuruft oder einen Keks hinwirft.

Stattdessen geht Kevin wieder zu seinem Platz in der Mitte, und sie fahren mit der Demonstration fort: »Bitte beachten Sie, dass dieses Flugzeug keine U-Bahn ist. Jeder hat hier seinen Sitzplatz, es gibt keinen Grund, sinnlos im Gang herumzustehen. Bei einem dreistündigen Flug müssen Sie sich nicht die Beine vertreten, da bleiben Sie einfach sitzen. Es gibt auch keine Stehpartys vor den Toiletten. Wenn das Licht grün leuchtet, stehen Sie auf und gehen. Ist es rot, dann bleiben Sie sitzen. Dort hinten ist wirklich der einzige Bereich, in den *wir* uns mal fünf Minuten zurückziehen können. Gott, wir brauchen auch einen Ort, wo wir mal durchatmen können.«

Kurz befürchte ich, dass sie gleich zu weinen beginnt, und verwerfe meine Idee der Marketingstrategie, da man ihr gerade wirklich ansehen kann, wie sehr sie ihren Job hasst.

»Wir werden Ihnen heiße und kalte Getränke anbieten. Auf diesem Flug gibt es keine, ich wiederhole, keine alkoholischen Getränke, es ist sieben Uhr morgens, Herrgott nochmal!« Spätestens jetzt hat der Flugbegleiterjob für mich jeden Glanz verloren. Durch die Welt fliegen, immer gut aussehen, interessante Menschen kennenlernen, all das relativiert sich bei der Vorstellung, jeden Tag die gleiche Strecke zu fliegen, immer wieder dieselben Sachen erzählen zu müssen und ständig mit den gleichen »Fehlern« konfrontiert zu werden, die unbeholfene, simpel gestrickte, unerfahrene oder doofe Gäste machen. Ich erinnere mich an einen befreundeten Piloten, der sich selbst als »Busfahrer« bezeichnet, weil er dreimal am Tag dieselbe Strecke hin und zurück fliegt, ohne das Flugzeug zu verlassen.

Als wir landen, verabschiedet die unwirsche Frau uns mit den Worten: »Kaum zu glauben, hätten wir das auch wieder geschafft, wir sind in Austin-Bergstrom angekommen! Bitte bleiben Sie sitzen, bis die Anschnallzeichen erloschen sind, und versuchen Sie wegen der nervigen Pieperei die Handys bis zum Terminal im Flugmodus zu lassen. Im Namen des Kapitäns und der ganzen Besatzung bedanke ich mich, dass Sie sich heute für uns entschieden haben, und hoffe, Sie bald, naja, bald wieder an Bord begrüßen zu dürfen.«

We Are Family

Wenn ich meinen liberalen Freunden in Berlin erzähle, dass ich meine Familie in Texas besucht habe, ernte ich in der Regel einen Blick, als hätte ich gerade gesagt, dass ich mir einen Nagel in den Fuß eingetreten habe. Wenn ich dann noch erwähne, dass meine Verwandten in Texas Republikaner sind, gucken sie so, als hätte ich hinzugefügt, dass der Nagel rostig war und man mir jetzt den Fuß amputieren muss. Aber trotz unserer unterschiedlichen Sichtweisen auf die Welt mag ich diesen Teil meiner Familie.

Die Cousine meiner Mutter wurde im Zweiten Weltkrieg aus Danzig vertrieben. Sie lebte mit ihrer Mutter alleine in Westfalen, bis sich diese Ende der fünfziger Jahre in einen amerikanischen Soldaten verliebte, der beide in die Staaten mitnahm. So wuchs die Cousine meiner Mutter in Chicago auf und lernte ihren Mann mit siebzehneinhalb auf einem Rockkonzert in der Turnhalle ihrer Highschool kennen. Er war der Bassist der Band, und ihr Kennenlernen glich einer klassischen Szene aus einem Teenagerfilm: Sie war dort mit einer Freundin, die mit dem Schlagzeuger ging und der fragte seinen Bassisten, ob er nicht mit der Freundin seiner Freundin ausgehen wolle. Der sah zu den Mädchen herüber, allerdings in einem Moment, in dem sich die Cousine meiner Mutter von ihren Freundinnen abgewandt hatte. So sah er ein anderes Mädchen, das gar nicht seinen Vorstellungen entsprach. Die Cousine meiner Mutter war niedergeschlagen, als sie von ihrer Freundin hörte, dass er kein Interesse hatte. Später am Abend klärte sich die Verwechslung auf, aber er musste sich ganz schön ins Zeug legen, bis sie ihm noch eine Chance gab. Sie gingen anderthalb Jahre lang miteinander und heirateten. Weil er noch nicht einundzwanzig Jahre alt war, brauchten sie die Einverständniserklärung seiner Eltern. Sie war von da an Hausfrau und alsbald auch Mutter, während er seine Rockstarambitionen aufgab und Leiter einer mittelständischen Firma wurde. Er liebte diese Arbeit so sehr, dass er sich, nachdem er aus der Firma ausgeschieden war, im Haus ein Büro mit seinem alten Chefsessel einrichtete. Auf dem Schreibtisch steht eine Silberplakette, in die sein Name und »Chef« eingraviert ist, obwohl er längst im Ruhestand ist. Ich nenne sie »Onkel Sam« und »Tante Barbara«, so nah stehen wir uns.

Ihre beiden Töchter sind verheiratet und haben je zwei Kinder, die eine Mädchen und die andere Jungs. Die Tochter mit den Mädchen, ihr Name ist Emma, wohnt eine gute halbe Stunde Autofahrt von ihren Eltern entfernt, während die andere, Taylor, in Kansas lebt. Bei der Hochzeit von Emma und ihrem Mann Martin war ich Blumenmädchen. Ich war fünf Jahre alt, und es war meine erste USA-Reise, gemeinsam mit meinen Eltern und meiner Schwester. Wir gaben auf der Feier eine sehr ambitionierte Gesangseinlage zum Besten, meine Schwester, fünf Jahre älter als ich, hatte eine große Leidenschaft für Musicals, die ich, sie verehrend, mit ihr teilte. Was unter anderem dazu führte, dass wir auf der Hochzeit Katzenohren trugen und »Mondlicht« aus Cats schmetterten. Wir bekamen großen Applaus, was aber wohl eher auf meine Niedlichkeit zurückzuführen war als auf mein Gesangstalent.

Martin war damals bei den Marines. Ich frage mich ab und zu, ob meine Vorliebe für Uniformen daher kommt, dass ich bei dem Fest auf den Füßen der vielen uniformierten jungen Männer stehen und mit ihnen tanzen durfte. Immer wenn ich meine amerikanische Sippe in Texas besuche, habe ich das Gefühl, in einer vollkommen anderen Welt zu sein. Zwar darf ich nicht mehr auf Martins Füßen stehen und mit ihm tanzen, aber nach wie vor wird mir vermittelt, dass hier die Welt in Ordnung ist: Die Familie ist das Wichtigste im Leben, und jeder passt auf jeden auf. Ständig wird miteinander telefoniert, sich berichtet, wer gerade wo ist, wer wen wo abholen soll, wer was für wen erledigt und schließlich wo man sich gemeinsam mit den Eltern und Großeltern zum Abendessen trifft. Die Männer verdienen das Geld und kümmern sich um die Sicherheit, die Frauen geben die Knete wieder aus und kümmern sich um die Familie. Ein bisschen wie in einem Film aus den fünfziger Jahren. Mir ist das alles suspekt, halte ich mich in Sachen Sippschaft doch eher an die norddeutsche Weisheit: Familie ist wie Fisch, nach drei Tagen fängt er an zu stinken. Andersherum komme ich meiner texanischen Verwandtschaft nicht weniger merkwürdig vor: eine fast dreißigjährige Frau, die alleine durch die Weltgeschichte reist und ihr eigenes Geld verdient. Aber genau diese Gegensätze mag ich und finde es spannend, für eine bestimmte Zeit in ein ganz anderes Leben einzutauchen, auch wenn das eine oder andere Problem vorprogrammiert zu sein scheint.

OMG, Mom!

Mein erster Morgen in Texas. Ich sitze verschlafen am Küchentresen in Emmas Haus. Sie ist auf Hochtouren und hat den Tag für sich und ihre beiden Töchter schon strukturiert und organisiert. Ihre ältere Tochter Jessie läuft aufgeregt mit dem Handy in der Hand zwischen der Küche und ihrem Badezimmer hin und her, während Emma sie über ihre Aufgaben informiert.

»Jessie, denkst du daran, deine Schwester Leila um drei abzuholen und sie dann zum Friseur zu fahren?«

Aus dem Flur ist ein typisch pubertäres genervtes »Jaaa« zu vernehmen.

»Süße, hast du deine Bücher für die AG dabei?«

»Jaaaaa.«

»Nach dem Friseur treffen wir uns im ›Brooklyn Heights‹ mit Oma und Opa zum Essen, bevor wir zum Spiel gehen. Geht es um sieben oder um halb acht los?«

»Jaaa.«

Jetzt wird es Emma zu bunt.

»Fräulein, kommst du mal bitte her, ich hab dich etwas gefragt.«

»Mom, ich komme zu spät zur Schule.«

»Du hast noch acht Minuten Zeit, bis du das Haus verlassen musst. Was ist denn eigentlich heute Morgen los mit dir?« Emma blickt ihre Tochter mit einer Mischung aus Sorge und Ärger an.

»Nichts«, antwortet Jessie. Und nach einer Pause fügt sie hinzu: »Es ist Sean. Weißt du noch, dass er den einen Abend bei der Party von Jeannie mit mir geflirtet hat, obwohl er schon seit Jahren mit Heather, der blöden Kuh, zusammen ist?«

Jetzt habe ich das Gefühl, in einen Highschoolfilm geraten zu sein. Meine arme Cousine, denke ich, doch sie steigt voll auf ihre Tochter ein:

»An dem Wochenende, als Jeannies Eltern in Palm Springs waren? Und Heather zu Hause geblieben ist, weil sie für ihre Zwischenprüfung lernen musste?«

»Ja, genau, und sie war megasauer, weil sie wusste, dass Sean zu der Party gehen würde und ich auch da bin.«

Amüsiert höre ich den beiden zu. Nachdem ich abwechselnd von ihnen höre, wer noch alles auf der Party war, was es zu trinken gab und wer bei Jeannies Eltern in den Vorgarten gereihert hat, geht es um das tatsächliche Problem:

»Wenn Sean Heather irgendwann heiraten will, dann ist mir das egal. Ich habe ihm nur geschrieben, dass ich an der University of Texas studieren möchte und mir dort einen großen Footballspieler angeln werde. Da schreibt er mir plötzlich, dass er ein großer Footballspieler *ist* und überlegt auch an die UT zu gehen, weil sie ihm ein Sportstipendium angeboten haben und Heather *auch* an der UT studiert. Damit ruinieren sie mir aber meine ganze Zeit auf dem College!«

So leicht kann es gehen. Zwischen zwei Schlucken Kaffee und drei Whats-App-Nachrichten kann man einem Mädchen die nächsten fünf Jahre versauen.

»Süße, wir sprechen später darüber, okay? Aber glaube mir, sie werden dir *nicht* das College versauen. Oder was sagst du, Kathi?«

»Ziemlich sicher nicht!«, sage ich. Emma und ich müssen über die Schnute lachen, die ihre Tochter jetzt zieht. »Ihr seid blöd«, nölt sie. »Ich muss jetzt zur Schule. Ich hole Leila nachher ab, fahre sie zum Friseur, dann zu euch ins Restaurant, danach komme ich schnell her, ziehe mich um, und später sehen wir uns beim Spiel. Es beginnt um 19.30 Uhr. Kommt nicht zu spät, okay? Das wäre megapeinlich.«

»Ist gut. Liebe dich!«

»Liebe dich!« Sie rauscht aus der Küche zur Garage. Ich habe hier noch nie jemanden durch die Haustür gehen sehen und glaube, sie ist nur für Gäste da oder zur Dekoration. Genau wie das Porzellangeschirr. Das Frühstück und das Abendessen gibt es auf Papptellern. Das ist viel praktischer, findet Emma, weil man die hinterher wegschmeißen kann. Das spart Wasser, sagt sie. Ich erinnere mich auch noch gut an einen Fauxpas im Haus von Tante Barbara im letzten Jahr, als sie in mein Zimmer kam und ein rotes, flauschiges Handtuch im Arm hielt, das ich nach dem Duschen zum Abtrocknen benutzt hatte. »Warum hast du das gemacht?«, fragte sie mich aufgebracht. »Was gemacht?«, hatte ich stutzig erwidert. »Du hast das Handtuch benutzt!« Vorwurfsvoll hielt sie es mir hin, wie ein kleines Tier, das angefahren worden war. »Es hing auf dem Handtuchhalter neben der Dusche?!«

»Das sind die guten Handtücher mit den Monogrammen drauf. Die sind nur zur Dekoration. Die weißen, in dem Regal neben dem Waschbecken, DIE sind zum Abtrocknen gedacht.« Mir war unersichtlich, wieso man Handtücher neben eine Dusche hängt, wenn sie nicht dafür gedacht sind, sich mit ihnen abzutrocknen. Aber um den Haussegen nicht schiefhängen zu lassen, hatte ich mich entschuldigt und Besserung gelobt. Allerdings staunte ich nicht schlecht, als ich das nächste Mal in mein Gästebadezimmer kam und

Tante Barbara die Handtücher eingesammelt hatte, sodass nur noch ein kleines weißes und ein großes weißes übrig geblieben waren. Vermutlich als erzieherische Maßnahme oder weil sie dachte, dass ich ein bisschen blöd bin. In Emmas Haus darf ich alles benutzen. Sie hat mir augenzwinkernd den Schrank vor dem Badezimmer gezeigt und versichert, dass ich so viele Handtücher rausnehmen könnte, wie ich wollte.

Während sie jetzt auf dem George-Foreman-Grill in der Küche ein paar Streifen Speck brät, sinniert sie über ihre Mädchen: »Jessie hat es wirklich nicht leicht. Sie hat so hart gearbeitet, damit sie auf die UT gehen kann. Dafür braucht man einen superguten Notendurchschnitt. Die UT ist die fünftgrößte Universität in den Staaten und hat einen exzellenten Ruf. Wir haben auch schon ein Zimmer für sie im Callaway House. Das ist auf Platz drei der besten Unterbringungen für Studenten. Hier, schau mal.« Aus einer Schublade zieht sie eine Broschüre. Im ersten Moment glaube ich, dass sie sich vertan hat. Das, was ich in der Hand halte, sieht aus wie ein Flyer für ein nobles Hotel. Zu sehen ist ein großer Pool mit Liegestühlen, dahinter eine riesige Terrasse und ein Fitnessstudio. Darüber steht: »The Callaway House – Studieren ist außergewöhnlich. Lebe entsprechend!« Junge, Junge. »Krass, oder?«, fragt sie mich, als ob es für sie auch neu wäre, dass ihre Tochter zukünftig in einer Art Hotel leben wird. »Sie zieht dort mit drei Freundinnen ein, die teilen sich ein Appartement. Ich hoffe, sie weiß es zu schätzen, denn ganz billig ist das natürlich nicht. Sie wird sich bestimmt wundern, dass sie da plötzlich nicht mehr zu den ›Rich Kids‹ gehört. Die fahren alle einen Mercedes und sie nur einen Mazda. Aber wir wollen, dass sie lernt, sich Annehmlichkeiten auch zu verdienen.«

»In dem ihr sie im Hilton für College-Frischlinge wohnen lasst?«, frage ich.

»Am wichtigsten ist uns die Sicherheit. Dort ist immer jemand vor Ort, der sich kümmern kann. Es gibt eine Garage, sodass sie abends nicht irgendwo auf der Straße parken muss, und am Wochenende ist sie sowieso zu Hause bei uns.«

»Aha«, erwidere ich und denke dabei an meine erste eigene Wohnung in Berlin, als ich auf der Schauspielschule war. Sie war in Neukölln, schräg gegenüber von einem abgetakelten Sexshop, der mit vergilbten Postern von Teresa Olowski für seine Auswahl an »exzellenten« Filmen warb. Das Haus, in dem ich lebte, war unsaniert, meine Wohnung im Hinterhof, 5. Stock, und ganze 24,6 Quadratmeter groß. Das hatte Vorteile, zum Beispiel konnte ich mir bequem auf der Toilette sitzend die Hände waschen oder die Dusche anstellen. In dem einen Zimmer stand ein wunderschöner, alter, brauner Kachelofen, den ich Erwin nannte. Erwin nahm nicht nur den größten Teil des Allzweckraumes ein, der als Küche, Schlafzimmer und Wohnzimmer herhalten musste, er musste mir auch einheizen. Denn eine Heizung gab es nicht, sodass in den anderthalb Jahren, in denen ich dort wohnte, all meine Sachen, egal ob sie im geschlossenen Kleiderschrank lagen oder nicht, immer ein bisschen nach Ruß und Rauch müffelten. Da ich aber die meiste Zeit in der Schauspielschule verbrachte, machte mir das alles wenig aus, bis ich den Schimmel entdeckte, dann zog ich aus. Natürlich hätte ich damals zu einem Putz- und Wäscheservice, einem Restaurant, in dem ich alle Mahlzeiten hätte gratis einnehmen können, einer Muckibude, einem Swimmingpool mit Terrasse, einem hauseigenen Kino sowie diversen Billardtischen auch nicht Nein gesagt. Aber irgendwie bin ich ganz froh, es ohne das alles geschafft zu haben.

»Mal sehen, ob die Mädchen rechtzeitig zur Schule gekommen sind«, sagt Emma und zückt ihr Handy. »Schickst du ihnen eine SMS?«, frage ich erstaunt. »Bekommen sie da keinen Ärger im Unterricht?«

»Nur, wenn sie erwischt werden. Aber ich schreibe ihnen nicht, ich schaue via GPS nach. Wir können uns in der Familie alle gegenseitig orten, damit wir immer wissen, wer wo ist.« Boah. »Ein bisschen wie bei Edward Snowden«, gebe ich zu bedenken. »Edward, wer?«, fragt sie zurück. »Edward Snowden«, wiederhole ich irritiert, worauf ich von ihr nur ein Achselzucken zu sehen bekomme. »CIA, NSA, Whistleblower, 2013, wird gerade in einem Film von Joseph Gordon-Levitt gespielt«, werfe ich ihr noch ein paar Stichworte zu. »Den kenn ich. Der ist ganz süß. Und worum geht es in dem Film?«

In diesem Moment wird mir klar, dass sie tatsächlich keine Ahnung hat, wer Edward Snowden ist, obwohl ich darauf gewettet hätte, dass dieser Name wirklich jedem Amerikaner etwas sagen müsste. So kann man sich täuschen. Ich erkläre ihr, worum es in dem Film geht, und hebe noch einmal hervor, dass es sich um wahre Begebenheiten handelt, und frage, ob sie noch nie jemanden gesehen hätte, der seine Laptopkamera mit einem Pflaster überklebt hat. »Das ist ja alles sehr spannend. Da werde ich mich mal mit Dad drüber unterhalten.«

»Mach das«, pflichte ich ihr bei und verstehe gleichzeitig, wie dieser weltweite Skandal an ihr vorbeigehen konnte: Als Familienmanager, Chefeinkäufer, Psychologe, Koch und Animateur hat sie einfach keine Zeit, sich zu informieren. Praktisch alle Autofahrten werden dazu genutzt, sich mit den anderen Familienmitgliedern kurzzuschließen, Radio habe ich im Wagen noch nie gehört, ebenso wenig wie Nachrichten im Fernsehen gesehen. Wenn der abends läuft, verteilt irgendein schleimiger Grinsefrosch Rosen an willige Laiendarsteller, oder die Mädchen schauen eine Serie. Dieser Haushalt ist so mit sich selbst beschäftigt, dass die Außenwelt keine Chance hat, in den Mikrokosmos einzudringen. Irgendwie auch ein schöner Gedanke: Wieso sollte man seinen Familienalltag mit dem Elend der Welt belasten? Es ist doch schon schlimm genug, dass irgendein Footballbubi mit seiner Freundin vielleicht auf dieselbe Uni gehen wird. Muss es denn immer ein höheres Ziel und ein größeres Bild geben? Warum nicht einfach sagen: »Scheiß drauf, Hauptsache, uns geht's gut«?

Mein Blick fällt auf ein aufgestelltes Bild der beiden Mädchen, auf dem sie deutlich jünger auf einer Wiese posieren, und mir wird klar, warum es so einfach nicht geht. Weil es ein Morgen geben wird und weil diese kleinen Mädchen dann ausbaden müssen, was wir Erwachsenen verbockt haben. Weil Eltern ihre Kinder nicht vor allem beschützen können und weil es naiv ist zu denken, dass die anderen selbst schuld sind, wenn es ihnen nicht gut geht, und dass man niemals in Armut leben oder nie Opfer einer Naturkatastrophe werden wird – die man mit verschuldet hat, weil man immer alles aus Papptellern und Bechern frisst und säuft.

»Du, Emma? Du hast doch Donald Trump gewählt, oder?«, frage ich.

»Natürlich. Wir sind schon immer Republikaner gewesen.«

»Was weißt du eigentlich über den?«, hake ich nach.

»Ich weiß, worauf du anspielst. In der Presse wird kein gutes Bild von ihm gezeigt. Aber ich denke, nur weil er ab und zu etwas Dummes sagt, heißt das nicht, dass er kein guter Präsident sein kann. Nur weil ein Apfel faul ist, schmeißt man doch nicht gleich den ganzen Korb weg. Magst du einen Smoothie?« Dazu sage ich nichts mehr.

Später sitze ich mit Emma und Jessie im Auto. Jessie hatte einen stressigen Tag in der Schule und berichtet vom neuesten Skandal: »Heute trug dieses merkwürdige Mädchen aus meiner Parallelklasse, die mit den kurzen Haaren, ein T-Shirt, auf dem ›Power to the Girls‹ stand. Alle haben sich über sie lustig gemacht. Wenn so Feministinnen sind, dann bin ich eine Antifeministin.« Ihre Mutter holt Luft, um etwas zu sagen, bemerkt aber meinen skeptischen Blick von der Beifahrerseite. Sie lässt die eingesogene Luft entweichen und setzt dann neu an: »Das kannst du so nicht sagen, oder was meinst du, Kathi?« Sie weiß, dass ich in Los Angeles auf dem Women's March war und auch sonst eine liberalere Weltauffassung habe als sie und ihre Familie. »Weißt du Jessie, nur weil sie kurze Haare und andere Klamotten trägt«, beginne ich zu erklären, »und deswegen gemobbt wird, heißt das nicht, dass sie eine Feministin ist. Wenn du der Meinung bist, dass Frauen die gleichen Rechte wie Männer haben und genauso viel verdienen sollten, dann bist du auch eine Feministin. Würdest du nicht sagen, dass jeder so leben soll, wie er oder sie es mag, solange man damit keinem anderen Schaden zufügt?«

»Schon«, höre ich vom Rücksitz.

»Und findest du nicht auch, dass jeder sich so anziehen kann, wie er oder sie will?«

»Ja, aber wenn man sich hässlich kleidet, dann braucht man sich auch nicht zu wundern, wenn die anderen sich darüber lustig machen.«

Grausame Teenagerwelt, denke ich und antworte ihr: »Es könnte dir auch irgendwann oder irgendwo mal passieren, dass du die Außenseiterin bist.«

»Wieso?«, fragt sie, und ich kann im Rückspiegel sehen, wie sie nun auf ihrem Sitz nervös hin und her rutscht. »Stell dir mal vor, dass du auf Reisen gehst, in ein Land, weit weg von zu Hause, in eine Stadt, in der viele Menschen verschiedene Lebensstile pflegen. Da gibt es Frauen, die alleine wohnen, vielleicht noch mit einem Kind, das sie großziehen, da gibt es Wohngemeinschaften, in denen Erwachsene zusammenleben, ohne verheiratet zu sein, da halten Frauen mit Frauen und Männer mit Männern auf der Straße Händchen, und nicht jeder hat ein eigenes Auto oder einen riesigen Fernseher.«

»Das klingt ganz komisch«, merkt sie an, und ich sehe an Emmas Gesicht, dass sie weiß, ich spreche von meinem Land, diesem Deutschland, und meiner Stadt, Berlin.

»Du findest das komisch, aber dort ist es normal. Und jetzt frage ich dich, was hättest du lieber, dass diese Menschen über dich lästern und sagen, dass du eine Barbiepuppe bist, die in einem veralteten, oberflächlichen Konzept lebt, bei dem es nur darum geht, Jungs zu gefallen und möglichst angepasst zu sein. Oder dass sie sich mit dir unterhalten und austauschen, neugierig auf dich und deine Welt sind?«

»Ja, natürlich das Zweite«, sagt sie brav, und ich erinnere mich daran, dass ich mit einem siebzehnjährigen Teenager spreche, bei dem meine Worte wahrscheinlich zum einen Ohr rein- und direkt zum anderen wieder rausfliegen, während sie Snapchat-Videos liked. »Am Ende ist es so«, beginne ich mein Schlussplädoyer, »deine Eltern haben dich dazu erzogen, ein gutes Mädchen zu sein, das andere respektvoll behandelt. Zum Respekt gehört dazu, dass man Menschen nicht verurteilt, nur weil sie ein Leben führen, das einem fremd ist, und ihnen andere Dinge wichtig sind als einem selbst. Sprich doch mal mit dem Mädchen, vielleicht ist sie ja ganz nett, vielleicht sogar cool, wer weiß. Wenn nicht, kannst du sie ja hinterher immer noch blöd finden.«

»Ja«, murmelt sie, und ich sehe, dass Emma ganz zufrieden mit meiner Abhandlung ist, auch wenn ich bezweifele, dass sie irgendeine Auswirkung haben wird.

Die Nachbarin aus der Hölle

Heute besuche ich Tante Barbara und Onkel Sam. Sie leben in einer »Gated Community«. Das ist eine Wohnsiedlung, die man nur betreten kann, wenn man ein Gerät hat, um die Schranke am Eingang zu öffnen.

Hier hat jeder ein Auge auf jeden. Letztes Jahr sorgte ich versehentlich für große Verwirrung, als ich Onkel Sams Computer benutzte und vergaß, mich bei Google auszuloggen. Er wollte sich ein Dokument ansehen, das in Google Drive hinterlegt war, irgendetwas von der Nachbarschafts-Community. Er sah nicht, dass ich noch immer eingeloggt war und er nur deswegen nicht auf das Dokument zugreifen konnte, und dachte an ein Computerproblem. Das führte dazu, dass ich plötzlich eine E-Mail von einer aufgeregten Nachbarin bekam, die das Dokument erstellt hatte, wer ich sei, wo ich wohne, wieso ich darauf zugreifen wolle und ob ich ein Hacker sei, was natürlich Quatsch war, weil es für einen Hacker ein Leichtes gewesen wäre, sich Zugang zu verschaffen, ohne aufzufallen. Tante Barbara, die zunächst nicht verstanden hatte, was passiert war, war drauf und dran, zu ihrer Nachbarin zu gehen und ihr ordentlich die Meinung zu sagen, weil sie sich nicht in ihre Angelegenheiten zu mischen hätte und überhaupt nur eine blöde Wichtigtuerin sei mit ihrem ganzen Computerscheiß. Paradox, wenn ich daran denke, dass der Sinn einer solchen Wohnsiedlung genau darin besteht, dass man unter sich ist, es meine Tante aber stört, wenn jemand darauf achtet, was so vor sich geht.

Die Frauen in dieser Nachbarschaft sind wie eine gealterte Version der »Desperate Housewifes«. Sie lästern und streiten, sind aber alle irgendwie miteinander befreundet, spielen Karten und trinken Margaritas.

Eine dieser Frauen, die etwa sechzigjährige Trudi, wurde von Tante Barbara eingeladen, weil sie deutsche Wurzeln hat. Sie spricht zwar praktisch kein Deutsch mehr, fühlt sich aber, wie auch Tante Barbara, immer noch mit ihrer alten Heimat verbunden und würde sich freuen, wenn sie sich ein bisschen mit mir unterhalten könnte.

Deswegen sitze ich mit Trudi auf der Veranda, während Tante Barbara in der Küche das Abendessen vorbereitet. Trudi platzt gleich mit einem Hammer heraus:

»Ich war mit Hillary Clinton auf der Highschool. Wir hatten zwar keine Kurse zusammen, aber sie war mit ein paar Mädchen befreundet, mit denen ich auch eng war. Ich mag es aber nicht, mit ihr assoziiert zu werden, ich habe ein großes Problem mit ihr und mit ihm, mit Bill.«

Ich nicke. Jeder erzählt gerne Geschichten von Mitschülern, die erfolgreich und berühmt wurden. Meine wäre, dass ich als Kind mal Tennisunterricht bekam, und bei den Spielen am Wochenende, die abgehalten wurden, um den Eltern zu zeigen, dass die teuren Stunden sich auch lohnten, verlor ich immer, und wirklich immer gegen ein Mädchen, das ein Jahr jünger war als ich. Sie heißt Julia Görges, ging auf meine Schule und belegt inzwischen einen Platz auf der Tennis-Weltrangliste der Frauen.

Aber Trudis Gesicht sieht nicht so aus, als ob sie einen Schwank aus ihrer Jugend erzählen will. Ihre Gesichtszüge haben sich verhärtet, als sie fortfährt:

»Trumps Kinder sind sehr intelligent, sind sie wirklich. Der Sohn vom Cousin meines Mannes ging mit ihnen aufs College. Und ja, manchmal sagt Trump ungeschickte Sachen, da stürzen sich alle drauf. Aber dass er von Nelson Mandela geehrt wurde, darüber spricht niemand. Da gibt es sogar ein Foto von.«

»Öhm, das wäre mir auch neu …«, werfe ich ein. Ich erinnere mich an einen Artikel aus dem Jahr 2013, dem Jahr, in dem Mandela starb. Trump hatte einen Tweet abgesetzt, in dem er den ersten schwarzen Präsidenten Südafrikas zitierte und mitteilte, dass sie eine wundervolle Beziehung zueinander gehabt hätten. In dem Artikel wurde Trump Scheinheiligkeit unterstellt, denn nur weil man mal ein Foto mit jemandem gemacht hatte, musste man ihn ja nicht gut kennen. Außerdem stand in dem Artikel, dass sich Trump und Mandela in Sachen Politik und Lebensweise so nahe standen wie Gargamel und Papa Schlumpf.

Meine Gesprächspartnerin beginnt, sich in Rage zu reden:

»Und immer dieses Gerede über Pussy Grabbing. Trump ist Milliardär, und so benehmen die sich eben, ohne dass ich es entschuldigen will. Aber es sind Männer, die bekommen, was auch immer sie wollen. Die Sache ist doch die, man hört nie etwas über Bill Clinton. Er hat sich einen blasen lassen unter seinem Schreibtisch im Weißen Haus, und DAS finde ich nicht in Ordnung.«

»Moment mal«, versuch ich sie zu unterbrechen, da ich Schwierigkeiten habe, ihrer Erörterung zu folgen. Gewitzt, wie das alte Luder aber scheinbar ist, benutzt sie einen Trick. Sie hebt die Hand, um mir zu signalisieren, dass die Auflösung ihrer abstrusen Kausalkette gleich kommen wird: »Und ich sage dir auch, warum: Das hätte auch eine meiner Töchter sein können. Natürlich hätten die ihn angehimmelt und sich gefreut, dass sie so viel Aufmerksamkeit vom Präsidenten bekommen. Das kann man Monica Lewinsky doch nicht vorwerfen. Ich gebe ihm die Schuld, er hat das Leben dieser Frau ruiniert. Ich glaube, er hat sich nie dafür entschuldigt. Das war auch nicht das erste Mal. Er hatte immer Affären.«

Jetzt wird es mir zu bunt: »Warum sagt das etwas darüber aus, wie Hillary Clinton als Präsidentin gewesen wäre?«, schnaube ich. »Das eine hat gar nichts mit dem anderen zu tun.«

»Ich finde schon«, fährt Trudi im Brustton der Überzeugung fort, wobei ihre Brüste sich altersgemäß eher in Bauchhöhe befinden.

»Diese Affären sind so eine Demütigung. Solche Frauen verstehe ich nicht.« Würden wir beide Figuren in einem Cartoon sein, denke ich, dann tanzten um meinen Kopf lauter Fragezeichen, während ihr Dampf aus den Ohren schießen würde.

»Aber dieser Women's March …«, fährt sie fort. »Frauen haben hier ein ziemlich gutes Leben. Da gibt es gar keinen Grund, sich zu beschweren. Niemand hat Schwierigkeiten damit, für Jobs bezahlt zu werden, es gibt Anwälte, die sich um jegliche Art von Problemen kümmern können, es gibt keine sexuelle Schikane. Jeder sollte sich mehr um seinen eigenen Scheiß scheren. Und genau da liegt das Problem. Wir werden alle beobachtet. Wie bei Big Brother. Das gefällt mir nicht. Alle wollen immer mehr. Ich meine, wie viel mehr will man denn haben? Willst du einen Penis? Dann geh und lass dir einen machen, und dann hast du beides. Bitte sehr. Das ist meine Meinung. Vielleicht eine extreme, aber Frauen haben es bei uns gut. Bei diesem Marsch ging es doch gar nicht um Frauen.«

»Ich war in Los Angeles dabei«, wage ich einen weiteren Versuch, ihren Monolog in einen Dialog zu verwandeln. Aber sie lässt sich davon nicht abhalten und quatscht einfach weiter.

»Trump muss wirklich aufpassen, was er sagt. Deswegen mag ich den Vizepräsidenten lieber. Der ist zurückhaltender. Trump ist ein strenger Katholik, der in die Kirche geht. So läuft es bei denen. Die gehen zum Gottesdienst, beichten ihre Sünden, und damit hat sich die Sache erledigt. Sündenfrei. Ich verstehe einfach nicht, was hier im Land los ist.«

Ich nicke zustimmend und glaube, dass dies vielleicht der einzig sinnvolle Satz ist, den ich in den letzten zehn Minuten gehört habe.

Umgekehrt ist es genau das, was die untere Mittelschicht den Privilegierten vorwirft. Sie haben keine Ahnung, was los ist. Wenn man ein behütetes Leben im Wohlstand führt, kann man leicht in Schwarz und Weiß unterteilen. Wer noch nie existentielle Sorgen hatte, kann nicht nachempfinden, was einen dazu treiben kann, die Grenze der Legalität zu überschreiten, um sich selbst oder seine Familie zu ernähren. Soweit ich weiß, hat Trudi in ihrem Leben noch nie gearbeitet. Sie segelte, ähnlich wie Tante Barbara, direkt nach der Highschool in den sicheren Hafen der Ehe. Aber Trudi ist sich sicher, den Durchblick und zu allem eine Meinung zu haben, die sie als unbestreitbar darlegen kann. Mittlerweile ist sie beim Thema Homosexualität angekommen.

»Was auch immer der Wind in deinen Segeln ist, ist mir egal, solange es keine Auswirkungen auf mein Leben hat. Wir kennen auch Schwule, sind auch mit denen befreundet. Der Onkel meines Mannes war schwul. Ein hochdekorierter Mann. Ich verurteile Menschen wegen so was nicht. Aber Tucken? Nein. Die kann ich nicht aushalten. Sehe ich eine, gehe ich weg. Mit denen will ich nichts zu tun haben, das sind Exhibitionisten. Ich würde nie sagen, dass die abnormal sind, aber es ist nicht Gottes Wille. Es ist was mit ihren Chromosomen. Das ist genau wie mit Krebs.«

Jetzt bin ich sprachlos, aber die Alte setzt direkt zum nächsten Rundumschlag an:

»Wusstest du, dass Michelle Obama mehr Geld ausgegeben hat als alle anderen First Ladys zusammen? Das ist außer Kontrolle geraten mit ihren Finanzen. Meiner Meinung sagen die Obamas hinter verschlossenen Türen: ›Fickt euch, ihr Weißen, ihr seid uns egal.‹ Ich bin nicht bigott, ich habe einfach das Gefühl, dass sie nichts für uns getan haben. Wir brauchen einen Geschäftsmann im Weißen Haus. Denn das ist es, was es ist: ein Geschäft. Wir brauchen keinen Kriegstreiber. Wenn es nochmal zum Krieg kommen sollte, dann sind wir eh alle erledigt. Trump kümmert sich um die Militärs und um deren Familien. Die meisten leben in Armut. Und diese Leute da im Kongress, die werden Multli-multimulti-Millionäre. Wie kann das sein? Das ist unser Geld. Sie nehmen es von uns. Wir wollen unseren Kindern etwas hinterlassen, aber das ist schwer heutzutage. Die Steuern für Immobilien sind verrückt. Trump nimmt den Leuten nicht noch mehr weg, weil er das gar nicht nötig hat.«

Diesen Satz habe ich auf meiner Reise schon mehrfach von Trump-Liebhabern gehört: »Der ist so reich, der braucht gar nicht mehr Geld, der hat sogar das Präsidentengehalt abgelehnt.« Ich frage mich, wie naiv man eigentlich sein kann. Wie kann man über sechzig Jahre lang auf dieser Welt leben und tatsächlich glauben, dass es so simpel ist? Denkt Trudi denn wirklich, dass einer, der mehrfach auf Grund von dubiosen Geschäften und Spenden in die Schlagzeilen geraten ist, es plötzlich sein lässt, weil er eines Morgens aufwacht und sagt: Ach, jetzt habe ich aber genug Geld, ab sofort gebe ich den Leuten nur noch etwas zurück. Das hat nur ein einziges Mal funktioniert. In der Weihnachtsgeschichte von Charles Dickens. Bei Ebenezer Scrooge.

Dass Trump eine Art Robin Hood ist, der nur von den

Reichen nimmt und den Armen gibt, scheint sie dann doch zu bezweifeln: »Es wird schwierig, den Reichen noch mehr Steuern aufzubrummen, weil das ja seine Unterstützer sind. Aber immerhin hat er verstanden, dass dieses Land den Bach runtergeht. Die USA gehören praktisch den Chinesen, das hat dazu geführt, dass Menschen ihm Rückendeckung geben.«

»Was bedeutet das, Amerika gehört den Chinesen?«, höre ich mich fragen, während ich mich durch diese Unterhaltung immer unwohler fühle und diesen wilden Tiraden nur noch schwer folgen kann.

»Die meisten unserer Sachen kommen aus China«, erklärt Trudi. »Weil es uns wirtschaftlich nicht gut geht. Wir drucken immer mehr Geld, und das kann nicht richtig sein. Wenn es so weitergeht, löst das einen weiteren Bürgerkrieg aus. Das glaub ich wirklich. Hätte ich keine Kinder, wäre ich schon längst weg. Gerne Europa oder Spanien. Wenn du in Europa auf der Autobahn Lichthupe machst, dann fährt der vor dir zur Seite und lässt dich durch, weil er Respekt hat. Wenn du hier Lichthupe machst, dann fährt der vor dir noch extra langsamer. Und warum? Weil er das Recht dazu hat. Jeder kann hier machen, was er will. Unsere Rassenproblematik war so viel besser vor Obama.«

Jetzt schwillt mein Schädel in meiner Fantasie an, bis Adern und Augen hervortreten und mein ganzer Kopf mit einem Schlag zerplatzt. »Wie können Sie denn das sagen?«, bringe ich hervor, atme tief durch und bemühe mich, sitzen zu bleiben.

»Wegen der Leute, die so einen Wirbel darum gemacht haben, als er Präsident wurde. Plötzlich haben sie alle gerufen: ›Hurra! Jetzt werde ich auch aufs College gehen!‹ Die wollen alles haben, und zwar gratis. Wer soll denn das bezahlen? Woher hat Obama das Geld genommen? Von uns, den Steuerzahlern. Wie hat sich denn deine Familie gefühlt, als sie den Solidaritätszuschlag für die Ostdeutschen zahlen musste? Ich bin mir sicher, sie waren darüber auch unglücklich. Den Leuten hat das nicht gefallen. Und hier? Hier nehmen sie 50 Prozent von unserem Geld weg. Man kann die Zeit nicht zurückdrehen. Wir können nicht verhindern, dass es die Sklaverei gab. Wir haben es hinter uns gelassen. Und der Menschenhandel heute ist schlimmer, als er jemals war, egal für welche Rasse. Warum tauschen die Schwarzen nicht mal und leben als Juden. Und merken mal, wie das ist, von Hitler vernichtet zu werden. Haben wir die Sklaven vernichtet? Nein. Im Süden wurden manchmal welche aufgehängt. Aber es waren nicht Tausende über Tausende. Die Schwarzen sind nicht so gebildet, weil ihre Gehirne anders sind. Bei einigen zumindest. Es gibt ganz großartige Familien, die schwarz sind und sich gegen ungebildete Schwarze wenden. Sie sagen zu ihnen: Was stimmt denn nur nicht mit euch?«

»Die Frage würde ich glatt zurückgeben«, platzt es aus mir heraus. »Ich finde Sie gerade mindestens genauso schlimm wie Hitler!«

In diesem Moment erwarte ich, dass die Hexe aufsteht und empört von dannen stapft. Da taucht Tante Barbara in der Tür auf. »Ich habe euch etwas Gebäck gebracht. Und noch einen entkoffeinierten Kaffee für dich, Trudi, ich weiß ja, dass du den anderen nicht so gut verträgst.«

Ach so, am Kaffee liegt es, denke ich und sehe, wie Tante Barbara fröhlich lächelnd den Rückweg in die Küche antritt. Von der angespannten Stimmung scheint sie nichts bemerkt zu haben. »Danke dir, Liebes!«, säuselt Trudi, die fette Schnecke, und beginnt, eifrig an einem Cookie zu knabbern. Ich glaube, das würde ich auch so machen: Wenn mich jemand als Hitler beschimpft, erst mal einen dicken Schokokeks rein, entkoffeinierten Kaffee drauf, ist ja gratis. Da bleibt man gerne noch zum Kaffeeklatsch.

Mit halbvollem Mund fährt sie fort: »Es sind ihre Ansprüche. Die Schwarzen sagen, dass wir ihnen etwas schuldig sind. Aber das ist unser Credo: Wir schulden euch einen Scheiß. Ich bin auch nicht mit dem Silberlöffel geboren. Ich musste mich durchkämpfen, meinen eigenen Weg gehen und mich um meine Bildung kümmern. Man muss die Gelegenheit beim Schopfe packen. Viele der Mütter hier haben zwei, drei Jobs gleichzeitig, gehen putzen, nur damit ihre Kinder auf eine gute Schule gehen können. Diese Jungs sprechen darüber, wie dankbar sie ihren Müttern sind. Das sind Frauen, die wissen, wie sie es anstellen können, den Kopf über Wasser zu halten. Das Leben ist eine Bitch, so ist es. Du wirst in den Dschungel geboren, und dort gilt das Recht des Stärkeren. Das ist doch für uns Weiße nicht anders. Für dich ist das schwerer zu verstehen, weil du jünger bist und eher so eine von den Liberalen, oder?«

»Ein *linksversiffter Gutmensch*!«, presse ich hervor. So fühle ich mich zumindest gerade.

»Bitte?«

Ach ja, Deutsch kann sie ja nicht mehr. Ich übersetze für sie: »Human Lover!«

»Als meine Mutter und ich in den Fünfzigern aus Deutschland nach Amerika kommen wollten, mussten wir auf eine Greencard warten«, fährt sie unbeirrt fort. »Frag mal deine Tante. Was über die Mauer zu Mexiko erzählt wird, sind verdrehte Lügen. Jeder ist willkommen, aber verdammt noch mal legal und nicht illegal. Ich weiß, dass ihr in Deutschland riesige Probleme mit den Flüchtlingen habt. Hier mein Vorschlag: Jeder von euch Liberalen soll doch ein paar von denen bei sich zu Hause aufnehmen, und dann seid ihr für die verantwortlich. Aber so weit geht das Engagement dann plötzlich doch nicht. Ihr wollt marschieren und protestieren, aber wirklich etwas tun und bewegen, das will keiner. Weißt du, wie viel Geld die Reichen für wohltätige Zwecke spenden, nur um keine Steuern zahlen zu müssen? Ich würde es genauso machen. Lieber spende ich mein Geld, als es der Regierung in den Rachen zu stopfen. Die schmeißen es ja zum Fenster raus. Ich bin mir verdammt nochmal sicher, dass Trump in der Sache etwas erreichen wird.«

»Nochmal kurz zurück zu der Mauer«, unterbreche ich sie und nehme die typische Haltung eines Talkshowmoderators ein, leicht vorgebeugt, einen Zeigefinger gewichtig an die Lippen gelegt. Irgendetwas ist in mir passiert, vielleicht eine Art katatonische, emotionale Starre, die mich neutral und ruhig klingen lässt: »Der mexikanische Präsident hat sein Treffen mit Trump gerade abgesagt, weil er die Idee der Finanzierung durch eine hohe Steuer auf die Exporte absurd findet.«

»Ja, ja, ja. Aber das ist scheißegal, weil wir es sowieso machen werden. Mit den Exporten. Nee, Importen. Oder Exporten? Was war es noch?«

»Exporte«, erinnere ich sie.

»Exporte. Richtig. Weißt du, ich verstehe nicht, warum die Mexikaner die Grenze nicht vernünftig sichern. Dann müssten wir auch keine Mauer bauen. Warum hat China damals eine Mauer gebaut? Aus genau demselben Grund. Das war doch, um die Grenzen zu sichern, oder?«

»Joa, die hatten Angst vor nomadischen Reitervölkern und dann im 5. Jahrhundert vor Christus vor allem vor sich selbst, da wollten sie sich gegenseitig aussperren, obwohl sie alle Chinesen waren. Finde ich aber als Vorbild super, hat auch nur 2000 Jahre gedauert, bis diese Mauer fertig war. Ich könnte Herrn Trump eine Baufirma aus Berlin empfehlen, die dort gerade einen Flughafen baut …«

An ihrem Gesichtsausdruck sehe ich, dass sie kein Wort verstanden hat. Das muss diese Echokammer sein, von der ich in den letzten Tagen gelesen habe: Man hört nur das, was einem in den Kram passt. Meine Argumente nimmt Trudi nicht wahr. Als würde sie sich, wenn jemand etwas sagt, was sie nicht versteht oder was eine andere Sicht auf etwas wirft, die Ohren zuhalten und ganz laut singen: »Ich kann dich nicht hööööören, du bist blööööde.«

Sie beginnt zwar nicht zu singen, springt aber munter weiter zwischen verschiedenen Themen, als ob man einem Kaninchen Ecstasy gibt, ein Wollgarn an den Puschelschwanz bindet, es loshoppeln lässt und behauptet, das daraus entstehende Netz sei der Weg nach Narnia.

»Die Medien hier sind einseitig. Die wohlhabenden Staaten jaulen am meisten herum, wie New York. Aber die Sache ist die, Chicago zum Beispiel, Obamas Heimatstadt, hat die höchste Mordrate in den ganzen Vereinigten Staaten. Trump will Truppen hinschicken, die das in den Griff bekommen, weil die Polizei überfordert ist.«

In der Tat, da hat sie ausnahmsweise recht, gibt es in Chicago tatsächlich ein großes Problem mit Waffengewalt. Bei Schießereien von rivalisierenden Gangs sterben immer wieder Unschuldige. Laut Polizeistatistik wurden im Jahr 2016 4331 Menschen von Kugeln getroffen, 762 starben an den Verletzungen.

Seit Jahren gehen in Chicago jede Woche Menschen auf die Straße, die eine Verschärfung der Schusswaffengesetze auf nationaler Ebene fordern. Dort gelten die schärfsten Waffengesetze landesweit, aber in angrenzenden Staaten ist es ein Leichtes, sich ein Schießeisen zu besorgen. Ich versuche ihr diesen Gedanken mitzuteilen, aber er perlt an ihr ab wie Wasser auf Glycerin.

»Die legal gekauften Waffen sind doch überhaupt nicht

das Problem. Die Gangster werden ihre Knarren immer irgendwo herkriegen und damit auf Kinder schießen.«

»Es braucht aber trotzdem Gesetze, die den Zugang erschweren«, werfe ich ein. Trudi lässt ihren Blick über die Terrasse hinüber zum Golfplatz schweifen und hört nicht zu.

Laut einer Umfrage von CNN wünschen sich 92 Prozent aller Amerikaner verschärfte Kontrollen von potentiellen Waffenkäufern, 87 Prozent wünschen sich ein Waffenverbot für verurteilte Straftäter und Menschen mit psychischen Störungen. Fast genauso viele wollen, dass Leute, die auf Flugverbots- oder Terrorlisten stehen, keine Schusswaffen erwerben können.

Dem entgegen steht die National Rifle Association, die sich am Waffenhandel dumm und dämlich verdient und derlei Forderung blockiert. In der Tat werden Verbrecher immer irgendeinen Weg finden, sich Waffen zu besorgen, aber ich glaube auch, dass jede Hürde, die man in den Weg baut, hilfreich ist. Plötzlich nimmt Trudi das Gespräch wieder auf: »Der ganze Staat ist korrupt. Jesse Jackson junior, der war Abgeordneter für den Wahlbezirk Illinois, hat Millionen Dollar gestohlen und geht dann nach Minnesota in eine Klinik und behauptet, er sei bipolar gestört. Das soll eine verfickte Entschuldigung dafür sein, dass er den Menschen so viel Geld gestohlen hat? Für mich ist es so: Es gibt richtig und falsch. Und die Medien berichten immer nur einseitig. CNN, diese aufgeblasenen Spinner, ziehen alles durch den Dreck, was der Präsident macht, aber selbst machen sie es nicht besser!«

»Was sollen sie denn besser machen? CNN ist ein Fernsehsender und keine Partei«, stelle ich mich ein bisschen dumm. Natürlich ist mir klar, worauf sie anspielt.

Die Situation in diesem Land ist so angespannt, dass es scheinbar nur zwei Lager gibt: die, die Trump vergöttern, ihn als Retter sehen und nichts in Frage stellen, was er sagt, tut oder vorhat, und die, die ihn verteufeln und alles, aber auch wirklich alles verdammen, was er sagt, tut oder vorhat.

Trudi palavert munter weiter: »Am witzigsten fand ich, dass die Presse behauptet hat, Trump würde nur von ungebildeten und dummen Leuten gewählt werden. Das haben die zurückbekommen: New York, Kalifornien, Illinois, das sind die Staaten, in denen die Wohlhabenden leben. Hillary ist jetzt bestimmt in psychiatrischer Behandlung. Die Niederlage hat sie umgehauen. Ihr Ego im Besonderen. Die Obamas haben unsere Steuergelder genommen, um ihren Wahlkampf zu unterstützen. Das ist nicht richtig. Das ist es, was die Leute wütend macht.«

Es kommt mir vor, als ob die Frau auf einer Autobahn mit Höchstgeschwindigkeit fährt. Abfahrten, Umleitungen oder andere Wege sieht sie nicht, erst recht nicht die Gegenfahrbahn.

Es stimmt, dass das Problem des Lobbyismus gerade in Wahlkampfzeiten schwerwiegend ist. Republikaner wie Demokraten lassen sich über Non-Profit-Organisationen Spenden zahlen, hinter denen die reichsten Männer des Landes stehen, die im Gegenzug natürlich erwarten, dass ihre Interessen durchgesetzt werden. Zudem sind Wohltätigkeitsorganisationen steuerbefreit. Manche gehen sogar so weit, das Geldwäsche zu nennen. Ein Präsident, der angekündigt hat, »den Sumpf der Korruption« in Washington trocken zu legen, klingt nach einem unbestechlichen Supertyp. Aber wie glaubhaft ist das? Für mich wenig, wenn man bedenkt, dass er nicht mal seine Steuererklärung offenlegt. Vergleiche ich gerade Äpfel und Birnen?

Ich bin keine Politologin, keine Wirtschaftswissenschaftlerin und keine investigative Journalistin. Mir wird erneut klar, dass es keine simplen Antworten auf komplexe Probleme gibt.

Für mich kein allein amerikanisches Phänomen. Auch in Deutschland gibt es Berichte von Lobbyisten, Korruption, Vetternwirtschaft. Wer kann da noch durchblicken?

Ich spüre fast so etwas wie Bewunderung dafür, sich so konsequent auf eine Seite zu stellen. Seien es Verschwörungstheoretiker, politische Fanatiker oder realitätsferne Hausfrauen. Aber wie soll man argumentieren, wenn sich das Gegenüber stur stellt und nicht zuhört?

Mein Kopf brummt, und ich beschließe, ein paar Aspirin zu nehmen. Trudi scheint das alles nicht so zu belasten. Im Gegenteil, die Art, wie sie Zusammenhänge darstellt, vereinfacht, sie für sich vollkommen logisch einordnet, bewertet, abnickt und nicht hinterfragt, lässt sie für mich fast puppenhaft wirken. Fremdgesteuert.

Gerade als ich mich von ihr verabschieden will, weil ich spüre, dass unsere politische Gesprächskultur so weit auseinander liegt wie Nordpol und Südpol, versucht sie ein weiteres Mal, billigen Klatsch mit Politik zu vermischen.

»Ich bin kein großer Michelle-Fan. Ich finde, sie ist sehr unattraktiv. Hast du das Kleid gesehen, das sie bei der Inauguration getragen hat?«

»Keine Ahnung«, gebe ich ermüdet zurück.

»Als sie First Lady wurde, haben alle gesagt: ›Wow, sie trägt J. Crew, das ist für normale Leute. Sie ist total auf dem Boden geblieben.‹ Bla, bla, bla. Dabei hat sie wie gesagt mehr Geld ausgeben als jede First Lady vor ihr.«

»Und wofür hat sie das Geld ausgegeben?« Ein letzter Versuch.

»Für Assistenten. Für Sachen. Was auch immer First Ladys so machen, sie hat es definitiv übertrieben, finde ich.«

Ich gebe auf. »Ich finde«, sage ich noch, »dass man sich erst gut informieren sollte, bevor man so viel dummes Zeug loslässt. Ich mache jetzt einen Mittagsschlaf. Mach's gut, Trudi.« Mein deutliches Fazit überrascht sie ebenso wie mich selbst. Natürlich ist das nicht die feine englische Art, ein Gespräch zu beenden, vielleicht aber eine amerikanische.

Im Gästezimmer von Tante Barbara zücke ich mein Handy und schmeiße Google an. Michelle Obama hatte 24 Mitarbeiter. Zum Vergleich: Hillary Clinton hatte 19, als sie First Lady war. Das Gerücht, dass Michelle und ihre Kinder nach dem offiziellen Europabesuch auf Steuerkosten noch länger geblieben wären, gilt offiziell als widerlegt. Sie haben diese Reise selbst finanziert. Die Sache ist natürlich nicht ganz einfach, weil ihre Gehälter von den Bürgern bezahlt werden.

Eine konservative Seite behauptet, dass die Ferien der Obamas in den letzten acht Jahren zusammen 85 Millionen Dollar gekosten haben sollen, wegen der Sicherheitsbestimmungen, dem Personal, der Air Force One und so weiter. Lobend wird hier erwähnt, dass der neue Präsident Urlaub in seinen eigenen Resorts machen wird. Dass seine Frau gar nicht mit ihm im Weißen Haus wohnt und dies hohe Kosten verursacht, wird natürlich nicht erwähnt.

Abends beim Essen nimmt mich Tante Barbara in die Pflicht: »Trudi war ein bisschen aufgeregt nach eurem Gespräch heute Nachmittag. Du solltest ältere Menschen respektieren und nicht so frech sein.«

»Die soll sich mal nicht so haben, die alte Nazitante.«

»KATHI! So etwas darfst du nicht sagen!«

»Sie hat doch auch keinen Respekt vor Menschen, die nicht ihre Hautfarbe haben oder ihr wegen irgendetwas anderem nicht in den Kram passen.«

»Deswegen sollte man nicht über Politik oder Religion mit ihr diskutieren«, wirft Onkel Sam ein.

»Das gibt immer Streit. Sieh mal Liebes, Trudi ist eine Frau aus einer anderen Generation genau wie wir. Wir haben eine andere Sicht auf gewisse Dinge und sorgen uns auch nur um unser Land, um unsere Werte.«

Ich fasse zusammen, was ihre Frau Nachbarin alles losgelassen hat, und Onkel Sam kommt ins Grübeln: »Das hat sie gesagt? Das hätte sie nicht machen sollen. Ich glaube, was sie zum Ausdruck bringen wollte, war, dass es in jeder Gesellschaft unterschiedliche Schichten gibt, die auch gebraucht werden. Nicht jeder kann ein Arzt, Anwalt oder Professor sein. Hier sind alle willkommen, die sich anstrengen und hart arbeiten.«

»Außer sie sind schwarz oder schwul«, gieße ich Öl ins Feuer.

»Nein, so ist das nicht. Ich kenne auch Schwarze, die ein vernünftiges Leben führen. Niemand wird gezwungen, Drogen zu nehmen oder andere Leute zu überfallen. Sieh mal, wir hatten sogar einen schwarzen Präsidenten. Den habe ich zwar nicht gewählt, aber ich habe es akzeptiert. Dasselbe sollten diese Menschen jetzt auch mit Trump tun. Obama war eben ihr Präsident, und Trump ist unserer. Er spricht vielen Leuten aus der Seele. Diese überengagierten Demokraten, die mehr Geld haben, als sie ausgeben können, sind völlig fernab von der Realität. Nimm mal das Beispiel mit Meryl Streep neulich. Die stellt sich auf eine Bühne und feiert sich und ihre Kollegen dafür, dass es ohne sie nur Football und ›Mixed Material Arts‹-Kämpfe im Fernsehen zu sehen gäbe. Ich sage dir ganz ehrlich, ich würde hundert Mal lieber ein gutes Spiel sehen als irgendeinen Film. Und so geht es den meisten. Wenn man alles hat, dann ist es leicht, sich zu beschweren, aber wenn du nichts hast, dann hört dir keiner zu. Bis jetzt. Bei Donald sehen wir eine Chance, dass sich etwas ändert. Ich habe keine Ahnung, ob er ein guter Präsident wird, aber schlimmer als Obama kann es ja nicht werden.« Lachend greift er sich sein Bierglas und nimmt einen tiefen Schluck daraus, während Tante Barbara ihm zunickt.

»Herzchen«, sagt sie zu mir, »du hast eine andere politische Haltung, das wissen wir. Aber trotzdem gehörst du zur Familie, und wir haben dich lieb. Wichtig ist doch, dass man Menschen so nimmt, wie sie sind. Du uns und wir dich. Und Trudi, mein Gott, die siehst du sowieso nie wieder. Da solltest du dir das nicht so zu Herzen nehmen.« Na klar, das sagt sich so leicht. »Aber wie soll denn jemals ein Dialog entstehen, wenn immer nur jeder in seinem eigenen Saft schmort?«, gebe ich zu bedenken, ohne zu merken, dass dies eine Steilvorlage für einen Themenwechsel ist: »Schmort, das ist ein gutes Stichwort, Schatz«, sagt Tante Barbara, »der Braten ist bestimmt fertig, und wir sollten es nun so halten, wie dein Onkel gesagt hat. Keine Gespräche über Religion oder Politik.«

FLORIDA

»Florida, Amerikas Schniedel«

Homer Simpson

Eine typisch amerikanische Geschichte?

»›Akzeptiere, was immer eingewebt in das Muster deines Schicksals zu dir kommt, denn was könnte deinen Bedürfnissen besser entsprechen?‹ Eines meiner Lieblingszitate. Das hat Mark Aurel, der römische Kaiser, gesagt. Man nannte ihn auch den Philosophenkaiser«, klärt mich Opa auf und nippt zufrieden an seinem Eistee. Endlich bin ich bei ihm zu Besuch in Florida, schließlich war sein Geburtstag der Anlass meiner ganzen Reise. Wir sitzen auf der Veranda seines Hauses in Fort Lauderdale, schauen in den großen Garten hinaus, und ich denke darüber nach, wie viel Glück ich mit ihm habe. Meine beiden richtigen Großväter sind schon lange tot, aber das Schicksal hat mir Opa geschickt. Wenn Opa Rochard, Verzeihung, Richard etwas sagt, dann hat es für mich Gewicht, denn er hatte ein sehr bewegtes Leben und kann auf dreimal so viel Lebenserfahrung zurückgreifen wie ich.

Amerika 1927. Das war das Jahr, in dem Charles Lindbergh als erster Mensch den Atlantik nonstop in einem Flugzeug überquerte und eine Hausfrau namens Ruth Snyder zum Tod auf dem elektrischen Stuhl verurteilt wurde, weil sie acht Mal versucht hatte, ihren Mann umzubringen, sieben Mal erfolglos. Es war das Jahr, in dem Opa in Pennsylvania geboren wurde.

In den Zwanzigern gab es einen unglaublichen Wirtschaftsboom, den der damalige Präsident Calvin Coolidge, ein Republikaner, mit seiner sogenannten Lassaiz-faire-Politik (»Lass-die-Wirtschaft-laufen-Politik«) vorangetrieben hatte. Allerdings kam es 1929 durch überzogene Kreditgeschäfte und wilde Spekulationen zur Weltwirtschaftskrise, und es begann die große Depression. Opas Vater, erst Farmer und dann Soldat im Ersten Weltkrieg, starb, als Opa zwei Jahre alt war, vermutlich an Lungenkrebs. Das wusste man zu der Zeit nicht so genau. Opas Mutter, zu Hause mit einer fünf Monate alten Tochter und drei kleinen Jungs, plagten massive Geldsorgen. Der kleine Richard musste schon mit fünf Jahren anfangen zu arbeiten. Bevor die Schule begann, verteilte er mit seinem großen Bruder Alfred Werbezettel. Wenn er hundert Zettel weitergegeben hatte, gab es zehn Cent. Umgerechnet waren das zwei Kugeln Eis, die wurden dann durch die fünf Kinder geteilt, wobei ihre Mutter gerne verzichtete. Nicht, weil sie wie viele Mütter heute laktoseintolerant war, sondern weil sie ihren Kids alles gönnte.

Alfred war der älteste Sohn, anderthalb Jahre älter als Richard. Weil Al eine echte Wasserratte war, bekam er eine chronische Mittelohrentzündung, verpasste viel in der Schule und drehte im dritten Jahr eine Ehrenrunde. So landete er in derselben Klasse wie Opa und erzählte allen, dass sie Zwillinge seien, weil es ihm peinlich war, mit seinem jüngeren Bruder abzuhängen. Rich spielte mit, weil er geschmeichelt war von der Lüge seines Bruders. Irgendwann glaubten es sowohl die Mitschüler als auch viele der Lehrer.

Al war oft Mittelpunkt des Geschehens, während Rich eher schüchtern und in sich gekehrt wirkte. Körperliche Arbeit lag ihm nicht besonders, obwohl er sie von klein auf gewöhnt war. Mit sechzehn versuchte er sich einen Sommer lang als Dachdeckergehilfe. Mit Schulbeginn arbeitete er dann als Nachtwächter in einer Fabrik. Von 23 Uhr bis 7 Uhr morgens.

Er konnte seinen Vorgesetzten davon überzeugen, dass er seine Mutter als Krankenschwester einstellte, da die Fabrik 24 Stunden lang produzierte und immer jemand da sein musste, falls es einen medizinischen Notfall gab. Wenigstens fürs Gefühl. Auf diese Weise konnten Mutter und Sohn auch ein bisschen Zeit miteinander verbringen. Die Fabrik lag 4,5 Meilen von ihrem Haus entfernt. Morgens marschierte Opa von dort aus direkt zur Schule.

1945, er war 18 Jahre alt, wurde er unter General Patton als Soldat nach Deutschland geschickt, weil er nach Abschluss der Highschool ein Jahr lang Deutsch an der Uni studiert hatte. Der General suchte junge Männer, die sich mit den Deutschen verständigen konnten. Die zu finden war nicht einfach. So kam es, dass Opa, der eine Affinität zu Sprachen hat, Patton auf vielen Reisen begleitete. Er fand, dass Patton ein eigenartiger Mensch war, bei dem man nie vorhersehen konnte, wie seine Laune war. Manchmal begleitete ihn Opa als Übersetzer, durfte mit ihm Kaffee trinken, und dann wieder im nächsten Moment schickte er ihn fort, um lange Schichten auf der Straße abzureißen. Stationiert im Großraum München fungierte er mit sieben weiteren Soldaten als eine Art Polizei. Sie kontrollierten die Menschen und erfassten ihre Daten. Zum einen, um Familien wieder zusammenzuführen, und zum anderen, um Kriegsverbrecher aufzuspüren.

Schon oft hat er mir davon erzählt: »Ich habe eigentlich nie jemanden richtig verhaftet. Die meisten waren arme Seelen, die durch den Krieg alles verloren hatten. Spanier, Italiener, alle ohne Ausweise, die ich erst mal hätte mitnehmen müssen. Aber sie taten mir so leid, dass ich ihnen erklärt habe, wo sie andere finden konnten, die ihnen helfen würden, wieder Papiere zu bekommen.«

1946 konnte er dann zurück nach Hause und studierte Literatur, Deutsch und Englisch. Aber er war immer rastlos. Nie hat es ihn lange an einem Ort gehalten. Während seiner Semesterferien im Sommer mietete er sich eine Tankstelle mit Imbiss in Lake Geneva und verdiente damit sein Geld. Hier war im Sommer viel Tourismus, und Opa langweilte sich nie.

Das änderte sich im Jahr 1950, als er eine Stelle an einer Universität in Ohio annahm. Er hatte sich überlegt, dass es spannend wäre, wissenschaftlich zu arbeiten. Es wurde aber kein Mitarbeiter für die Forschung gesucht, sondern jemand, der die Angestellten der Abteilung katalogisierte, ihre Fingerabdrücke nahm und ein neues Sicherheitskonzept erstellte. Rich langweilte sich furchtbar.

Also ging er zurück nach Lake Geneva und betrieb im Sommer weiter seine Tankstelle. Parallel dazu arbeitete er als Lehrer an einer Schule, genau wie sein Bruder Alfred.

Die beiden verband trotz ihrer unterschiedlichen Charaktereigenschaften – Al stets selbstsicher und extrovertiert, Opa eher zurückhaltend – die Tatsache, dass sie es beide nie lange am selben Ort aushielten. Zu groß war ihre Neugier, zu sehr wollten sie etwas Neues entdecken, erfahren und probieren. Bei einem Wochenendausflug nach Fort Lauderdale beobachtete Al, wie zahlreiche Boote mit Touristen anlegten, die angeln gefahren waren. Die Urlauber lebten in Hotels und hatten keine Verwendung für den gefangenen Fisch, der landete in einer Tonne am Strand.

Al war entsetzt über diese Art von Verschwendung, und dann kam ihm eine brillante Idee: Er war leidenschaftlicher Hobbykoch und witterte ein famoses Geschäft. Er kratzte seine Ersparnisse zusammen und kaufte für 4000 Dollar einen Laden, in dem er den Fisch zubereitete und ein kleines Restaurant eröffnete.

Entspannende Angelausflüge waren damals eine der Hauptattraktionen am Strand von Fort Lauderdale, was dazu führte, dass Al den Touristen viel mehr Fisch abnehmen konnte, als er für seinen Restaurantbetrieb brauchte.

So kam es, dass er den Großteil der Fische zubereitete und an andere Restaurants und Hotels verkaufte. Damals gab es noch keine pingeligen Gesetze über Lebensmittelstandards und Hygienevorschriften. Der Laden boomte, und er fragte seinen Bruder, ob er ihm nicht helfen wolle.

Opa reichte seine Kündigung ein und fuhr drei Monate später mit Sack und Pack nach Florida. Als er ankam, erklärte ihm sein Bruder, dass ein findiger Geschäftsmann ihm den Laden abgekauft hatte. Für stolze 12 000 Dollar. Opa aber gefiel es so gut in Florida, dass er sich dachte, wenn er jetzt sowieso da sei, könne er auch genauso gut bleiben.

Er suchte sich eine neue Lehrerstelle. Sein erstes Gehalt betrug 3400 Dollar pro Jahr. Das war auch damals schon sehr wenig, aber weil er es immer geschafft hat, in allem etwas Positives zu sehen, sagte er sich: »Ich habe nicht viel Geld zum Leben, aber es geht mir gut. In Florida ist es warm, die Sonne scheint, ich brauche keine Heizung, und man kann draußen sitzen, so ist auch kein großes Wohnzimmer nötig.«

Kurz darauf heiratete er seine Frau Karen, und sie brachte eine Tochter zur Welt. 1960 bekam Karen das nächste Kind und Opa eine unangenehme Darmkrankheit. Die anstehende Operation verursachte immense Kosten, die er selbst tragen musste, denn das Gesundheitssystem war eine Katastrophe. Es gab kaum eine staatliche Gesundheitsversorgung, Krankenversicherungen waren Privatsache, die sich jemand mit Opas Gehalt nicht leisten konnte.

Ohne Eigentum, das er verkaufen konnte, musste er einen

Kredit aufnehmen. Durch die Krankheit verlor er seinen Job, da er lange ausfiel und man in den USA als Lehrer nicht verbeamtet ist.

Als wäre das nicht schon schlimm genug, musste ihm die Hälfte seines Darms entfernt werden. Seitdem ist es ratsam, stets die Fenster zu öffnen, wenn man neben ihm im Auto sitzt.

1964 verwirklichte Opa seinen großen Traum und kehrte nach Deutschland zurück. Er nahm an einem Austauschprogramm teil, das ihn für ein Jahr mit seiner Frau und den Mädchen nach Celle brachte.

Das Lehrerpaar, das im Gegenzug nach Florida ging, waren die Schwester und der Schwager meines Stiefvaters. Langsam ahnen Sie, wieso ich Opa kenne. Mein Stiefvater war damals Student und hatte ein Zimmer im Haus seiner Schwester. So wurde er der Mitbewohner von Opa und seiner Familie.

Schnell freundeten sich die beiden Männer an. Karen war dadurch oft alleine mit den Kindern in einem fremden Haus, in einem fremden Land, dessen Sprache sie nicht sprach. Ihr Mann war unterwegs mit einem jungen Burschen auf Studentenpartys, das konnte nicht lange gut gehen. Und weil Richard in dieser Zeit zusätzlich nicht nur Männerfreundschaften pflegte, bekamen er und Karen immer häufiger miteinander Krach.

Nach ein paar Monaten packte Karen ihre Sachen und ihre Kinder ein und kehrte nach Amerika zurück. Die Ehe erholte sich nicht mehr, was vermutlich auch daran lag, dass Richard das Jahr in Deutschland blieb. Bei seiner Rückkehr erwarteten ihn Karen mit den Scheidungspapieren.

Um für Unterhalt und Alimente aufkommen zu können, zog Richard in einen Wohnwagen.

Jeden Donnerstag holte er die beiden Mädchen von der

Schule ab, und sie blieben bei ihm übers Wochenende. Später zogen sie zu ihm, und während der Sommerferien fuhr er mit ihnen nach Europa, um ihnen Italien, Frankreich, die Schweiz und natürlich auch Deutschland zu zeigen. Der Schwarzwald hatte es ihnen besonders angetan.

Es ist wirklich bemerkenswert, an wie viele Details dieser Reisen er sich noch erinnert.

Vor fünfzig Jahren noch hatten die Menschen so viel Wissen in ihrem Leben angesammelt, wie heute in einer Ausgabe der New York Times steht. Deswegen müssen wir uns auch nicht schämen, wenn wir auf unseren Smartphones nachschauen, wann Karl der Große gekrönt wurde (Weihnachten 800), was der Prager Fenstersturz war (1. Ereignis: 1419, Beginn der Hussitenkriege, 2. Ereignis: 1618, Beginn des Dreißigjährigen Krieges und 3. Ereignis: 1948 der mutmaßliche Mord an dem Außenminister Jan Masaryk. Danke Wiki!). Aber Opa hatte die ersten vierundachtzig Jahre seines Lebens kein Smartphone. Er konnte dem Restaurant im Schwarzwald keinen Daumen nach oben geben oder eine Bewertung bei Trip Advisor schreiben, geschweige denn die prächtige Tischdeko posten, von der er mir immer wieder gerne erzählt, weil sie so zauberhaft kitschig war.

Nein. Opa hat es sich gemerkt. Yeah, *Katharina Stueber gefällt das.*

Weil die Mädchen sich sehnsüchtig einen Hund wünschten, kaufte Opa 1977 ein Haus mit Garten. Als die beiden dann ausgezogen waren, blieb Opa mit Hündin Matruschka zurück.

Jedes Jahr fuhr er mit ihr in den Sommerferien nach Kalifornien, um seinen Bruder Al und dessen Frau für ein paar Wochen zu besuchen, im Winter kamen sie im Gegenzug zu ihm. Als seine Tochter Sam sich von ihrem Freund trennte, zog sie mit ihrem Sohn Benny bei ihm ein. Tragischerweise erkrankte sie an Morbus Crohn und starb vor zehn Jahren, kurz bevor Benny die Highschool abgeschlossen hatte.

Opa wurde depressiv, und Benny zog zu seiner Großmutter.

Al versuchte, seinen Bruder aufzubauen, und sorgte tatsächlich dafür, dass seine andere Tochter Patty mit ihrer Familie bei ihm einzog. Das gab seinem Leben Struktur, und nach und nach schöpfte er wieder neuen Mut. Er reaktivierte seine Kontakte nach Deutschland, unter anderem zu meinem Stiefvater, durch den er meine Mutter und eben auch mich kennenlernte.

Jedes Jahr setzt sich Richard in ein Flugzeug und kommt für zwei Wochen nach Lübeck, meine Eltern besuchen. Als ich mich einmal darüber beklagte, dass ich keine Großväter mehr habe, bot er sich sofort als Ersatz an.

»Ohnehin nennt mich inzwischen fast jeder, der mich kennt, Opa, dann kannst du es genauso machen.« Zum Beweis unseres neugeknüpften Bandes wollte er mir einen Glücksdollar schenken, hatte aber nur einen Zehner. Er versicherte mir, dass ich ihn getrost nehmen könnte, zehnmal so viel Glück wie für einen Dollar konnte mir auch nicht schaden, fand er.

Meine Mutter wollte nicht, dass ich das Geld annehme. Rich aber ließ nicht locker. Lachend erklärte er, dass er mit zehn Dollar ziemlich gut wegkommen würde, immerhin schulde er mir theoretisch für die letzten neunzehn Lebensjahre eine durchaus größere Summe. »Neunzehnmal Geburtstag, Weihnachten, Ostern«, begann er die Aufzählung. »Und Namenstag«, fügte ich dankbar hinzu. »Natürlich! Und einmal Abitur«, vervollständigte er. »Das sind mindestens 800 Dollar, die ich ihr schulde. Ich bitte dich, lass mich deiner Tochter zehn geben!« Das hat meine Mutter eingesehen, und Richard nahm die vakante Stelle als mein Großvater ein.

Jetzt sitzen wir auf seiner Terrasse. »Opa, was wünschst du dir eigentlich zu deinem Geburtstag?«, frage ich ihn auf Deutsch.

Er schiebt den weißen Hut, den er immer und überall trägt, manchmal auch nachts, wenn er zu müde ist, um ihn abzusetzen, ein Stückchen in den Nacken und atmet schwer aus. Ich kann seine Lunge rasseln hören. »Weißt du, eigentlich wünsche ich mir nur, dass ich noch lange genug da bin, um den nächsten Regierungswechsel zu erleben. Vor ungefähr vierzig Jahren gab es ein Buch: ›Der hässliche Amerikaner‹. Ich muss es mir neu kaufen, weil ich es nicht mehr finden kann. Es beschreibt Trump perfekt. Er *ist* der hässlichste Amerikaner. Trump will überall Trump sehen. Er schreibt seinen Namen sogar groß auf Gebäude. Bald wird er die Nationalhymne ändern.« Er fängt an zu singen: »*Trumpland, Trumpland über alles. Über alles in der Welt.* Es würde mich nicht wundern, wenn er das macht«, fügt er hinzu.

»Amerika First. Aber Opa, Deutschland Förster. Peng!« Ich ziele mit meiner imaginären Jägerflinte in den Garten. Darüber muss er schmunzeln, wird dann aber wieder ernst:

»Es ist kaum vorstellbar, dass einer wie er Präsident der Vereinigten Staaten geworden ist. Das macht mich krank. Und ich fürchte, dass es noch schlimmer wird. Ein Mensch mit einem solchen Charakter wird die ganze Welt ins Unglück stürzen. Aber wir sind selbst schuld! Ich habe gelesen, dass viele Amerikaner nicht einmal gewählt haben.« Er schaut traurig in den Garten. »Ich will nicht noch einen Krieg erleben! Es wird bestimmt große Konflikte mit den Muslimen geben. Trump macht unser Land durch Aktionen wie den ›Muslim Ban‹ nicht sicherer, sondern gefährlicher. Wenn du mit jemandem sprichst, der eine andere Meinung hat als du, dann ist es doch das Wichtigste, ihm zuzuhören, Fragen zu stellen und Ruhe zu bewahren. Wenn ich etwas in neunundachtzig Jahren gelernt habe, dann das.«

»Du hast recht, Opa!«, pflichte ich ihm bei. Er lächelt. »Aber wenn du mir unbedingt etwas zum Geburtstag schenken willst«, nimmt er den Gesprächsbeginn wieder auf, »dann wünsche ich mir, dass wir spazieren gehen. Ich laufe jeden Tag ungefähr acht oder neun Meilen. Das weiß ich so genau, weil ich in meinem Handy ein GPS habe, das es für mich aufzeichnet.« Stolz holt er sein Smartphone aus der Tasche.

»Heute habe ich schon fünf Meilen geschafft, das sind 10382 Schritte, und es hat eine Stunde und fünfzig Minuten gedauert. Ist doch super, was es alles gibt. Neun Meilen ist ziemlich viel für mein Alter. Wenn ich gehe, dann spreche ich mit den Hunden, den Katzen, den Enten und auch mit den Kindern. Und alle nennen mich ›Opa‹. Auch die Vögel.«

Bei jedem anderen Menschen würde ich denken, dass er gaga ist, wenn er mir erzählte, dass er beim Spazierengehen mit den Tieren spricht, aber bei Opa ist es drollig. Fast niedlich. Wenn ich mal neunzig Jahre alt werde, das nehme ich mir vor, werde ich es genauso machen. Egal was die anderen sagen, ich werde Kathi Dolittle.

»Ich laufe sehr gerne. Das mache ich schon seit vielen Jahren«, fährt Opa fort. »Früher war ich Schwimmer. Dreißig Jahre lang bin ich jeden Tag geschwommen. Über 10 000 Meilen insgesamt! Am liebsten im Meer.«

Ob er da auch mit Delfinen und Schildkröten gesprochen hat?

Anerkennend nicke ich ihm zu. »Wenn du willst, dann können wir morgen früh zusammen gehen.«

»Okay, um halb fünf geht's los!«

Ich schlucke. »Um acht«, sage ich.

»Um sieben«, verhandelt Opa.

»Abgemacht!« Wir haben einen Deal.

Sie warten irgendwo allein in Mexiko

Am Strand in Fort Lauderdale ist im Winter wenig los, obwohl die Sonne scheint und das Wasser angenehm warm ist. Ich lege einen Strand- und Lesetag ein. Nachdem ich mich sorgfältig mit Sonnencreme eingeschmiert habe, gehe ich erst einmal baden. Da bin ich wie ein Kind. Abwarten, bis die Creme eingezogen ist, kommt nicht in Frage. Außerdem pinkele ich gerne ins Meer, ich gebe es zu. In einem Pool ist das so eine Sache. Das machen zwar angeblich alle, aber da fühle ich mich schlecht. Außerdem habe ich Angst vor dem urbanen Mythos, dass es eine Chemikalie geben würde, die dem Wasser beigefügt wird und so den Urin im Pool sichtbar macht.

Im Meer gibt es so etwas nicht. Im Meer ist man frei, besonders beim Nacktschwimmen. Das liebe ich noch mehr als Pipi machen, aber im prüden Amerika geht das nicht so einfach wie auf Rügen, da muss man sich schon etwas einfallen lassen: Ich schwimme ein bisschen raus und ziehe mich dann im Wasser aus, befestige den Bikini mit Seemannskreuzknoten an meinen Armen und genieße mein FKK-Bad. Bis die nächste Welle kommt. Zack, weg ist das Oberteil, und ich komme mir wieder vor wie dreizehn, als mein Bikinitop bei einem Badeausflug, flöten ging.

Das allein wäre schon schrecklich genug gewesen, aber ich höre heute noch die Stimme der Frau am Steg, die zu ihrem achtjährigen Sohn sagte: »Lukas, lass doch mal den Jungen vorbei.«

Ich lasse mich also bäuchlings von den Wellen immer weiter an den Strand spülen und versuche verschämt herauszufinden, ob jemand zu mir herüberguckt. Die letzten Meter sind die schlimmsten. Irgendwann muss ich schließlich aufstehen, sonst denken die Leute noch, dass eine Wasserleiche angespült wird, und rufen die Polizei. Mit einem Ruck springe ich auf und hechte zu meinem Handtuch, das Gott sei Dank nah am Wasser liegt, wickele mich wie ein Würstchen im Schlafrock darin ein, greife nach meiner Sonnenbrille, lege mich hin und stelle mich sofort schlafend. Erst als ich mir sicher bin, dass genügend Zeit vergangen ist, friemele ich mein T-Shirt aus der Tasche und ziehe mich, immer noch in das Handtuch gewickelt, wieder an. Vom Schreck erholt und in voller Bekleidung sitze ich kurz darauf auf der Terrasse eines Fischrestaurants. Hier wird meinem Lieblingsfilm »Forrest Gump« gehuldigt. Die Einrichtung besteht aus nachgemachten Filmrequisiten, die Getränkekarten haben die Form von Tischtennisschlägern, und wenn man etwas bestellen möchte, stellt man das »Stop! Forrest! Stop!«-Schild auf. Möchte man in Ruhe gelassen werden, das Äquivalent »Run! Forrest! Run!«.

Es gibt jegliche Art von Shrimpsgerichten: Shrimpskebap, Shrimpskreol, Shrimps mit Gumbo, in der Pfanne gebraten, frittiert, Shrimps mit Bananen, Bohnenshrimps, Kokosnussshrimps, Pfeffershrimps, Shrimpssuppe, Shrimpseintopf, Shrimpssalat, Shrimps mit Kartoffeln, Shrimpsburger, Shrimpssandwich … Das war es, glaube ich.

Es herrscht reger Betrieb, und plötzlich bemerke ich, dass mich ein paar große dunkelbraune Augen ansehen. Es ist ein zwölfjähriges Mädchen, das neben mir steht und auf mich zeigt. »Papa, wir können doch hier sitzen!«, schlägt sie ihrem Vater vor und schaut mich dabei fragend, aber willensstark an. »Süße, lass die Frau in Ruhe, wir können doch auch drinnen sitzen!«, gibt der Mann ihr zu verstehen, der am Eingang der Terrasse steht. »Aber dann kann ich den Wasserfall nicht sehen, sieh doch nur, wie hübsch der ist!« Mit einer prinzessinnenhaften Geste lässt sie ihren kleinen Arm mit ausgestreckter Hand im Halbkreis zu dem künstlichen Wasserfall gleiten, der sich hinter mir befindet.

»Von mir aus könnt ihr gerne mit am Tisch sitzen!«, sage ich zu ihr, und nur eine Sekunde später sitzt sie mir gegenüber und greift sich die Tischtennisschlägerkarte.

Ihr Vater, ungefähr eins siebzig groß, südamerikanisch aussehend, kommt entschuldigend dazu. »Wir wollen Sie wirklich nicht stören!«, sagt er mit spanischem Akzent.

»Ist wirklich kein Problem! Ich heiße Kathi.«

»Diego. Und das ist meine Tochter Alicia.«

Sofort streckt mir die Kleine ihre Hand entgegen. »Freut mich, dich kennenzulernen«, sagt sie höflich und vertieft sich dann wieder in die Kinderkarte.

»Ich glaube, ich möchte ein gegrilltes Käsesandwich mit Pommes. Die sind wirklich sehr gut hier. Magst du gegrillte Käsesandwiches?«

»Na klar«, antworte ich ihr. »Wie alt bist du?«, frage ich sie.

»Ich werde bald zwölf. Kennst du den Film ›Suicide Squad‹?«

»Kenne ich.«

»Das ist mein Lieblingsfilm. Früher waren es Disney-Filme. Ich habe die Prinzessinnen geliebt. Aber jetzt mag ich Harley Quinn. Das ist ein Wortspiel. Weil sie so angezogen ist wie ein Harlekin. Die ist super cool und zeigt den Männern, wo es langgeht.«

Ich bin beeindruckt. Der Film, über den sie spricht, kam 2016 in die Kinos, ein DC-Comics-Superheldenfilm.

Die Dame, von der das Mädchen spricht, ist in einen Bottich voller Säure gesprungen, was dazu führte, dass ihr Äußeres groteske, clownesque Züge annahm und sie völlig durchgeknallt wurde. Als Rollenvorbild für Kinder eher ungeeignet, finde ich, aber erfrischend, wenn ein kleines Mädchen ihre Prinzessinnenphase überwunden hat. Ich schätze, es wäre ganz gut, wenn sie sich irgendwann zwischen den beiden Extremen einpendelt.

»Ziemlich selbstbewusst, deine Tochter«, sage ich anerkennend. Diego, der in der Zwischenzeit die Bestellung aufgegeben hat, nickt und sucht nach Worten: »Ja … sehr. Sie ist … como se dice …ähmm … sehr selbstbewusst.«

»Mein Papa kann nicht so gut Englisch«, ergänzt Alicia. »Zu Hause sprechen wir meistens spanisch«, fügt sie hinzu.

»Alli …!«, versucht ihr Vater sie zu unterbrechen, aber sie quasselt munter weiter:

»Meine Eltern kommen aus Mexiko. Da sprechen alle spanisch. Irgendwann fahren wir mal da hin, oder Papa?«

»Genug jetzt!«, antwortet Diego mit verfinsterter Miene.

»Wenn es dir lieber ist, können wir uns auch auf Spanisch unterhalten«, biete ich an, in der Hoffnung, dass mein Schulspanisch ausreicht.

Diegos Gesicht hellt sich augenblicklich auf.

»Du kannst spanisch? Cool. Woher kommst du?«, fährt er langsam auf Spanisch fort.

»Aus Deutschland. Aus Berlin.«

»Wow! Ich liebe Deutschland. Ich habe mal für einen Mann gearbeitet, der ist schon öfter da gewesen. In München und in …«

Er überlegt angestrengt.

»… In Frankfurt?«, frage ich. Das ist für die meisten Amerikaner geschäftlich die erste Anlaufstelle in Deutschland. Zum Vergnügen nach München, geschäftlich nach Frankfurt.

»Ja, genau. Frankfurt.«

So wie er es ausspricht, klingt es für mich wie eine exotische Stadt, in der die Menschen die ganze Nacht auf der Straße Flamenco tanzen.

»Ich würde auch gerne nach Deutschland gehen. Immer wenn ich davon höre, klingt es wie das Paradies. Wirtschaft, Wohlstand, Freiheit und Bier zum Mittagessen«, fasst er seine Vorstellung zusammen. »Deutschland klingt cool«, resümiert Alicia, bevor sie sich über ihr Käsesandwich hermacht.

»Wohnst du jetzt hier?«

»Nein«, entgegne ich. »Ich bin zu Besuch bei meinem Opa. Er wird morgen neunzig Jahre alt.«

»Unglaublich. Lebt er alleine?«

»Nein, mit seiner Tochter und ihrer Familie.«

»Das ist super. Familie ist so wichtig. Schön, wenn man sich gegenseitig hilft und sich umeinander kümmert. Wenn ich alt bin, dann muss sie sich kümmern.« Lachend stupst er seine Tochter an, während sie die letzten Krümel mit dem Finger vom Teller aufliest.

»Al, das macht man nicht«, gibt ihr Vater zu bedenken.

»Entschuldigung«, sagt sie schuldbewusst und beginnt, unruhig auf ihrem Sitz hin und her zu rutschen.

»Papa, darf ich aufstehen und am Strand ein bisschen Radschlagen üben?«

»Darfst du, aber bleib da, wo wir dich sehen können, hörst du? Nicht weiter als bis zu den Sonnenschirmen.«

»Okay, gracias, Papi.« Wie ein kleiner Flummi springt sie auf und hüpft bis zum Zebrastreifen. Dort bleibt sie stehen und sieht sich ordnungsgemäß nach links, nach rechts und noch einmal nach links um, bevor sie ihn überquert.

»Deine Tochter ist gut erzogen«, stelle ich fest.

»Ja, sie ist die Beste in ihrer Klasse. Sie ist unheimlich klug. Sie trainiert gerade für eine Ballettaufführung am Wochenende. Da tanzt sie fast ganz vorne.«

In seiner Stimme ist unüberhörbar Stolz.

»Hat sie noch Geschwister?«

»Ja, einen Bruder. Er ist zu Hause bei meiner Frau. Er kann mit dem Bus fahren. Alicias Schule ist weiter weg. Eine bessere Schule, ich bringe sie morgens hin und hole sie nachmittags ab. Heute habe ich sie eingeladen, weil sie eine Eins geschrieben hat. Sie durfte sich etwas wünschen und wollte gerne hierherkommen.«

»Süß. Was arbeitest du eigentlich?«

»Ich bin Handwerker. Selbstständig. Hey, wenn dein Opa mal was an seinem Haus gemacht haben will, kannst du ihm meine Nummer geben. Ich arbeite sehr sorgfältig und zu einem guten Preis.«

»Ich sage ihm Bescheid«, verspreche ich.

Wir bestellen beide noch einen Kaffee, und Diego erzählt mir von seiner Familie.

Es ist schon komisch, wie man sich manchmal einem Fremden anvertraut, die Worte nur so heraussprudeln. Zumindest bei dem, was ich jetzt zu hören bekomme.

Diego kam nach Amerika, nachdem sein Bruder, ein Dachdecker, der in den USA lebte, vom Dach gefallen war und beinahe gestorben wäre. Diego ackerte in Mexiko wie ein Blöder, um die Schlepper zu bezahlen, die ihn über die Grenze brachten. Er ist illegal in den USA. Kaum angekommen schuftete er als Schwarzarbeiter auf Baustellen, um die Krankenhausrechnungen für seinen Bruder zu bezahlen und dessen Frau zu unterstützen. Seine Frau Penelope stammt ebenfalls aus Mexiko und ist als junges Mädchen illegal in die USA gekommen. Sie arbeitete als Hausmädchen bei einer reichen mexikanischen Familie und kümmerte sich um deren Kind. Nachdem es alt genug war, um zu studieren, und der Vater seine Zelte in Florida abbrach, um Gott weiß was zu machen, wusste Penelope nicht, wo sie hinsollte.

Mit dem Geld, das sie verdient hatte, konnte sie ihren Eltern in Mexiko einen aushaltbaren Lebensabend ermöglichen, wollte aber gleichzeitig in Amerika bleiben, weil es ihr Traum war, eine Familie zu gründen und ihre Kinder in geregelten Verhältnissen aufwachsen zu lassen. Zu unsicher waren ihr die Zustände in Mexiko, die Straßenkämpfe der Drogenkartelle und die Armut, die grassierte. In den Vereinigten Staaten konnte sie darauf vertrauen, dass ihre Kinder Zugang zu guter Bildung bekamen und in Sicherheit leben konnten.

Sie arbeitete als Putzfrau und lernte einen netten Witwer kennen, der sie bei sich aufnahm. Als sie Diego kennenlernte, zog er bei ihr ein.

Sie leben immer noch im Haus des Witwers, in zwei Zimmern. In dem einen wohnt ihre Tochter und in dem anderen Penelope, Diego und ihr Sohn Fred. Der Witwer ist ein guter Kerl, laut Diego. Er liebt die beiden Kinder über alles, hat für sie einen Collegefond eingerichtet, sodass sie irgendwann studieren können und ein paar Jahre über die Runden kommen. Moment, fragte ich mich. Wenn die Eltern illegal sind, wie können die Kinder dann studieren? Diego erklärt es mir: »Erstens sind sie in den Staaten geboren, haben also amerikanische Pässe, und zweitens durch Menschlichkeit. Wir haben ein sehr gut ausgebautes Netzwerk, amerikanische Staatsbürger, die uns helfen. Darunter sind Ärzte, Juristen, Polizisten. Ich glaube, dass die da oben genau wissen, dass wir hier sind. Aber sie lassen uns, weil wir nichts Verkehrtes machen, in Ruhe. Wir arbeiten, zahlen Steuern auf die Produkte, die wir kaufen, decken ihre Dächer, reparieren ihre Häuser, putzen und kochen für sie.«

Dennoch, was sich nach einem scheinbar intakten, völlig normalen Familienalltag anhört, hat seine Tücken. Im Moment erholt sich Penelope von einer Operation. Seit sie vor fünf Jahren das zweite Kind, Fred, bekommen hat, leidet sie immer wieder unter Komplikationen, die durch die Schwangerschaft entstanden sind. Mal kurz auf Kur, wie man es aus Deutschland kennt, ist nicht mal für viele Amerikaner erschwinglich.

Während Penelope bettlägerig ist, kümmert sich Diego um alles. Er arbeitet, führt den Haushalt, fährt seine Tochter zur Schule. Ich glaube, sein Tag hat 36 Stunden, anders kann ich es mir nicht erklären, wie er das alles schafft.

»Warum hast du mir das erzählt?«, frage ich ihn.

»Weil ich nicht glaube, dass du von der Einwanderungsbehörde bist, du nicht weißt, wo wir wohnen, und ich es ungerecht finde, dass die Meinung von uns so schlecht ist. Alle denken, dass wir Kriminelle und Verrückte sind. Aber das ist nicht so.«

»Denken gar nicht alle. Außer eurem Präsidenten.«

»Dios Mio. Es ist wirklich verrückt. Wenn er alle Illegalen aus den Staaten rausholen will, dann wird es hier ziemlich leer werden. Stell dir mal vor, eine Führerscheinkontrolle würde schon reichen, und ich würde deportiert.

Meine Kinder wissen natürlich nichts von alldem. Für sie sind wir Amerikaner. Sie sprechen besser Englisch als Spanisch. Mexiko ist für sie ein Urlaubsland und keine Heimat. Wir haben noch viele Verwandte da, aber wir können sie natürlich nicht besuchen. Das heißt, wir könnten schon. Aber nur One Way. Einmal war meine Frau mit Alicia drüben. Sie war zwei Jahre alt, sie kann sich nicht mehr erinnern. Die Mutter meiner Frau war sehr krank und wollte vor ihrem Tod ihr einziges Enkelkind sehen. Meine Frau ist mit ihr, zwei anderen Frauen und einem Schleuser in einem alten Dodge hingefahren. Es war eine Tortur, das alte Auto, ohne Klimaanlage bei der Hitze und mit der ständigen Angst aufzufliegen. Zurück hat die Cousine meiner Frau Al abgeholt, und die beiden sind mit dem Flugzeug zurückgeflogen. Sie ist neben den Kindern die Einzige von uns, die einen amerikanischen Pass hat. Meine Frau ist mit demselben Typen und einem verängstigten Mädchen im Kofferraum zurückgefahren. Es war sehr gefährlich. Ich glaube, ich könnte mittlerweile wieder gut in Mexiko leben, habe hier sehr viel gelernt und mir ein gutes Geschäft aufgebaut. In Mexiko-Stadt zum Beispiel, da könnte ich arbeiten. Aber meine Kinder, die würde ich niemals dorthin mitnehmen. Es wäre ein Kulturschock für sie. Hier haben sie viel bessere Chancen, ein viel besseres Leben. Weißt du, das Schlimmste ist, dass ich zwar Mexikaner bin, aber ich habe auch etwas gegen viele Mexikaner. Denn leider gibt es sie, die Drogenhändler, die Vergewaltiger, die Mörder. Ich will nicht, dass meiner Familie etwas zustößt.«

Sein Blick schweift zu seiner Tochter hinüber, und ein Ruck fährt durch seinen Körper, als ob er ein solches Horrorszenario deutlich vor Augen hat. Wer weiß, was er schon alles im Leben gesehen hat.

Diego presst den Atem zwischen seinen Lippen hervor, als müsse sich ein alter Kessel von zu viel Druck befreien, dann fährt er fort: »Wenn ich hätte wählen dürfen, hätte ich Trump nicht gewählt, aber grundsätzlich finde ich es nicht falsch, die Grenzen besser zu befestigen. Übrigens ist das nicht neu. Bereits unter Obama wurde die Grenzsicherung verstärkt, ein Zaun gebaut und alles strenger kontrolliert. Er hat viele Menschen abschieben lassen. Noch besser wäre es aber, eine Einwanderungspolitik zu machen, bei der man nicht jahrelang warten muss, um eine Aufenthaltsgenehmigung zu bekommen, und dann abgewiesen wird, weil man zu dumm oder zu arm ist. Sie brauchen uns doch hier. Immer in Angst zu leben, das ist nicht schön. Und ich weiß, dass es ungerecht ist, wenn ich mich hinstelle und sage: ›Haha, ich habe es ja schon geschafft, dann könnt ihr jetzt auch eine Mauer bauen.‹ Wenn sie mich erwischen, dann wird es viel schwieriger sein, wieder hierher zurückzukommen, und das muss ich, weil ich es nicht aushalten könnte, von meiner Familie getrennt zu leben.«

Seufzend nimmt er den letzten Schluck aus seiner Kaffeetasse und schaut auf sein Handy. »Wir müssen langsam los. Es tat gut, mit jemandem zu reden, du bist ein nettes Mädchen. Wie alt bist du?«

»Ich werde dieses Jahr dreißig.«

»Ich bin einunddreißig. Wenn ich keine Kinder hätte, würde ich mal mit dir um die Häuser ziehen. Ich kenne ein paar tolle Bars und Clubs, aber alleine hättest du da keine Freude. Zu viele Spinner. Mach's gut.«

Zum Abschied gibt er mir die Hand, macht einen Abstecher an den Tresen, um zu bezahlen, und macht sich dann auf den Weg zu seiner Tochter. Als die beiden Hand in Hand davonschlendern, winkt mir Alicia noch einmal zu.

Krass, denke ich. Der zweifache Familienvater, mit dem ich gerade sprach, ist nur ein Jahr älter als ich, hat schon mehrfach sein Leben riskiert, arbeitet sich halb tot und lebt in ständiger Angst, seine Familie zu verlieren. Und ich mache mir manchmal Sorgen, ob ich es mir leisten kann, einmal im Monat mit Freunden in Berlin bei einer ausschweifenden Nacht ordentlich auf den Putz zu hauen. Zugegeben, der Vergleich hinkt. Natürlich bin ich mir darüber im Klaren, dass es immer irgendwo auf der Welt Menschen gibt, denen es schlechter geht. Wenn man Diegos Situation mit der von jemanden vergleicht, der beispielsweise in einem aidsverseuchten Dorf in Afrika lebt, das regelmäßig geplündert wird, dann geht es ihm und seiner Familie ganz gut.

Aber es ist eben schwer, von der eigenen Sichtweise und Lebenswirklichkeit einen Schritt zurückzutreten, sich in einen anderen Menschen hineinzuversetzen. Wenn einem das gelingt, kann es zuweilen unangenehm sein.

Ich beschließe, ein paar Schritte zu gehen und das Gespräch ein wenig sacken zu lassen. Nachdem ich das »Stop! Forrest! Stop!«-Schild auf dem Tisch aufgestellt habe, erscheint ein Kellner, und ich bestelle die Rechnung.

»Ist alles schon bezahlt«, sagt er.

Jetzt fühle ich mich wirklich schlecht. Obwohl mein Reisebudget die Familie mit zwei Kindern wahrscheinlich gut zwei Monate ernähren könnte, hat Diego für mich bezahlt.

Später lese ich in meinem Buch, während ich auf Opa warte. Aus den Augenwinkeln sehe ich, wie drei Halbstarke ein paar Meter entfernt stehen und tuscheln. Sie klopfen sich gegenseitig ermutigend auf die Schulter, und ich ahne, was kommt. Einer von ihnen wird auserkoren und kommt zu mir herüberscharwenzelt. Seine durchtrainierten Arme wackeln im Takt seiner wippenden Schritte. Sie stehen von seinem Oberkörper ab, als hätte er zwei Basketballbälle unter die Achseln geklemmt. Er strahlt mich selbstsicher an und taxiert meinen Oberkörper. Seit meinem Erlebnis am Badesteg hat sich dort viel getan. Er hat mein Geschlecht verstanden. Ich sehe von meinem Buch auf, als er mich fragt: »Entschuldigen Sie Miss, darf ich Ihnen für ein paar Seiten Gesellschaft leisten?« Ich schmelze dahin. Was für ein süßer Anmachspruch, alle Achtung. Ich fühle mich nicht mehr wie dreizehn, sondern nun schon wie siebzehn. Das muss die Sonne sein und das viele Salzwasser, das ich bei meinem Bad geschluckt habe.

»Sicher, magst du mir etwas vorlesen?« Mit meinem 3000-Volt-Zahnpasta-Lächeln reiche ich ihm mein Buch. Es ist ein Thriller von Sebastian Fitzek, einer meiner Lieblingsautoren. Der Junge ist ambitioniert und greift danach. Er räuspert sich kunstvoll und realisiert erst dann, dass er die Buchstaben auf dem Papier nicht zu ihm bekannten Worten zusammensetzen kann. Es entsteht eine peinliche Pause. »Ähm ... Ja ...«, stammelt er. »Ich weiß nicht, was das ist ...« Seine Kumpels brechen in schallendes Gelächter aus, und ich bin enttäuscht, dass er es gar nicht erst versucht hat. Es hätte so wunderbar sein können. Ich war gerade an einer Stelle des Buches, an der eine Frau ihren Liebhaber verführen will, und hatte bereits mein Handy griffbereit, um eines dieser irrsinnig witzigen YouTube-Videos von ihm beim Vorlesen zu machen, wonach ich dann nie wieder hätte arbeiten gehen müssen. Schade. Aber der Junge wagt einen zweiten Anlauf: »Willst du mit uns was trinken gehen? Ein Bier vielleicht?« Er kaut nervös an seiner Unterlippe, und plötzlich wird mir klar, worum es hier eigentlich geht. Natürlich findet kein schätzungsweise 17-jähriger eine fast 30-jährige attraktiv, es sei denn, sie ist Victoria's-Secret-Model oder Stifler's Mom aus dem Teenie-Film »American Pie«.

»Du meinst, ob ich euch Bier kaufen kann?«

Darauf wird in den USA peinlich genau geachtet: Trinken erst ab 21 Jahren. Im Übrigen ist es auch verboten, Alkohol sichtbar im Auto mit sich zu führen. Ein Sechserpack Bier auf dem Rücksitz kann bereits Grund für eine polizeiliche Abmahnung sein. Noch absurder ist es, dass es zwar erlaubt ist, als unter 21-jähriger in einem Geschäft zu arbeiten, in dem Alkohol verkauft wird, aber der Verkäufer nicht mit der Flasche in Kontakt kommen darf. Bedeutet, dass man als Kunde in so einem Fall über den Tresen greifen darf, um die Pulle selbst einzuscannen und auch alleine in eine Tüte einzupacken.

»Eines kannst du dann auch selbst behalten.« Er plinkert mit den Wimpern wie ein Schulmädchen, das einen Lutscher haben will. Um ihm klarzumachen, dass ich das auf gar keinen Fall tun werde, schon alleine, weil mein Ego ein bisschen gekränkt ist, sage ich: »Tut mir leid Jungs, mein Freund holt mich jede Minute ab, aber viel Glück weiterhin.« Woraufhin die drei tatsächlich abziehen. Keine zwei Minuten später treffe ich Opa, und wir gehen um die Ecke zum Parkplatz, wo sein Auto steht. Daneben ist der Schnapsladen, und davor stehen die Jungs, die gerade eruieren, welcher von ihnen am ältesten aussieht und es mal versuchen sollte. Als sie Opa und mich sehen, entgleiten ihnen die Gesichtszüge. Ich hake Opa ein, gebe ihm einen Kuss auf die Wange und rufe den Jungs »Schönen Tag noch und lasst euch nicht erwischen« zu.

Der Vorfall

An Opas Geburtstag drehen wir morgens unsere Spazierrunde. Aber er ist heute sehr müde. Statt der üblichen sieben Kilometer, für die wir normalerweise anderthalb Stunden brauchen, ist Opa nach einer halben Stunde zu kaputt, um weiterzugehen. Er verkündet, dass er sich nochmal hinlegen will, um für sein Geburtstagsgrillen am Nachmittag fit zu sein.

Zwei Stunden später ist er wie ausgewechselt. Viele seiner Nachbarn kommen und bringen Grillgut oder Getränke mit. Die Kinder schenken ihm selbstgemalte Bilder, über die er sich am meisten freut.

Ein Mann Ende vierzig tritt in den Garten, er und Opa umarmen sich herzlich. Er gibt mir die Hand und stellt sich als George vor. Opa erklärt mir, dass er einer der Menschen ist, die nach dem Tod seiner Tochter Samantha durch ihre Organe weiterleben konnten.

So schrecklich der Verlust für ihn war, hatte es ihm immer viel bedeutet, dass sie nach ihrem Tod anderen hatte helfen können. George litt an einer schweren Nierenkrankheit. Die Transplantation bedeutete für ihn ein Leben ohne Dialyse. Opa hatte sich über eine Agentur erkundigt, wie es um die Patienten steht, denen seine Tochter eine zweite Chance ermöglicht hatte. Ohne Namen und Adresse wurde ihm mitgeteilt, dass es ihnen gut geht. Darüber hinaus bot die Agentur an, über sie anonym mit den Organempfängern in Kontakt zu treten. Wenn beide Parteien den Wunsch äußern und sich innerhalb von sechs Monaten mindestens zweimal geschrieben haben, können sie beantragen, die Anonymität aufzuheben.

In Deutschland ist das durch das Transplantationsgesetz verboten. Auch bei uns kann man sich zwar anonym über die »Deutsche Stiftung Organtransplantation« schreiben, aber die Gefahr, eine Partei könnte die andere unter Druck setzen (»Was? Der hat die Leber meiner Tochter und säuft wieder, dem werd ich's zeigen.«) oder sich psychisch verrennen (»In mir schlägt das Herz deines Mannes, jetzt bin *ich* dein Mann.«), wird vom Gesetzesgeber als zu hoch eingeschätzt. Opa hat in diesem Fall Glück, dass er in Amerika lebt, und freut sich, dass er sich mit diesem Mann alle zwei Monate zum Frühstück treffen kann. George schenkt Opa einen kleinen Gingkobaum, und sie umarmen sich nochmal.

Von meinem Teil der Familie habe ich Opa einen Tirolerhut mitgebracht. Auch wenn er schon einen besitzt, kann es ihm nicht schaden, einen zweiten zu haben, fand meine Mama. Und weil Opa in seinem Hut immer eine finanzielle Reserve in Höhe von 50 Dollar hat, nähte sie ihm in seinen neuen Hut ebenfalls eine ein.

Er tauscht sogleich die Kopfbedeckungen und erzählt den Gästen von seinen Erlebnissen in Deutschland, insbesondere vom Schwarzwald. Weil ich diese Geschichten schon das eine oder andere Mal gehört habe, mache ich mich in der Küche nützlich und helfe seiner Tochter Patty beim Einräumen der Geschirrspülmaschine.

»Kathi, du glaubst nicht, was einem Bekannten von mir passiert ist. Ich habe ihn seit Wochen nicht erreicht, und heute rief er an und erzählte, dass er im Gefängnis war.«

»Was hat er denn verbrochen?«, erkundige ich mich.

»Er sagt, dass er einen Witz bei Facebook gepostet hatte, und daraufhin habe ihn der Secret Service weggesperrt. Kannst du das glauben?«

Ich bin baff. »Ehrlich gesagt nicht. Aber mich würde die Geschichte dazu interessieren.«

»Ich habe ihm von Dads Geburtstag erzählt, aber er hat heute keine Zeit. Wenn du willst, dann gebe ich dir seine E-Mail-Adresse, vielleicht hat er ja Lust, sich mit dir zu treffen.« Die Frau verliert keine Zeit, das gefällt mir.

»Gerne.«

Sofort zücke ich mein Handy und schreibe dem Mann, dessen E-Mail-Adresse ich entnehmen kann, dass er Tom heißt. Danach mische ich mich wieder unter Opas Partygäste. Gegen halb acht abends geht Opa ins Bett, während wir anderen noch draußen am Grill sitzen, Reste vertilgen und uns unsere liebsten Opa-Geschichten erzählen. Plötzlich piept mein Handy, und ich sehe, dass Tom mir geantwortet hat: Ja, er würde mich gerne treffen, ob ich morgen Zeit hätte. Ich frage mich kurz, ob er weiterhin vom Secret Service überwacht wird, und mache mir Sorgen, da in irgendetwas hineinzugeraten. Aber meine Neugier siegt, und ich antworte ihm, dass ich zu ihm nach Hause kommen würde.

Als er mir seine Adresse schickt, hat er einen neuen E-Mail-Thread eröffnet und unserer E-Mail-Konversation den Betreff »Trump vs Tom« gegeben. Ein klarer Hinweis, worum es geht. Entweder ist er also selten dämlich, oder es ist ihm schlicht egal, dass die zuständigen Behörden nun von unserem Treffen wissen, bei dem wir über den Vorfall sprechen wollen.

Ich parke Opas Auto vor seinem Haus. In der Einfahrt steht ein schwarzer Lincoln, Baujahr 1998, mit dem Kennzeichen: Black Sabbath. Jetzt bin ich wirklich nervös. Das ist natürlich

Quatsch, sage ich mir. Nur weil jemand Heavy Metal mag und auf die Band »Black Sabbath« steht, muss er kein Verbrecher sein. Aber kurz huschen mir Bilder von satanischen Katzenopfern durch den Kopf. Das Haus sieht völlig normal aus, es ist weder schwarz noch blutrot gestrichen, sondern in einem freundlichen Gelbton, der gut in die Nachbarschaft passt. Neben der Haustür steht ein Surfboard mit einem Delfinaufkleber. Wer Delfine mag, kann kein schlechter Mensch sein, denke ich.

Ich klingele an der Tür und bin angenehm überrascht von dem Mann, der mir öffnet. Er ist ungefähr sechzig Jahre alt, trägt sein dunkles, langes Haar zu einem Pferdeschwanz gebunden und hat eine Lesebrille auf der Nase. Sein T-Shirt passt zu seinem Auto. Aber das ist auch schon das Einzige, was an ihm düster rüberkommt.

»Hi, ich bin Tom, komm gern rein. Hast du den Weg gut gefunden?«, begrüßt er mich.

»Ja, habe ich. Ich bin Kathi. Freut mich.«

Wir gehen durch einen kurzen Flur in ein Wohn-und-Ess-Zimmer. Alles ist in heller Holzoptik gehalten, im Raum sind einige Zimmerpflanzen verteilt. Wir setzen uns auf ein braunes Ledersofa, und Tom bietet mir ein Wasser an. Um das Gespräch in Gang zu bringen, frage ich ihn nach den Delfinen.

»Ja, Delfine sind cool. Mein Vater und ich waren früher Delfintrainer. Mit der Zeit haben wir bemerkt, dass nicht wir es sind, die die Tiere dressieren, sondern dass die Delfine uns trainieren, ihnen Fisch zu geben, wenn sie uns ihre Tricks zeigen. Da wurde uns klar, dass sie viel schlauer sind als wir und dass man sie nicht in Gefangenschaft halten sollte. Also haben wir unseren Job aufgegeben und uns für den Schutz der Tümmler engagiert. Aber leider kann man damit nicht so viel Geld verdienen.« Er schaut mich an. »Darf ich fragen, warum du meine Geschichte hören willst?«

»Weil sie mich interessiert«, sage ich. »Ich habe so etwas noch nie vorher gehört.«

»Es war eine große Albernheit«, beginnt er. »Ich habe an diesem Tag etwas auf Facebook gepostet, einen Witz. Das mache ich oft. Ich war frustriert über den Ausgang der Wahl und sicher, dass Trump nur aufgehalten werden könnte durch eine psychologische Untersuchung, mittels der man feststellen kann, ob jemand geistig in der Lage ist, dieses Land zu regieren. Aber unglücklicherweise wurde er für tauglich befunden.«

»Was hast du denn gepostet?«

Tom kratzt sich an seinem Kinnbart.

»Es war nichts. Es war ein Ausdruck der Meinungsfreiheit. Dem 2. Artikel der Verfassung …«

Er atmet schwer aus und trinkt einen Schluck Wasser.

»Wenn es nichts war, dann hätten sie dich doch nicht eingesperrt, oder?«, frage ich nach und fühle mich plötzlich wie ein Detektiv. »Fangen wir von vorne an, Tom. Wann ist der Vorfall passiert?«

Tom mustert mich von der Seite und zögert. Plötzlich kommt mir die Situation noch merkwürdiger vor. Wenn er nichts dazu sagen will, warum hat er mich dann zu sich eingeladen?

Plötzlich steht er auf und schaltet Musik ein. Obwohl mich das eher ablenkt, bitte ich ihn nicht, sie wieder auszumachen, denn die Hintergrundbeschallung scheint ihn zu entspannen. Wenigstens ist es kein Heavy Metal, sondern eher moderater Softrock.

Er setzt sich wieder, schiebt seine Lesebrille ein Stückchen den Nasenrücken hoch und nickt, entweder zum Takt der Musik oder zu einem Gedanken, den er gerade hat.

»Es war am 22. Dezember. Niemals wollte ich jemandem etwas antun oder Angst verbreiten. Es war eine ironische Bemerkung, weil die ganzen Trump-Lover die letzten acht Jahre unter Obama immer rumgeheult haben, dass er die Waffengesetze ändern und ihnen dann ihre Flinten abnehmen würde. Deswegen habe ich geschrieben, dass ich jetzt sogar froh bin, dass Obama das nicht gemacht hat, weil ich nun wenigstens eine sinnvolle Verwendung für eine Waffe sehe. Das war unter einem Bild von Trump. Ich habe noch ›Er ist nicht mein Präsident, er ist der Staatsfeind‹ dazugeschrieben.«

Belustigt wiegt er den Kopf von einer Seite zur anderen, als ob man über einen Witz schmunzelt, den man schon kennt.

»Trump hat während des Wahlkampfs dasselbe über Hillary Clinton gesagt. Er hat gesagt, dass sich die Anhänger des zweiten Verfassungszusatzes, des Rechts auf Besitz und Tragen von Waffen, wahrscheinlich um sie kümmern werden, wenn sie Präsidentin wird. Zitat: Wenn sie die Richter auswählt, dann kann man nichts machen, Leute … obwohl, vielleicht die Unterstützer des zweiten Verfassungszusatzes, ich weiß nicht.‹ Dagegen ist mein Post doch wirklich sehr vage. Aber er kommt mit so etwas davon, weil er ein Politiker ist. Oder nehmen wir Madonna, die gesagt hat, dass sie das Weiße Haus in die Luft sprengen will. Ich meine, das ist doch wirklich schlimm. So etwas würde ich niemals sagen.«

Traurig schüttelt er den Kopf. Ungläubig muss auch ich den Kopf schütteln. »Und deswegen haben sie dich ins Gefängnis gesteckt?«

Ich hatte selbst schon einmal eine ungute Erfahrung mit der amerikanischen Polizei, die mir in einem New Yorker U-Bahnhof unterstellte, meinen Fahrschein nicht entwertet und das Drehkreuz zum Gleis mit Gewalt durchgetreten zu haben. Dafür sollte ich wegen öffentlichen Randalierens festgenommen werden. Aber Toms Geschichte kommt mir noch zu vage vor.

»Ich weiß ehrlich gesagt nicht, ob das schon gereicht hätte. Ich habe an dem Tag noch einen Post bei Facebook gemacht. Ich wollte mit dem Bild eines Scharfschützen provozieren und sehen, wie die Leute es auffassen. Und das hat dann ja auch gut geklappt.«

Tom lacht zynisch und fährt mit seiner Geschichte fort: »Wenn es eine Ente mit einem Gewehr gewesen wäre, dann hätten es alle als Witz aufgenommen. Der Scharfschütze war ja nicht einmal ein echter Mensch. Es war eine animierte Computerfigur aus ›Call Of Duty‹. Ich wollte damit meinen Unmut kundtun und habe dazugeschrieben: ›Er wird Trumps Prozess beschleunigen.‹ Es gibt viele Leute, die sich damit auseinandersetzen, wie man ihn loswerden kann, es gibt da richtige Bewegungen, die sich mit nichts anderem beschäftigen. Und ich glaube, dass sie ihn kriegen werden.«

»Gehörst du denn zu so einer Bewegung?«, werfe ich ein.

»Nein. Ich zähle mich zum Widerstand. Ich sehe mich als politischen Aktivisten. Ich engagiere mich mit den Demokraten dafür, dass er abgesetzt wird. Das ist es auch, was ich zum Ausdruck bringen wollte. Trumps Amtsenthebung muss beschleunigt werden, damit nicht noch etwas Schlimmeres passiert. Man muss ihn auf legalem Weg loswerden. Man kann doch keinen Präsidenten töten, das ist schrecklich.«

Hm, denke ich. Trump auf legale Weise absetzen zu wollen, indem man ein Bild von einem Scharfschützen postet, kommt mir ähnlich absurd vor, wie sich für den Delfinschutz einzusetzen, indem man eine Dose Thunfisch postet. »Findest du nicht«, setze ich an, doch Tom ist inzwischen so ins Reden gekommen, dass er sich nicht unterbrechen lässt.

»Wie auch immer. Irgendjemand hat es dann bei Facebook gemeldet, die haben es dem Secret Service gesagt, und der hat die örtliche Polizei verständigt. Es hat keine Stunde gedauert, bis die Kavallerie hier war, mit zahlreichen Autos und voll bewaffnet. So zwischen fünfzehn und zwanzig Beamte. Sie wollten wissen, ob ich Donald Trump bedroht habe, das habe ich verneint. Ich habe ihnen gesagt, dass das doch ein Scherz sein muss. Wir reden hier über Facebook, wo jeder irgendwelchen Quatsch reinschreibt. Sie haben gesagt, dass sie mich nicht festnehmen wollen, sondern nur mit mir darüber reden, und ich habe ihnen geantwortet, dass ich darüber nicht mit ihnen reden werde, dann müssten sie mich schon festnehmen. Als ich dann nach dem Türknauff griff, warnte mich einer der Beamten, dass ich das besser nicht tun solle. Sie dachten, dass ich eine ernsthafte Bedrohung wäre und vielleicht Waffen im Haus hätte. Also haben sie mich festgenommen. Wegen des dringenden Tatverdachtes, gegen Artikel 18 des Bundesgesetzes verstoßen zu haben: Bedrohung des Präsidenten der Vereinigten Staaten, des Vizepräsidenten oder nachfolgenden Ämtern. Demnach muss auch bestraft werden, wer ein Dokument mit der Drohung, dem Präsidenten Schaden zuzufügen, per Post befördert. Ich schätze, das Internet gilt inzwischen als Post. Das kann mit bis zu fünf Jahren Gefängnis bestraft werden oder mit einer hohen Geldstrafe von 250 000 Dollar. Hinterher hat der Secret Service meine Freundin verhört, mein Haus durchsucht und meinen Computer beschlagnahmt. Waffen haben sie natürlich keine gefunden, das hat sie glaube ich ein bisschen frustriert.«

Erneut lacht er laut auf, dieses Mal klingt es selbstgerecht und zufrieden, als sei das eine Art Triumph. Ich denke, dass er einfach Glück gehabt hat.

»In meinem ganzen Leben hatte ich keine Knarre. Ich habe auf dem Jahrmarkt mal aus einer geschossen, aber das war es auch schon. Trotzdem saß ich über Weihnachten und Silvester ein, insgesamt achtundzwanzig Tage Knast. Dreißig Tage dürfen sie dich dabehalten. Mein Fall kam vor die Grand Jury, und die haben mich freigesprochen, weil weder auf meinem Computer noch bei mir zu Hause etwas gefunden wurde, das bestätigt hätte, dass ich wirklich vorhatte, Trump umzubringen oder so einen Mist. Ich habe einfach nur etwas auf Facebook gepostet, was die nicht verstanden haben. Das Wort ›beschleunigen‹ ist kein böses Wort. Ich habe nicht geschrieben, dass ich ihn töten will oder mir wünsche, dass es jemand anderes tut. Ganz ehrlich, haben die nichts Besseres zu tun?«

»Wenn jemand so etwas schreibt und die Polizei davon ausgeht, dass es ernst gemeint ist, gehört es schon zu ihren Aufgaben, dem nachzugehen, denke ich.«

Aber Tom sieht sich nach wie vor als Opfer: »Erst vor ein paar Wochen gab es diese Schießerei hier am Flughafen. Ein 26-jähriger Typ, der in psychiatrischer Behandlung war, weil er Stimmen hörte und behauptete, die CIA hätte ihn gezwungen, ISIS-Videos anzusehen, darf mit einer Handfeuerwaffe und Munition einchecken? Nichts anderes hatte der dabei. Nur ein kleines Kästchen mit der Waffe und den Patronen. So kommt der am Flughafen an, holt seine Waffe vom Gepäckband und schießt wahllos um sich, tötet dabei fünf Menschen und verletzt weitere. Einen Typen, der nachgewiesenermaßen geistig erkrankt ist, mit einer Waffe herumlaufen zu lassen, das geht. Aber wenn ich bei Facebook poste, dass ich Trump blöd finde, dafür werde ich eingesperrt. Zur Sicherheit. Gott sei Dank hat mich die Jury freigelassen.«

Sein Telefon klingelt, und er entschuldigt sich. »Hier, das kannst du lesen«, sagt er und wirft mir ein paar einzelne Blätter Papier hin. Es sind aus einem Buch kopierte Gesetzeserklärungen, die ich unaufmerksam durchblättere, weil ich immer noch daran denken muss, wie Tom der Jury vorgeführt wurde. Das ist noch so ein Unterschied zwischen Deutschland und den USA. In Deutschland entscheidet ein Richter nach den vorgelegten Beweisen, ob jemand schuldig ist oder nicht. In den USA entscheidet »das Volk«, vertreten durch eine Gruppe von Geschworenen. Zum Geschworenendienst kann jeder in den Vereinigten Staaten lebende Bürger über achtzehn Jahren berufen werden. Er gilt als oberste Bürgerpflicht. Wer per Post darum gebeten wird, muss an einem bestimmten Tag vor Gericht erscheinen. Wenn dann tatsächlich eine Jury erforderlich ist, wird mit allen Kandidaten eine Art Casting veranstaltet. Zunächst müssen sie einen 28-seitigen Fragebogen ausfüllen. Anhand der Antworten soll herausgefunden werden, ob sich die Kandidaten eignen. Wer zum Beispiel grundsätzlich gegen die Todesstrafe ist, wird nicht zu einem Prozess eingeteilt, bei dem die tödliche Spritze innerhalb des Strafmaßes liegen kann.

Zudem soll jegliche Art von Befangenheit ausgeschlossen werden. Wer den Angeklagten kennt (»Das ist der neue Freund meiner Exfrau.«), ist ebenso ungeeignet wie jemand, der sich schon durch die mediale Berichterstattung ein Vorurteil gebildet hat (»Hab ich alles schon bei Fox News gesehen, der war's.«). Bei Prozessen, die voraussichtlich kompliziert und langwierig werden können, wird zudem gefragt, ob man Raucher ist und öfter als einmal alle zwei Stunden eine durchziehen muss. Wenn ja, wird man höchstwahrscheinlich aussortiert, weil man dann den Betrieb aufhält.

Danach folgt noch eine persönliche Befragung, jeweils durch Staatsanwalt und Strafverteidiger, um zu überprüfen, ob man beim Ausfüllen auch nicht geschwindelt hat.

Besteht man auch hier, wird man zum eigentlichen Prozess zugelassen, der, je nachdem, was verhandelt wird, sehr anstrengend werden kann. Komplizierte Verfahren können Monate dauern, was im Übrigen auch einer der Gründe dafür ist, weswegen sich der Geschworenendienst nicht allzu großer Beliebtheit erfreut.

Grundsätzlich frage ich mich, was besser ist. Einer Person die Entscheidung zu überlassen oder einer Gruppe, die geschlossen zu einem Urteil kommen muss. Beides hat sein Für und Wider. Nehmen wir zum Beispiel die Durchmischung einer solchen Gruppe. Die kleinste Jury besteht aus sechs Personen. Nehmen wir einen Arzt, eine Lehrerin, einen Handwerker, einen Arbeitslosen, eine Hausfrau und eine Studentin. Klingt doch erst mal ganz vernünftig, oder? Was aber, wenn diese sechs Personen alle die gleiche politische Ideologie teilen, die rechts außen angesiedelt ist? Und einige von ihnen clever genug sind, dass sie selbige bei den Befragungen und den Tests gut verbergen können? Ist es fair, diese Gruppe auf einen Täter loszulassen, der einen Migrationshintergrund hat? Ähnlich kann es auch bei einem Richter sein, aber hier ist die Chance viel höher, dass eine eindeutige Gesinnung auffällt, der Richter fällt im Gegensatz zur Jury mehrere Urteile. Und alleine der Fakt, dass hier jemand entscheidet, der jahrelange Erfahrung hat und sich hauptberuflich damit beschäftigt, gibt mir ein besseres Gefühl. Man kann immer das Haar in der Suppe finden, aber irgendwer muss sie schließlich kochen.

Unter den Papieren, die Tom mir gegeben hat, stoße ich auf das Protokoll des Agenten, der ihn festgenommen hat. Auf einer Doppelseite schildert er die Situation aus seiner Sicht: Tom hatte seine Kommentare nicht einfach unter irgendeinem Bild von Trump gepostet, sondern unter einem Artikel, in dem über Trumps Aufenthalt in Palm Beach berichtet wurde. Das liegt eine knappe Stunde Autofahrt von Toms Wohnort entfernt. Wenn ich in Flensburg sitze und schreibe, dass ich Markus Söder eine Torte ins Gesicht pfeffern will, ist das weniger bedrohlich, wenn sich Herr Söder in München aufhält, als wenn er in Hamburg ist.

Außerdem lese ich in dem Bericht des Agenten, der seit

sechs Jahren für den Secret Service tätig ist, dass Tom an diesem Abend einen weiteren verdächtigen Kommentar abgab. Jemand kommentierte sein Scharfschützenbild mit »Was zum Teufel soll das heißen?«.

Und Tom antwortete: »Halt die Augen offen.«

Mehr und mehr frage ich mich, wie es sein kann, dass sich Tom so missverstanden fühlt. Wahrscheinlich hat er sich von seinem Bauchgefühl leiten lassen. Das ist es, worauf der Mensch hört, und dann beginnt er, es durch rationale Gründe zu bestätigen oder zu rechtfertigen. Inzwischen frage ich mich, ob der wütende und wahrscheinlich auch angetrunkene Tom an diesem schicksalhaften Abend seinen Emotionen vielleicht einfach freien Lauf gelassen hat und jetzt mit allen Mitteln versucht zu überzeugen, er hätte nur einen Witz gemacht, der falsch angekommen ist.

Im Protokoll des Agenten steht weiter, dass Tom »angriffslustig« gewesen sei:

»Als ich ihn durchsuchte, fand ich ein Teppichmesser, Zigaretten, Kleingeld und ein Handy. Er setzte sich zur Wehr, schrie herum, und ich nahm ihn daraufhin fest. Dann habe ich mit seiner Freundin gesprochen, die uns ins Haus ließ und bestätigte, dass sie ihn an dem Abend am Computer gesehen hatte, aber nichts von seinen Aktivitäten mitbekommen hätte. Wir haben den Computer beschlagnahmt.«

Mir erscheint am wahrscheinlichsten, dass Tom schlichtweg blau war, als er die Sachen ins Netz gestellt hat.

Don't drink and facebook!

Tom kommt aus der Küche zurück, und ich überlege, ob ich ihn mit meinen neuen Erkenntnissen konfrontieren oder mir erst den Rest seiner Geschichte anhören sollte. Er nimmt mir die Entscheidung ab:

»Wo waren wir? Ach ja. Im Gefängnis haben sich alle darüber lustig gemacht. ›Man, das ist ja das verrückteste Verbrechen, von dem ich je gehört habe!‹ oder ›Du sitzt hier ein wegen Facebook? Erzähl keinen Quatsch‹.

Wegen so etwas im Gefängnis zu landen hat eine gewisse Ironie. Ich saß zwischen all den Mördern, Vergewaltigern, Einbrechern, weil ich etwas in einem sozialen Netzwerk kommentiert hatte. Ich habe vorher auch schon mal gesessen, weil ich ein bisschen Kokain verkauft hab in den Achtzigern, wer hat das nicht. Und wegen ein paar unbezahlter Strafzettel, kleine Verkehrsdelikte. Das fand ich auch übertrieben, konnte es aber wenigstens noch einigermaßen verstehen. Am schlimmsten am Gefängnis ist das Essen, die Einsamkeit und die Gewissheit, dass man nirgendwo hingehen und auch nur sehr begrenzt mit Menschen reden kann.«

Er zeigt mir ein Schreiben von seinem Anwalt. Der rät ihm, auf seinem Recht zu schweigen zu beharren. Ihm solle klar sein, dass alle Telefonate, Gespräche und E-Mails mitgelesen oder abgehört würden. Auch die E-Mails, die mit dem Betreff »Vertraulich für meinen Anwalt« gekennzeichnet sind. Er solle vorsichtig sein, was er schreibt und sagt. »Ich war sehr einsam auf der einen Seite, und auf der anderen wollten die Medien mit mir sprechen. CNN, Channel 7, Channel 10, die ganze Brigade. Es ging auch durch die Zeitung. Ich wollte am 2. Januar einen neuen Job anfangen und konnte natürlich nicht hingehen, ich war ja im Gefängnis. Mein neuer Chef hat es aus der örtlichen Zeitung erfahren. Ich hätte diese neue Arbeit gerne gemacht. Hätte zu Tankstellen fahren sollen, die Essen verkaufen, um die Geräte für die Zubereitung zu warten und zu säubern. Jetzt habe ich Schwierigkeiten, etwas Neues zu finden. Ich bin 59 Jahre alt, und die haben immer noch meinen Computer. Zur Jobsuche wäre der sehr nützlich. Sie haben mich im Auge. Aber ich bin so harmlos wie ein Goldfisch. Meinetwegen können sie alles mitlesen. Ich mache ja nichts Schlimmes.«

Tom denkt kurz nach und resümiert: »Unter Bush ist dieses Land wirtschaftlich den Bach runtergegangen. Die Wallstreet ist kollabiert, den Autobauern ging es schlecht. Aber nach 2008 hat Obama dafür gesorgt, dass es wieder aufwärtsgeht. Das vergessen die Menschen, die heute Trump anhimmeln.

Ich glaube nicht, dass er vier Jahre durchhält, ehrlich gesagt, würde es mich schon wundern, wenn er das erste Jahr übersteht. Er wird hinschmeißen, oder er wird abgesetzt. Er ist so uncool. Obama war ein super Präsident. Charismatisch und entspannt. Aber Trump hat keine Führungsqualitäten. Er brüllt ›Wir bauen eine Mauer‹ und denkt, dass das die Menschen davon abhalten könnte, in dieses Land zu kommen. Amerika wurde durch Einwanderer erst zu dem, worauf wir heute stolz sein können. Meine Vorfahren waren deutsch und irisch, sie sind in dieses Land gekommen, um etwas aufzubauen, genau wie die Italiener, die Spanier, egal wer. Durch Trump verlieren wir unsere Glaubwürdigkeit. Er behauptet, dass Einwanderer Jobs wegnehmen und kriminell sind, und schon kommen die ganzen Hinterwäldler aus den Trailerparks gekrochen und machen ihr Kreuz auf dem Wahlzettel. Diese Leute sind ihm doch völlig egal. Ich befürchte, dass es einen Klassenkampf geben könnte, wenn die Menschen erst einmal bemerken, dass es ihnen mit seiner neuen Politik nicht besser gehen wird. Dann wächst die Wut nur noch mehr. Ein Prozent Reiche kontrollieren dieses Land, und jetzt sitzt einer von ihnen auch noch an der Spitze. Das kann nicht gut gehen. Wie ist denn der Umgang in Deutschland mit solchen Sachen? Was passiert, wenn jemand Angela Merkel bedroht?«

Überrascht, dass er nach über einer Stunde des Erzählens plötzlich eine Frage an mich richtet, beginne ich zu stammeln. »Ähmm … uffff, ich weiß nicht, ähh, ich glaube …«

Tatsächlich will mir kein klarer Gedanke in den Sinn kommen. Ich erinnere mich daran, dass Internetkontrollen verstärkt werden sollten, und auch, dass vor nicht allzu langer Zeit jemand aus Bayern verurteilt wurde, weil er im Netz gegen Ausländer und Juden gehetzt hatte.

»Wahrscheinlich würde man Besuch von der Kripo oder dem Verfassungsschutz bekommen, wenn man die Kanzlerin bedrohen würde. Ob man dafür ins Gefängnis muss, weiß ich nicht.«

Tom ist aufgestanden und läuft nervös von seinem Sessel zum Esstisch und wieder zurück. Dann beginnt er die ganze Geschichte wieder von vorne zu erzählen, es macht auf mich den Eindruck, als ob nicht ich der Adressat bin, sondern er selbst. Es gleicht einem Mantra. Er wiederholt den Vorwurf, kategorisiert ihn als völlig aus der Luft gegriffen und endet mit dem Resümee, dass er, ausgerechnet er, dafür einsitzen musste. Ich beschließe, dass es Zeit ist zu gehen.

»Vielen Dank, dass du mit mir gesprochen hast«, bedanke ich mich und strecke ihm die Hand entgegen.

»Gerne. Und wenn du noch irgendwas wissen willst, schicke ich dir eine E-Mail, oder du kannst auch gerne nochmal herkommen, wie du willst. Jetzt weißt du ja, dass ich kein Menschenfresser bin!«

»Und kein Scharfschütze«, ergänze ich und schieße dabei mit imaginären Fingerpistolen in die Luft.

»Es war wirklich nur ein dummer Witz!«, wiederholt er und begleitet mich zur Tür.

Auf dem Rückweg denke ich angestrengt über seine Frage bezüglich der Kanzlerin nach. Bei Opa angekommen, werde ich im Internet sofort fündig. Es ist ein Artikel aus der Münchner Abendzeitung, vom 8. Januar 2016. Die Überschrift lautet: »Merkel hinrichten – Das ist für Facebook keine Hetze«.

Ein Redakteur hatte die Probe aufs Exempel statuiert und zwei Hasskommentare eines rechten Blödkopps bei Facebook gemeldet. In einem schrieb der: »Angela muss getötet werden«, und in einem anderen: »Merkel muss hingerichtet werden.« Der Redakteur klickte auf das Häkchen neben den Beiträgen und wählte die Option »Beitrag melden« aus.

Zur Auswahl stehen dann:

- Es ist unhöflich, vulgär oder enthält Schimpfwörter.
- Es ist eindeutig sexuell.
- Es ist belästigend oder enthält Hassbotschaften.
- Es ist bedrohlich, gewalttätig oder suizidal.
- Etwas anderes.

Er klickte die Punkte »Hassbotschaften« sowie »Bedrohlich« an. Danach kann man noch auswählen, wem der Hass gilt: einer Rasse oder Volksgruppe, einer religiösen Gruppe, einem Geschlecht oder einer sexuellen Neigung, behinderten oder kranken Personen oder einer Einzelperson. Der Reporter schickte seine Beschwerde ab und bekam nach knapp zwei Stunden die Antwort:

»Vielen Dank, dass du dir die Zeit genommen hast, einen möglichen Verstoß gegen die Gemeinschaftsstandards zu melden. Wir haben den Beitrag überprüft und festgestellt, dass er nicht gegen unsere Gemeinschaftsstandards verstößt.«

Und was macht der Staat? Ich finde einen Artikel vom Juli 2016, in dem beschrieben wird, wie das Bundeskriminalamt eine Razzia in vierzehn Bundesländern durchgeführt hat und insgesamt sechzig Menschen kontrollierte, die der Hetze im Netz, insbesondere durch das Benutzen von verfassungsfeindlichen Symbolen, bezichtigt wurden.

Die Polizei Berlin kommentierte die Aktion auf Twitter, nicht ohne zu beweisen, dass sich auch die Polizei humorig in sozialen Netzwerken präsentieren kann:

»In #Berlin schauten neunundsiebzig Kollegen ›nach dem

Rechten‹. Alle Durchsuchungen sind beendet, Beweismittel werden ausgewertet.«

Sofort brach ein Shitstorm aus.

»Dann können die Linken ja ruhig weiter Brandanschläge verüben. Gibt ja nur Räääääääääächte!«, schrieb ein Nutzer, ein anderer fand: »Das sagt alles, Dschihadisten, Salafisten, Linksextreme, Pädophile macht euch keine Sorgen! Polizei sucht nur Rechte!!! #toll.« Auf einer anderen Seite finde ich eine genaue Erklärung, was Hasskommentare sind und wie sie bestraft werden, in der Regel mit Geldbußen oder mit bis zu fünf Jahren Freiheitsentzug. Allerdings wird hier empfohlen, die Kommentare über sogenannte Internetwachen zu melden, die es für die verschiedenen Bundesländer inzwischen gibt. Mit Ausnahme von Rheinland-Pfalz. Immerhin. Ich schaue nach, was ich über Tom im Internet finden kann. Ein kurzes Video auf CNN über den Vorfall und ein paar Artikel in einem Stadtanzeiger. Laut diesem war Tom bekannt für seine Streitsucht und unter anderem wegen Stalking, Fahrdelikten und Unterhaltsschulden aktenkundig. Außerdem saß er zehn Jahre lang wegen Drogen im Gefängnis und noch einmal zwei Jahre, weil er gegen seine Bewährungsauflagen verstoßen hatte. Zudem habe er ein schweres Alkoholproblem. Als Krönung lese ich, dass er einen Freund seiner Schwester bei einer Streitigkeit mit einem Messer angegriffen und danach auf die Garagenauffahrt geschissen hat.

Ich schreibe ihm eine Mail und frage nach. Seine Antwort kommt bereits ein paar Minuten später. Alles falsche Behauptungen, schreibt er und verweist darauf, dass es seine Schwester wäre, die gestört sei. Es juckt mich in den Fingern, ihn nach dem Haufen zu fragen, aber mir wird klar, dass jeder Mensch seine eigene Wahrheit hat, seine eigenen Geschichten, ein eigenes Licht, in dem er sich selbst sehen und von anderen gesehen werden will. Ob Tom nun zugibt, sich dort erleichtert zu haben, oder nicht, spielt keine Rolle. Das Zweite, was ich bemerke, ist, wie verdammt hart Polizeiarbeit sein kann.

Ich entscheide mich dafür, mein Detektivbüro für heute zu schließen, um mit Opa spazieren zu gehen.

ON THE ROAD

»Man reist ja nicht, um anzukommen,
sondern um zu reisen.«

Johann Wolfgang von Goethe

Miami

Ich bin nach Miami gefahren, um mir dort einen Mietwagen abzuholen. Damit will ich zurück nach Los Angeles fahren. 4400 Kilometer durch die USA, um noch mehr Eindrücke zu sammeln, um noch weitere Menschen kennenzulernen und ihre Geschichten zu hören. Mein Onkel in Texas hatte mir zur Verabschiedung gesagt, dass ich mir anschauen sollte, wie die »normalen« Amerikaner leben. Nicht die in den großen Städten an der Küste, sondern die mitten auf dem Land.

Meine Route wird mich von Florida nach Alabama führen, von dort nach Louisiana, Texas, New Mexico, Arizona, Nevada und dann zurück nach Kalifornien.

Zugegeben, acht Bundesstaaten mögen wenig repräsentativ sein für insgesamt fünfzig, aber ich würde mehr zu sehen bekommen, als die meisten Amerikaner selbst. Um meinen Ausflug vorzubereiten und noch ein wenig Sonne zu genießen, habe ich mich für eine Nacht in einem Hotel in Miami Beach einquartiert. Schnell wird mir klar, warum ich das Zimmer einer bekannten Hotelkette so günstig ergattern konnte. Es riecht moderig, und an der Wand kann ich sehen, wie jemand lieblos den Schimmel mit wenig weißer Farbe überpinselt hat. Die eine Nacht habe ich trotzdem überlebt. Die meiste Zeit habe ich ohnehin damit verbracht, am Strand zu sitzen und Karten zu studieren, die ich mir vom ADAC habe schicken lassen.

Ein Roadtrip heißt für mich: Straßenkarten lesen. Da bin ich old school, ein Navi kommt für mich nicht in Frage, auch, weil es ordentlich extra kosten würde.

Die Dame hinter dem Schalter der Autovermietung ist skeptisch: »Mit diesem ADAC haben wir oft zu tun. Ein total unseriöser Verein.« Öhmm. Sie schüttelt den Kopf. »Der ADAC, das ist wie eure American Auto Association«, gebe ich zu bedenken und finde, ihr Vorwurf ist so, als ob man den amerikanischen Staatschutz als Ableger der »Drei ???« bezeichnet. »Ja, ja, mit denen gibt es nur Ärger«, murmelt sie halb zu mir und halb in ihren Computer hinein.

Fünfzehn Minuten später stehe ich in der Tiefgarage des Flughafens und darf mir einen Wagen aus Reihe sechs aussuchen. Ich nehme einen Jeep Patriot. An dem Wagen sind diverse Kratzer und kleine Beulen, die ich dem zuständigen Menschen an der Ausfahrt zeige. Nach gerade einmal fünf Sekunden übergibt er mir das ausgefüllte Schadensprotokoll. »Ist gut, hab alles notiert. Du kannst jetzt losfahren«, sagt er und gibt mir ein Stück Papier, auf das er hastig »Hat Kratzer und Beulen« geschrieben hat. Wird schon schiefgehen, ist ja alles seriös hier, denke ich und fahre los.

Sarasota: das Motel des Grauens

Wahrscheinlich habe ich es übersehen. Vermutlich habe ich das Anmeldeformular an der ältlichen Rezeption des Motels falsch ausgefüllt. Ich versuche mich zu erinnern.

Gab es dort ein Feld, in dem man neben Raucher/Nichtraucher auch ein Kreuzchen hätte machen können, um sich wahlweise für ein Zimmer mit normalen Nachbarn oder eines mit einer geisteskranken, schreienden Irren zu entscheiden?

Wenn, dann habe ich wohl Letzteres angekreuzt. Hinter der Verbindungstür, die sich gegenüber von meinem Bett befindet, höre ich bereits seit drei Stunden grauenhafte Geräusche, gepaart mit schrecklichen Satzfetzen, die der Stimme nach von einer älteren Frau stammen. Mal ist es ein wütendes: »Verpisst euch, lasst mich allein!«, mal ein heiseres: »Ich will hier raus, lasst mich hier raus!«, gefolgt von hysterischem Lachen. Dabei hätte alles so schön sein können.

Ich bin in Sarasota, im Westen Floridas, und habe den ersten Tag Autofahrt hinter mir. Die Hälfte des Staates habe ich schon durchquert, auf der Alligator Alley, die ihren Namen den Krokodilen zu verdanken hat, die dort in den Everglades leben. Zwar begegnete ich keinem, aber trotzdem fühlte es sich gut an, mit dem großen Jeep zu fahren und den Blick entlang der Zypressenwälder, die an der Grenze zum Sumpf beheimatet sind, schweifen zu lassen.

Vor ein paar Jahren hatte ich mal ein sehr einprägsames Erlebnis in dieser Gegend. Meine Mutter und ich waren im Auto unterwegs und hatten uns entschieden, auf der vorgelagerten Insel Sanibel Island an der Westseite Floridas Station zu machen. Abends gingen wir in den Ellington Jazzclub, mein erster Besuch eines Jazzclubs überhaupt. Hier entdeckte ich die Liebe für diese Musik und New Yorker Steaks. Anschließend liefen meine Mama und ich gut beschwingt zurück zu unserem Hotel und waren ziemlich aufgekratzt. »Ich kann das Meer rauschen hören. Lass uns noch zum Strand gehen«, schlug sie vor.

Die Anlage um unser Hotel war schlecht beleuchtet, was uns aber nicht davon abhielt, den Weg zum Strand auskundschaften zu wollen. Nach ein paar Minuten hatten wir aber schon kapituliert, weil es dermaßen dunkel war, dass man im wahrsten Sinne des Wortes die Hand vor den Augen nicht mehr sehen konnte.

»Wir finden das Meer morgen!«, meinte meine Mutter, und wie zwei Blinde tasteten wir uns zurück, an kleinen Beeten, Sträuchern und einem Baum vorbei, gegen den ich versehentlich stieß, bis wir wieder die kleine Lampe an der Hauswand des Hotels sehen konnten. Am nächsten Morgen war ich früh wach und hatte immer noch den Drang, das Meer zu sehen. Von unserem Bungalowzimmer aus lief ich den Weg zurück, den wir abends eingeschlagen hatten, nur dieses Mal im Hellen.

Als ich die vielen Bäume sah, die sich neben der Hotelanlage befanden, war ich direkt stolz, dass ich nur gegen einen davon gelaufen war. Meine Freude verwandelte sich allerdings schlagartig in einen Schrecken, als ich zwischen den Bäumen, durch die wir gestolpert waren, einen mittelgroßen Teich sah. Das an sich wäre nur einen Lacher wert gewesen. Was mir kurz das Blut in den Adern gefrieren ließ, war die Tatsache, dass neben dem Teich ein großes Schild stand, das verkündete, man solle sich vor dem Alligator hüten, der in dem Gewässer lebt. Ich schreckte ein paar Schritte zurück und blickte mich ängstlich um. Wie in einem Cartoon ging ich zuerst langsam und dann immer schneller rückwärts, was dazu führte, dass ich erneut über eine Baumwurzel stolperte und auf meinem Hintern saß. Ich sprang schnell auf und rannte zurück zum Hotel. An der Rezeption erkundigte ich mich nach dem Teich und dem Tier. »Ja, da muss man aufpassen«, antwortete der picklige Angestellte. »Joe, so haben wir ihn genannt, ist nicht immer im Teich, aber eben manchmal. Eigentlich hätte euch das gestern Abend jemand sagen müssen. Habt ihr denn das Schild nicht gesehen?«

Ich gab ihm zu verstehen, dass es jeglicher Logik entbehrt, ein Schild aufzustellen, das man entweder erst lesen kann, wenn es bereits zu spät ist, weil man sich direkt an der Gefahrenquelle befindet, oder eben gar nicht, weil es stockdunkel ist.

»Aber in der Gegend gibt es viele Joes. Man sollte im Dunkeln nie einfach so herumlaufen.«

»Vielleicht solltet ihr das auf das Willkommensschild der Insel schreiben«, sagte ich. Statt »She Sells Sea Shells« (der Werbeslogan einer Muschelschmuckmanufaktur) besser »Nicht im Dunkeln über Alligatoren stolpern!«. »Nein«, sagte er bierernst, »das weiß man hier. Außerdem reimt sich das nicht.«

Die Erinnerung bringt mich zum Schmunzeln. »Bei Nacht gib auf den Alligator acht«, fällt mir in diesem Moment ein. Das hätte ich damals sagen sollen.

»Verfickte Scheiße, ich will hier RAAAAAAUUUUUS!«, röhrt es von gegenüber durch die Wand.

Ich überlege, was ich tun soll. Braucht die Frau Hilfe? Kurz nach dem Einchecken vermutete ich zunächst, dass sich die Dame nebenan mit jemandem am Telefon streiten würde. Kann ja mal vorkommen. Ich duschte und spazierte kurz über den Parkplatz des Motels, um mir Sarasotas »weltberühmte« Tiki Bar anzuschauen, die sich laut der Rezeptionistin direkt am Parkplatz des Motels befand. Ein Blick durch die Fensterscheibe genügte aber, um zu sehen, dass hier nichts los war. Auf dem Weg zurück dachte ich an Norman Bates aus Hitchcocks Film »Psycho«. Eine Assoziation, die ich immer habe, wenn ich in amerikanischen Motels schlafe.

Jetzt befinde ich mich aber gerade in meinem eigenen Horrorfilm. Sollte ich mal rübergehen, anklopfen und fragen, ob alles in Ordnung ist? Diese Aktion scheint mir ziemlich sinnlos, da ich die Antwort bereits kenne: Irgendetwas ist da drüben überhaupt nicht in Ordnung.

Sollte ich zur Rezeption laufen und die kleine, viel zu dünne Nachtrezeptionistin verständigen? Erscheint mir ebenfalls falsch. Vermutlich würde sie direkt die Polizei rufen, und das gäbe ein riesiges Theater. Mein Bauchgefühl sagt mir, dass dort drüben keine Geiselnahme vor sich geht. Die Frau richtet ihre Wut direkt gegen jemanden. Sie schreit nicht: »Hilfe, ich wurde gekidnappt, hört mich jemand? Polizei, Polizei.« Nein. Sie schreit jemanden an, wie bei einem Ehestreit oder einem Eckkneipenzwist. Mir fällt das Sprichwort »Hunde, die bellen, beißen nicht!« ein, und ich versuche mich mit dem Gedanken zu beruhigen, dass alles halbwegs okay ist, solange sie schreit. Wenn jemand sie gegen ihren Willen festhielte, wäre sie mit einer Socke im Mund oder Klebeband garantiert schon zum Schweigen gebracht worden. Plötzlich höre ich die Zimmertür. Sie brüllt: »Kommt zurück, lasst mich nicht alleine!« Aha. Also sind mindestens drei Personen in das Drama involviert. Ich krieche aus dem Bett, setze mich drinnen neben meine Zimmertür und lausche, ob ich etwas von dem Gespräch der anderen beiden hören kann. Die könnten ja netterweise auch ein bisschen lauter reden! »…ir leid …atz… ieder … sprochen!«. Es sind ein Mann und eine Frau. Sie kann ich einigermaßen verstehen, aber seine Stimme ist tief und sonor, so dass es eher wie das Brummen eines Bären klingt. »Wo … sie … onst … hin.«

Ich vermute, die Schrei-Liese ist ihre Mutter, und sie müssen von A nach B, vermutlich wegen einer Beerdigung oder etwas ähnlich Dramatischen. Es muss ja einen triftigen Grund geben, warum man eine Frau mit einer psychischen Störung ins Auto lädt und eine mindestens zweitägige Reise antritt. Oder sie bringen sie in die Klapsmühle. Aber hey, wer weiß. Vielleicht ist das auch die übliche »Mama fährt mit uns in den Urlaub«-Routine. In Amerika ist es sehr kostspielig, eine passende Pflege für jemanden zu finden, der alt und psychisch krank ist.

Es gibt für solche Fälle zwei Optionen: Die eine heißt »Medicare« und richtet sich an alle Bürger über 65 Jahre oder an Menschen mit anerkannten Behinderungen oder akutem Nierenversagen. Sie ist wie eine Krankenversicherung. Allerdings werden hier nur Teile der Kurzzeitpflege oder Rehamaßnahmen übernommen. Eine dauerhafte Pflege ist nicht vorgesehen.

Die andere Möglichkeit ist »Medicaid«. Sie richtet sich, ähnlich wie Sozialhilfe, an verarmte Menschen, die medizinische Pflege brauchen. Was erst einmal toll klingt, aber natürlich einen Haken hat. »Verarmt« bedeutet, dass der Betroffene weniger als 2000 Dollar Vermögen in der Tasche haben muss. Sollte die Person außerdem in den letzten fünf Jahren zum Beispiel einem Verwandten eine größere Summe Geld geschenkt haben, disqualifiziert sie sich automatisch. Dass sich eine Lebenssituation in fünf Jahren dramatisch ändern kann, wird hier außer Acht gelassen. Pech gehabt!

Die durchschnittlichen Kosten für ein Pflegeheim bewegen sich zwischen 222 Dollar pro Tag für ein Mehrbettzimmer und 248 Dollar für ein Einzelzimmer. Das sind über 80 000 Dollar pro Jahr. Zum Vergleich: Ein Jahr auf einem staatlichen College kostet im Schnitt 22 826 Dollar, auf einem privaten sind es 44 750 Dollar.

Wer für Medicaid nicht in Frage kommt, muss also sehen, wo er bleibt.

Die Zimmertür geht erneut auf und zu. »Ich hasse euch! Verpisst euch. Ich will hier weg!« Wenn ich mich konzentriere, kann ich nun auch hören, wie die anderen beiden versuchen, die Alte mit leisen Stimmen zu besänftigen.

Ich krame meine Ohrenstöpsel aus dem Rucksack und lege mich zurück aufs Bett. Zwar höre ich die Frau trotz des Lärmschutzes gedämpft noch hin und wieder brüllen, aber immerhin machen sie und ihre Begleiter mir nicht mehr so viel Angst.

Am nächsten Morgen komme ich wegen des wenigen Schlafs wie gerädert aus meinem Zimmer und sehe vor der Nachbartür eine leere Flasche Rotwein, einen zertretenen Plastikbecher in einer kleinen, angetrockneten Rotweinlache und ein paar ausgedrückte Zigarettenstummel. Die Vorhänge des Fensters neben der Tür sind zugezogen. Sollte sich hier ein Verbrechen ereignet haben, gibt es zumindest diverse DNA-Spuren. CSI Sarasota, übernehmen Sie! Zugleich überkommt mich ein schlechtes Gewissen: Hätte ich vielleicht doch in irgendeiner Weise eingreifen sollen? Um mich zu beruhigen, gehe ich zur Rezeption. »Entschuldigen Sie, die Leute in Zimmer 406, wissen Sie, wie viele das sind?«, frage ich unglaublich investigativ. »Die sind eben abgereist. Wieso?«, kommt zurück. Ich ignoriere diese Frage der Rezeptionistin und bin erstaunt, dass es das gleiche Mädchen wie am Vorabend ist, in dessen übermüdetes Gesicht ich blicke.

»Aber wie viele Personen waren denn in dem Zimmer?«

»Das darf ich nicht sagen.«

»Okay. Wissen Sie, ob es drei waren?«

»In dem Zimmer stehen zwei Doppelbetten. Da könnten sogar vier rein«, entgegnet sie nüchtern. »Was ist denn das Problem?«

»Naja, es war teilweise ziemlich laut da drüben«, versuche ich zu erklären. »Und ich habe mich zwischendurch gefragt, ob alles in Ordnung ist.«

»Du hättest einfach herkommen können, dann hätte ich dir ein anderes Zimmer gegeben«, entgegnet sie. »Manchmal wird es hier laut. Die Leute, die hier übernachten, feiern, streiten, sie … du weißt schon, tun *es*. Das kommt vor. War sonst alles in Ordnung?«

»Ja, ähm … Danke.« Auf irgendeine Art beruhigt es mich, dass die Rezeptionistin dieses Motels wahrscheinlich schon Schlimmeres erlebt hat als ich in der letzten Nacht. Ich gebe ihr meinen Schlüssel und gehe zum Auto.

Dann sehe ich sie. Ohne ihre Stimmen zu hören, bin ich mir sicher, dass es die drei aus dem Nachbarzimmer sind. Der Mann läuft genervt und mit deutlichen Augenringen vor dem verdreckten Nissan-Pick-up auf und ab. Im Mundwinkel glüht eine Zigarette, während er sich mit der Hand Stirn und Augen reibt. Vor dem geöffneten Fenster der Beifahrerseite steht die Frau in gebückter Haltung, eine Hand befindet sich im Innenraum des Wagens, umklammert von einer deutlich älteren, die sich so sehr festkrallt, dass die Knöchel weiß hervortreten.

Ich gehe zu meinem Auto, das neben ihrem steht, und versuche, nicht direkt hinzugucken. Allerdings kann ich nicht einsteigen, bevor sie aus dem Weg gegangen ist, so eng stehen unsere Autos beieinander. Kurz bevor ich den Kofferraum erreiche, vernehme ich die bekannten Stimmen.

»Mom, bitte. Wir müssen jetzt fahren. Du musst mich loslassen, damit ich neben dir einsteigen kann.«

Ein leises, erschöpftes »Nein« dringt aus dem Wageninneren.

»Fuck!«, flucht der Mann vor sich hin und schnippt seine Zigarette auf den Parkplatz.

»Jeff«, beginnt die Frau, bricht den Satz aber ab, als sie mich sieht.

Ihr Mann schlägt mit einem lauten Knall die Autotür zu und geht zurück zur Motelrezeption. Unbeeindruckt von seiner Aktion lässt die Frau ihren anderen Arm durch das Fenster gleiten und streichelt der Mutter über die weißen Haare. Dabei wendet sie mir den Kopf zu und lächelt erschöpft.

»Meine Mutter braucht … besondere … Zuwendung«, sagt sie in einem entschuldigenden Ton.

Überfordert und ebenfalls übermüdet bin ich unsicher, ob sie ein Gespräch mit mir anfangen will oder mit sich selbst redet.

»Wohin fahrt ihr?«, frage ich.

»Nach Texas«, sagt sie mit sanfter Stimme. »Dort wohnt ihre Schwester. Sie hat die letzten Jahre bei uns gewohnt, aber es …«, ihre Stimme stockt.

»… ist sehr, sehr, anstrengend«, beende ich den Satz für sie.

»Es gibt in Texas Einrichtungen, die günstiger sind. Eine in der Nähe von Deberah, wo meine Tante wohnt. In Maine ist es sehr teuer. Da kommen wir her. Ich dachte, es wäre schön, auf dem Weg noch einen Zwischenstopp am Golf von Mexico einzulegen. Mom?«, fragt sie ins Autoinnere, als sie bemerkt, dass sich der Griff um ihren Arm gelockert hat.

Behutsam, als ob sie einen kleinen Vogel in der Hand hält, legt sie die Hand ihrer Mutter auf deren Schoß.

»Wir müssen los, gute Fahrt«, flüstert sie mir zu und läuft ebenfalls zum Rezeptionsgebäude, vermutlich um Jeff zu holen.

Bevor ich einsteige, werfe ich noch einen kurzen Blick ins Innere ihres Fahrzeugs. Die alte Frau ist nicht, wie ich es vermutet hatte, eingeschlafen, sondern starrt mit trüben Augen ins Leere.

Erneut denke ich an Hitchcocks »Psycho« und das Zitat des Sohnes, der sich um seine Mutter kümmern muss: »Wenn ich ginge ... wäre sie da oben völlig hilflos. Das Feuer würde ausgehen, und es würde kalt und feucht wie im Grab sein. Wenn man jemanden liebt, verlässt man ihn nicht. Auch nicht im Hass ... Verstehen Sie mich recht, ich hasse sie nicht. Ich hasse, was aus ihr geworden ist! Ich hasse ihre Krankheit!«

Sweet Home Camping Alabama

Als ich in Sarasota in einem Laden, der einem überdimensionalen Rossmann gleicht, vor dem Haustierregal stehe, kommt mir eine Idee. Im Angebot sind Hundebetten. 9,95 Dollar für ein 80 Zentimeter breites Kissen, auf dem die obere Hälfte meines Körpers locker Platz finden würde.

Ich werde die Nacht auf einem Campingplatz verbringen! Die Sitze des Jeeps kann man umklappen, und den ganzen Tag soll die Sonne scheinen, wie kalt kann es da nachts schon werden? Ein Kopfkissen habe ich sowieso immer dabei, weil ich damit in Flugzeugen besser schlafen kann. Als Decke kann ich mein großes Strandhandtuch benutzen. Wildlife – here I come.

Bei Einbruch der Dämmerung bin ich in Alabama angekommen, in der Nähe eines Ortes, der Daphne heißt. Ein Hinweisschild hat mir verraten, dass es hier in der Nähe einen Campingplatz gibt.

Camping. Das ist in den USA eine große Sache. Eine günstige Alternative zum Pauschalurlaub, ähnlich wie in Deutschland.

Ich hatte schon auf der Interstate übergroße Campingwagen, sogenannte Motorhomes, gesehen, die anders als in Deutschland ihren PKW hinten angehängt haben und ihn ziehen.

Auf dem Platz stehen ungefähr zwanzig der Ungetüme, Zelte sehe ich keine. Ich halte vor einer Holzhütte, auf deren Veranda eine einladende Hollywoodschaukel steht.

Sofort kommt ein Mann um die vierzig aus dem Häuschen und begrüßt mich überschwänglich: »Hey, du kommst aus Wisconsin! Dem Milchstaat. Wow. Voll toll, Wisconsin. Hast ja eine ziemlich lange Reise hinter dir. Mann, super Auto. Wie geht es dir? Möchtest du hier übernachten? Ich habe noch Platz, da hinten, ist sogar mit Strom und Feuerstelle. Magst du Lagerfeuer?«

Ich weiß nicht, welche Frage des offensichtlich sehr gut gelaunten Kerls ich zuerst beantworten soll, und sage schlicht: »Ich mag Feuer, und ich komme nicht aus Wisconsin.« Er nickt, zieht seine Stonewashed-Jeans ein Stück nach oben, hält sich mit einer Hand an seinem Gürtel fest und deutet mit der anderen auf meinen Jeep.

»Ein Leihwagen, was? Hat ein Kennzeichen aus Wisconsin. Woher kommst du denn?«

»Jetzt gerade aus Sarasota, eigentlich aber aus Deutschland.«

»Wow. Deutschland. Ich hatte schon mal Gäste aus Deutschland. Aus … warte mal, komm mit rein, steht alles in meinem Gästebuch. Wenn du hierbleiben willst, musst du drinnen sowieso was ausfüllen. Mann, war das ein schöner Tag heute, was? Super Wetter, die Luft ist einzigartig hier draußen. Es wird dir gefallen. Ich bin übrigens Phil. Meiner Frau und mir gehört der Camper da vorne. Der große mit der Wäscheleine!«

Er deutet zu einem Motorhome, das noch protziger und riesiger ist als die anderen auf dem Platz. Phil geht ins Haus und zeigt mir zunächst die Waschräume, Duschen und die

Toilette. Alles ist sauber und mit Liebe zum Detail dekoriert. An den Waschbecken stehen kleine Vasen mit Blumen, daneben Seife, Handcremes und ein Behälter mit Tampons, und es gibt einen Stapel mit kleinen, echten Handtüchern.

Als Nächstes gehen wir zur Rezeption, die gleichzeitig ein kleiner Einkaufsladen ist.

»Hier. Sie kamen aus Männ-heym. Kennst du das?«

»Mannheim, ja, dort war ich zwar noch nie, aber ich kenne es.«

»Bri-dsch-ett und Diedarrr. Sagt man das so?«

»Brigitte und Dieter. Ja.«

»Die Übernachtung kostet zehn Dollar. Das ist der Komplettpreis. Für fünf Dollar bekommst du bei mir ein Bündel Feuerholz. Es gibt doch nichts Schöneres, als abends am Lagerfeuer zu sitzen und ein paar Bier zu trinken, während man in die knisternden Flammen schaut. Hab ich recht, oder hab ich recht, ähm? Wie heißt du eigentlich?«

»Kathi.«

»Hab ich recht, oder hab ich recht, KATHI?!« Dabei zwinkert er mir zu.

Nach der langen Autofahrt fühle ich mich von Phils Energie überfordert. Er kommt mir vor wie einer dieser Teleshopping-Produkt-Anpreiser.

»Du! Hast! Absolut! Recht! PHIL!«, antworte ich ihm in derselben Manier.

»Oh ja. Ich zeige dir deine Stelle, dann kannst du es dir schon mal gemütlich machen, und ich bringe dir das Holz rüber. Brauchst du sonst noch etwas?«, fragt er, und ich verneine.

»Dann bekomme ich jetzt 15 Dollars von dir … Kathi.«

»Sehr gerne … Phil.«

Während ich das kurze Stück zu meinem Stellplatz fahre, fällt mir auf, dass keiner der anderen Camper zu sehen ist.

Aus Deutschland kenne ich Campingplätze mit Vorzelten, Gartenstühlen, Leuten, die draußen sitzen, rauchen, Karten spielen und Bier trinken.

Durch die Bäume beginnt ein spektakulärer Sonnenuntergang den Himmel in Orangerot zu tauchen. Ich stelle das Auto ab und fange an, mein Nachtlager zu bauen. Ich entdecke Phil, wie er mit einem Golfkart zu mir herübergefahren kommt. Seine blaue Jeans, sein türkisfarbenes Poloshirt, die weißen Turnschuhe, das alles passt perfekt zu seinem Gefährt.

»Hier kommt das Feuerholz!«, verkündet er stolz. »Wo soll ich den Feuerring hinstellen? Hierher?«, fragt er und beginnt die Feuerbegrenzung und das Brennmaterial auszuladen.

»Sag mal … Phil, wo sind denn die anderen Leute? Noch auf Ausflügen?«

»Ha, ha, nein. Die sitzen drinnen. Ist ihnen zu heiß draußen. Wenn du zu ihren Wagen kommst, kannst du das Summen der Klimaanlagen hören, als ob du in einem Bienenstock sitzt. Die meisten wissen die Natur nicht zu schätzen. Ab und zu lade ich Leute zu mir ans Feuer ein. Viele trauen sich nicht, selbst eins zu machen, aus Angst, dass etwas schiefgeht. Es gibt hohe Strafen für Waldbrände. Aber ich zeige es ihnen, und dann genießen sie es auch. Einige waren als Kinder bei den Pfadfindern. Das weckt Erinnerungen.« Phil legt die rechte Hand aufs Herz und beginnt mit der Pfadfinderparole: »Es ist meine Ehre, mein Bestes zu geben. Meine Pflicht gegenüber Gott und meinem Land, die Pfadfinderregeln zu befolgen, anderen zu helfen und körperlich, mental und moralisch stark zu sein! Sei bereit!« Dann lacht er, als wäre ihm ein guter Witz eingefallen, den er vor langer Zeit gehört hat.

»Du weißt, wie man Feuer macht?«, fragt er mich.

»Ja, das weiß ich, danke. Kann ich da hinten aus dem kleinen Waldstück ein paar trockene Zweige zum Anfeuern sammeln?«, frage ich.

»Aber natürlich, dafür sind sie ja da. Jedes gute Feuer braucht eine gute Grundlage... Kathi!« Er sieht sehr stolz aus.

»Du magst Feuer ziemlich gerne, oder Phil?«, mutmaße ich.

»Ich liebe es«, antwortet er. »Weißt du, ich habe lange Zeit in New York City gelebt. Hab Finanzwesen studiert, und was soll ich sagen, wo ist man damit besser aufgehoben als in New York? Aber es hat mich nicht glücklich gemacht. Der ganze Stress. Wozu? Damit ich mit fünfzig einen Herzinfarkt bekomme und tot umfalle? Damit ich in einem protzigen Appartement leben kann, in dem ich mich so gut wie nie aufhalte, weil ich siebzig Stunden die Woche arbeite? Nein. Das wollte ich nicht. Ich habe mir eine Auszeit genommen und bin dahin zurückgekehrt, wo es mir als Kind am besten gefallen hat. In die Natur. Ich habe alles in New York verscherbelt und mir diesen fabelhaften Campingplatz gekauft. Und was soll ich sagen? Hier bin ich glücklich, und ich möchte, dass meine Gäste es auch sind. Es passiert so viel Schlimmes in der Welt, da hat sich jeder mal einen Urlaub verdient. Deswegen gibt es hier eine Regel: Es wird nicht über Politik gesprochen. Das verdirbt einem die Laune. Was kümmert es mich, was die Politiker machen? Gar nichts mehr. Mir ist nur wichtig, dass der Strom und das Wasser laufen und es genug Feuerholz gibt. Nur manchmal, wenn ich mit Leuten um das Lagerfeuer sitze, wir uns Gruselgeschichten erzählen und ich dran bin, dann spreche ich über meine Zeit an der Börse, das ist der wahre Horror, hab ich recht...Kathi?«

Jetzt lacht Phil so laut, dass es fast manisch klingt.

»Ich muss weiter nach dem Rechten sehen. Wenn du irgendetwas brauchst, kannst du einfach über den Platz rufen, ich höre es bestimmt. Und wenn nicht, dann komm rüber und klopf an meinen Wohnwagen. Meine Frau Lynn bringt unsere Kleine gegen halb neun ins Bett, danach sitzen wir draußen. Ich freue mich schon, dein Feuer flackern zu sehen, Nachbarin!«

Er fährt lachend davon.

Vom Aussteigerleben träumen viele. Ich frage mich immer, ob das funktioniert. Zu sagen: »Ich ziehe an eine einsame Klippe am Meer«, »Ich lebe ab jetzt in einer Kommune!« oder »Ich gehe in ein Holzhaus im Wald!«. Das klingt vielleicht erst mal ganz cool, aber sich bewusst aus allem herauszuziehen und Scheuklappen anzulegen – dazu gehört auch eine Portion Egoismus, finde ich.

Wahrscheinlich war Phil auch nicht wählen. Immerhin haben 41,1 Prozent der wahlberechtigten Amerikaner nicht gewählt! Und jetzt haben sie den Salat. Dazu kamen die Wechselwähler, die ihre Stimme den Republikanern nur aus Protest gegen das Establishment gegeben haben. In Berlin habe ich an einer Hausfassade ein Bettlaken gesehen, auf dem stand: »Aus Protest AFD zu wählen, weil einem die aktuelle Politik nicht gefällt, ist, wie im Club aus der Toilette zu trinken, weil einem an der Bar das Bier nicht schmeckt.«

Während ich in mein Feuer starre, sehe ich hinter den Flammen die Silhouetten zweier Männer. Höflich sagen sie »Guten Abend« und kommen zu mir rüber, um mir die Hand zu reichen.

Ich stehe auf und begrüße sie.

»Ich bin Rico, und das ist Alexander, aber du kannst Sascha zu ihm sagen. Er kommt eigentlich aus Russland.«

»Aus der UKRAINE!«, korrigiert ihn der Große mit der Glatze. Rico nickt schuldbewusst. »Ein schönes Feuer hast du da. Aber mit dem Holz, was noch herumliegt, wird es höchstens eine Stunde brennen. Phil hat uns alles über Feuer beigebracht«, sagt Sascha.

»Ist nicht wahr«, erwidere ich ironisch und nicke übertrieben. Im nächsten Moment schäme ich mich schon darüber, weil der lange Lulatsch und sein kleiner Kumpel stolz um meine Feuerstelle laufen und fachsimpeln:

»Schau mal, wie sie das Holz geschichtet hat. Richtig gut, das Fundament.«

»Ja, aber das ist ein Effektfeuer. Es brennt schön, mit großen Flammen, verbraucht aber zu viel Holz. Für die Nacht wäre das nichts«, entscheidet Sascha. »Wir gehen rüber zu Phil. Wenn dein Feuer runter ist, komm doch dazu. Er und seine Frau sind sehr nett. Wir schlafen übrigens da hinten.« Er zeigt mit dem Finger in die Richtung der Campingwagen. »Nicht in den großen Motorhomes, sondern dahinter in einem kleinen Campingbus. Wir arbeiten auf einer Baustelle hier in der Nähe. Bis später.« Rico klopft sich den Dreck von seiner Jeans, nachdem er das Feuer auf Knien begutachtet hat, und die beiden schlendern davon.

Ich bleibe noch eine Weile an meinem Effektfeuer sitzen und stelle fest, dass ich in einer halben Stunde tatsächlich die letzten beiden Scheite auflegen müsste.

Um mehr über meine Nachbarn zu erfahren, lasse ich das Feuer ausgehen, schnappe mir das Sixpack Bier, das ich noch in der Kühltasche im Auto habe, und laufe damit zu Phils monströsem Wohnmobil.

Um sein Feuer herum, das zugegeben deutlich imposanter ist als meins, man könnte es auch analog zu meinem Effektfeuer ein Angeberfeuer nennen, sitzen die beiden Jungs und eine kleine Asiatin, die ich als Phils Frau identifiziere, in Campingstühlen mit Getränkehaltern. Den Rest des Abends verbringen wir alle damit, Phils Geschichten zu lauschen, wie er mal einen echten Schwarzbären gesehen hat, ein paar kleptomanische Waschbären in die Flucht schlug oder wie sich seine Tochter fast mal mit einem Kojoten angefreundet hätte.

Seine Frau finde ich bemerkenswert. Bestimmt hat sie diese Geschichten schon tausendmal gehört, und trotzdem lacht sie bei jeder einzelnen Anekdote und kommentiert sie mit philippinischem Akzent: »Oh Phil, da wa ssso lustig« oder »Phil, du bis wirklich ein mutiga Mann«.

Und er erwidert mit seiner Fernsehwerbestimme: »Da hast du recht, mein Schatz!«

Sascha und Rico erzählen von ihrer Arbeit. Jeden Morgen geht es um fünf Uhr los, und dann malochen sie auf der Baustelle bis in den späten Nachmittag. Die Unterkunft auf dem Platz müssen sie selbst bezahlen, ihr Vorarbeiter wohnt mit drei amerikanischen Kollegen in einem Motel an der Interstate. Sascha und Rico sind froh, dass sie den Job haben, sagen sie, denn sie haben Familie im angrenzenden Georgia, ungefähr vier Stunden Autofahrt entfernt. Ihr Lohn ist niedrig. Sascha sagt, dass er nur rund 20000 Dollar im Jahr verdient. Das ist deutlich weniger als das durchschnittliche Einkommen von 37000 Dollar, und ich vermute, dass er zusätzlich schwarzarbeitet, was er Phil gegenüber sicherlich nicht preisgeben würde.

Dass es fünf Minuten lang nicht um Feuer oder Wildtiere geht, hält Phil nicht aus. Er erstickt die Diskussion über die Arbeitsverhältnisse und die Wirtschaftslage in den USA im Keim: »Na, na, na, Jungs, ihr kennt die Regel. Wir reden nicht über Geld und Politik. Wir sind dankbar für die Arbeit, die wir haben und die uns ernährt. Man muss das Beste daraus machen, wenn man seine Situation nicht verändern kann. Und um seine Situation zu verändern, muss man sich erst etwas aufbauen. Es bringt nichts, den anderen die Schuld zu geben, jeder ist seines Glückes Schmied, nicht wahr, Lynni?«

»In da Tad, Phil!«, bekräftigt ihn seine Frau.

Kurz darauf dreht sich wieder alles um Kojoten und Waschbären, und ich beschließe, ins Bett zu gehen.

»Pass auf, dass kein Kojote ins Auto kommt … Kathi«, ruft Phil mir lachend hinterher.

Ich denke, wenn ein Kojote so schlau wäre, dass er eine verschlossene Autotür oder den Kofferraum öffnen kann, um zu mir ins Auto zu klettern, hätte er es sich sogar verdient, darin zu schlafen, und dann wäre das wohl die beste Lagerfeuergeschichte aller Zeiten! Gute Nacht … Phil!

New Orleans: The Big Easy

Von Daphne fahre ich die Küste entlang nach New Orleans. Dort am Wochenende ein Zimmer zu bekommen gestaltet sich schwierig. Zumindest im angesagten French Quarter. Meine Freundin Vera hatte mal eine Fernbeziehung mit einem Amerikaner und war mit ihm hier in einer ganz reizenden Pension gewesen. Weil ihr Exfreund das meiste Geld für Marihuana ausgab, gehe ich davon aus, dass das Zimmer nicht allzu teuer gewesen sein kann, in das er sie eingeladen hatte.

Ich stehe vor einem kleinen Hotel in einer äußerst charmanten Straße. Die Anmut der alten Häuser begeistert mich. Zumeist sind sie zweistöckig, aus rotem Backstein, und auf den gusseisernen, verschnörkelten Balkonen gibt es Blumenkästen. Die Frau an der Rezeption macht einen ungepflegten und phlegmatischen Eindruck, was an der Marihuanawolke liegen kann, die mir entgegenkommt. Die lila gefärbten fettigen Haare hängen ihr strähnig ins Gesicht, der schwarze Lidstrich war zu Beginn des Tages bestimmt mal als angemalte Augenbraue gedacht. Außerdem hat sie alte Schminke in den Innenaugenwinkeln, Augenpopel, wie ich es nenne. Sie bietet mir ein Zimmer an. Das einzig verfügbare, es ist schließlich Freitag, für lässige 184 Dollar pro Nacht plus 50 Dollar Pfand.

Das Zimmer ist klein, aber gemütlich und sauber. Unter der Decke hängt ein altmodischer Ventilator. Ich schalte ihn ein und mache Selfies mit den rotierenden Blättern als Heiligenschein und mit ausgestrecktem Hals, sodass es aussieht, als würde mir das Teil die Zunge abschneiden. Meine kreative Phase wird durch Lärm aus dem Innenhof gestört. Durch das schmale Fenster blicke ich auf einen kleinen blubbernden Whirlpool. Darin geht es bereits um die Mittagszeit ordentlich zur Sache. Zwei Frauen hocken mit Cocktails in »To go«-Bechern auf dem Rand. Um sie herum sitzen drei Typen, die Käsemauken im Wasser, das Bauarbeiterdekolleté von der Sonne dunkel geröstet, in der Hand überdimensionale Bierdosen. So stelle ich mir einen Werbespot vor, der vor Geschlechtskrankheiten warnen soll.

Ich ziehe mich schnell »New Orleans«-gerecht an, nein, keinen Badeanzug, sondern mein Lieblings-T-Shirt. Es ist weiß, und darauf ist ein kleiner schwarzer Junge zu sehen, der einem kleinen weißen Mädchen eine Blume schenkt. Ich hatte es einmal kurz in Texas an und erntete ein Kopfschütteln von diversen Menschen.

Als Erstes besuche ich den French Market. Hier gibt es exotische Delikatessen wie Krokodil am Spieß und frittierte Austern. Kennen Sie das, wenn Leute das Gelingen einer Reise am Essen festmachen? Ungefähr so: »Hach ja, in New Orleans waren wir Krokodil am Spieß essen, das muss man einfach machen, und die Austern im ›Acme‹, da muss man gewesen sein, und dann einen Kaffee im ›Café du Monde‹. New Orleans, das war eine Reise wert!« Schrecklich, finde ich. Es mag sein, dass es an kulinarischen Hotspots ganz besondere Delikatessen gibt, aber schon aus Prinzip lasse ich die links liegen, weil ich eine Stadt lieber anhand der Menschen kennenlerne. Zudem sehe ich keine Bereicherung darin zu wissen, wie ein Krokodil schmeckt.

Ein einziges Mal habe ich solch eine Delikatesse gegessen, und das war aus Versehen, auf dem Hamburger Dom. Ein befreundeter Komiker und ich wollten eine Bratwurst essen. Wir hielten uns für unheimlich schlau, zu der Imbissbude zu gehen, an der keiner anstand. Im Nachhinein bemerkten wir den Irrtum: Wir hatten Rossbratwurst statt Rostbratwurst gelesen, bestellt und gegessen …

Ich schaue mir noch ein paar Souvenirstände an und entdecke schöne, bunte Arbeiten von Straßenmalern, für die man in einer Galerie in Neukölln sicherlich ein kleines Vermögen ausgeben müsste. Dann bummele ich weiter zum Mississippi, wo gerade ein Raddampfer anlegt. Während ich das imposante Schauspiel verfolge, denke ich darüber nach, warum ich schon immer nach New Orleans wollte. Zum einen wegen der Serie »Fackeln im Sturm«, die meine Schwester früher abgöttisch liebte und die ich oft mit ihr gesehen habe, weil ich alleine kein Fernsehen gucken durfte. Zweitens wegen des Films »Interview mit einem Vampir«, der teilweise in New Orleans spielt. In den Hauptrollen Brad Pitt, Tom Cruise und Antonio Banderas, damals wie heute einen Tagtraum wert. Und außerdem war da noch Hurrikan »Katrina«, von dem bibeltreue Fanatiker behaupteten, er wäre die Strafe Gottes gewesen, weil er den Sündenpfuhl New Orleans verwüstete. Und last but not least wegen des Jazz natürlich.

Während der Raddampfer anlegt, stelle ich mir vor, wie sich Brad, Tom und Antonio aus ihren Särgen befreien, in denen sie angereist sind. Sie kämpfen im Auge des Hurrikans gegen bibeltreue Fanatiker, während Louis Armstrong »Wonderful World« singt und dabei mein T-Shirt bestaunt. Nachdem der Kampf gewonnen ist, machen wir es uns, also Brad, Tom, Antonio und ich, auf der Wiese am Ufer gemütlich. Ich fantasiere, wie sie mich zu ihrer Vampirkönigin küren, während Louis und die anderen mit den Aufräumarbeiten nach dem Hurrikan beginnen. Ich mache mir eine gedankliche Notiz, dass ich nicht vergessen darf, ihn später noch zu beißen, damit er unsterblich wird.

Ich spüre einen leichten Appetit, der sich bei mir in wenigen Minuten in einen grausamen Hunger verwandeln kann. Jetzt sehe ich die mir entgegenkommenden Touristen als laufende, knusprige Hühnerschenkel vor mir. Ich passiere das »Café du Monde« und bin kurz davor, ihm doch eine Chance zu geben. Die Lust vergeht mir wieder, denn die Schlange vor dem Laden lässt erkennen, dass es hier frühestens nach einer Stunde Wartezeit etwas zu essen geben wird.

Ich spaziere an der »Jackson Brewery« und der St. Louis Cathedral vorbei, aber alle Restaurants und Bistros, die ich entdecke, haben saftige Preise. 18 Dollar für eine Vorspeise. Die Geräuschkulisse um mich herum wird lauter. Verschiedene Musikstile mischen sich mit Menschengebrabbel, Geschrei und Gelächter zu einer verstörenden Kakophonie. Ich bin in der Bourbon Street. Gegen das, was ich hier zu Gesicht bekomme, ist der Ballermann ein Kindergeburtstag: Bar an Bar, an Disko, an Karaoke-Club, an Live-Musikschuppen, Restaurants und Straßenstände mit Jumbococktails und Riesenbieren. Hier lacht das Alkiherz und weint die Leber. Junggesellenabschiede, Geburtstage und normal Wahnsinnige tummeln sich dicht gedrängt über das Kopfsteinpflaster. Hier und da hängen Regenbogenfahnen von den Balkonen herunter, alle zwei Meter steht ein Marktschreier oder Bieranpreiser. Dazwischen liegen Obdachlose mit gewagten Pappaufstellern: »1 Dollar, und du darfst meinen Schwanz anfassen« oder »Wir wissen beide, dass du mir scheißegal bist und ich nur deine Kohle will«.

Dazwischen gibt es auch »Ich bin obdachlos und habe Hunger«-Tafeln. Hunger habe ich auch, aber die Fast-Food-

Angebote »6 Chicken Wings für 12 Dollar« überzeugen mich nicht. Ich kaufe in einem Kiosk zwei Dosen Bier. Angetrunken verkrafte ich den Verlust des Geldes besser, wenn ich nicht noch etwas Preiswerteres finde.

An einer Laterne sitzt ein Penner mit einem Hundewelpen. »Essen für den Hund, Alkohol für mich« steht auf seiner Pappe. Ich biete ihm eines meiner zwei Bier an.

Wir stoßen die Dosen aneinander, als ob wir einen Grund hätten anzustoßen, doch da wir uns nicht kennen, trinken wir toast- und trostlos einen Schluck. Als ich weitergehen will, hält er mich am Arm fest. »Warte«, sagt er und beginnt mit der Hand in seinem heruntergekommenen Parka zu wühlen. Die verdreckten Finger, teils aufgekratzt und blutverkrustet, fördern eine halbzerknüllte Zigarettenschachtel zu Tage, aus der er eine zur Hälfte gerauchte Fluppe herauszieht und mir anbietet. »Danke, aber behalt die mal lieber für später!«, sage ich und spüre, wie mir das Bier auf nüchternen Magen zu schaffen macht. Ich muss etwas essen. Der Alkohol hilft nicht dabei, die Tatsache zu verdrängen, dass ich ein kleines Vermögen in irgendeiner Fast-Food-Kette lassen werde, um halbwegs satt zu werden. Mein Geiz siegt, und ich laufe zurück zum Minimarkt nahe meinem Hotel. Als ich durch den Laden streife, um eine Packung Chips zu ergattern, entdecke ich hinter einer Ecke eine Art Snackbar oder Grill. Ich kenne bestimmt zwanzig Leute, die hier nie etwas bestellen würden, aus Sorge, die salmonellenverseuchte Mahlzeit in der Nacht wieder zu erbrechen. Aber mein Hunger macht's möglich – oder die Dose Bier auf leeren Magen.

Ein Viertel Muffuletta für 4,38 Dollar. Mu-fu-ledda. Super. Das habe ich doch auch schon mal irgendwo gehört. Auch so etwas, was man in New Orleans gegessen haben muss. Ich ordere mit einer Mischung aus Vorfreude und Skepsis. Der Mann hinterm Grill reicht mir zu meinem Erstaunen etwas, das köstlich aussieht: Ein Viertel Fladenbrot, gefüllt mit Fleisch, Käse, Oliven, Jalapeños und einer Art Salsa. Und dann schmeckt es auch noch fantastisch. Und schon habe ich mein Lieblingsrestaurant in New Orleans gefunden, hier muss man mal gewesen sein!

Abends mache ich mich auf den Weg zur Frenchmen Street, der ruhigeren Alternative zur Bourbon Street. An einer Straßenecke drückt mir ein knubbeliger Typ mit Hipster-Mustache und Hornbrille einen Flyer in die Hand: Stand-up-Comedy im »Dragon«, gleich in der Straße gegenüber. 20.30 Uhr soll es losgehen, der Eintritt ist frei, man muss aber ein Getränk Minimum verzehren. Wunderbar, das kann ich schaffen. Jetzt weiß ich, was ich in anderthalb Stunden machen werde.

Ich laufe weiter die Straße hinunter und bleibe vor der Bar »Maison« stehen. Durch ein großes Schaufenster kann man direkt auf die Bühne sehen, auf der eine sechsköpfige Brass-Band für Stimmung sorgt. Ein Großteil der Tische ist belegt, also setze ich mich an den Tresen, mit Blick in Richtung Bühne. Der Schlagzeuger ist süß. Er hat den Körper eines durchtrainierten Erwachsenen und einen jungenhaften Lausbubenblick.

Rechts neben mir sitzt eine bildschöne Asiatin mit kunstvoll angemalten Augenbrauen. Ich frage mich bei Frauen, die keine Augenbrauen haben und sich jeden Morgen welche anmalen müssen, warum sie sich meist die gleiche Form dranpinseln. Ich würde mir an Tagen mit schlechter Laune zackig-zornige Brauen zeichnen. Dann wüssten alle: »Oh, oh, die Stueber hat heute schlechte Laune, die lasse ich lieber in Ruhe.« Die Asiatin blickt ebenfalls zur Bühne und ignoriert die Tatsache, dass alle drei Barkeeper versuchen, ihre Aufmerksamkeit zu erhaschen. Vermutlich hoffen sie, eine gängige Sexfantasie nach Feierabend mit ihr in die

Tat umzusetzen. Ich bestelle ein Bier für vier Dollar, während der muskulöse Barkeeper der Asiatin unaufgefordert einen neuen Cocktail hinstellt. Das ist ein Fehler, den männliche Barmenschen oft machen. Wenn sie einen weiblichen Gast rumkriegen wollen, dann füllen sie ihn ab. Völlig falsch. Man muss den Gast schließlich noch bis Feierabend halten. Wenn man aber einer durchschnittlich trinkenden Frau innerhalb von zwei Stunden vier Cocktails spendiert, geht das selten wie gewünscht aus. Wenn die Dame bis zum Schließen der Bar nicht vom Hocker gefallen ist, kotzt sie wahrscheinlich ins Taxi. Man muss es richtig dosieren. Einen Drink, wenig Alkohol, immer Wasser dazu, zwischendurch eine selbstgemachte Limonade, eventuell einen Espresso und dann kurz vor Feierabend mit einem Sekt oder anderen Aperitif auf den weiteren Abend anstoßen. Dann weiß sie auch gleich Bescheid.

Ohne den Cocktail-Casanova eines Blickes zu würdigen, schnappt sich die Hübsche das Glas und prostet mir zu. Sie heißt Lizzy und kommt aus Dallas. Um sicherzugehen, frage ich sie, ob sie einen der Musiker auf der Bühne datet. Sie lacht und schüttelt den Kopf. Sie habe mich dasselbe fragen wollen. Frauen denken eben auch immer an das eine. »Posaune?« Sie nickt. »Gitarre?« Ich verneine. »Schlagzeug?« Treffer, versenkt.

Anschließend spielen wir »die letzte Frau auf Erden«. Das geht so: Wir stellen uns vor, jede ist die letzte Frau auf Erden. Dann gehen wir alle Männer in dem Laden durch und erklären uns gegenseitig, welchen der Herren wir zur Erdrettung als potentiellen Besamer auswählen würden, welcher die Kinder großziehen müsste, welchen wir für Rücken- und Fußmassagen in Betracht zögen und mit welchem man nur mal so aus Spaß schlafen wollen würde.

Wir amüsieren uns prächtig, bis Lizzy an einem Typen hängen bleibt, der aussieht wie ein Start-up-Yuppie, und sich ihre mysteriösen dunklen Augen plötzlich mit Wasser füllen. »Der sieht aus wie Sean!« O je, so etwas hatte ich nicht kommen sehen. Aber klar, es ist ungewöhnlich, besonders in den Vereinigten Staaten, dass Frauen alleine verreisen.

Es bricht aus ihr heraus. Sie ist das erste Mal in ihrem Leben ohne Begleitung unterwegs, sie müsste es jetzt lernen. Ihre Jugendliebe Sean hatte sie verlassen. Es passte einfach nicht mehr für ihn. Sie sagt, sie wisse gar nicht, was das bedeuten solle nach acht Jahren Beziehung. Ein Ruck geht durch ihren zierlichen Körper, und ihre Stimme wird wieder sachlich. Jetzt will sie draußen einen Joint rauchen, um sich danach den Magen mit ausgefallenen Spezialitäten vollzuhauen. Ob ich mitgehen will? An ihren Prada-Schuhen kann ich erkennen, dass sie mit Spezialitäten kein Muffaletta am Imbiss meint, und schlage vor, dass wir uns später wieder treffen, wenn ihre Gemütslage das zulässt. »Mehr Gras für mich«, freut sie sich, und wir tauschen unsere Handynummern aus.

Die Comedy-Show ist okay. Zwar werde ich am nächsten Tag keinen Muskelkater vor Lachen haben, aber viele der Gags bringen mich zum Schmunzeln. Mehr so, als ob man etwas Witziges liest. Selten lacht man da wirklich laut. Sechs Künstler, vier Männer und zwei Frauen. Das freut mich. In den USA ist es nicht mehr so ein großes Ding wie in Deutschland, dass Komikerinnen auftreten. Es gibt viele, die sich einen festen Platz in der A-Liga gesichert haben, Julia Louis-Dreyfus, Sarah Silverman, Tina Fey, Amy Poehler, Melissa McCarthy oder Amy Schumer. Eine Kollegin hat mir mal erzählt, dass sie sich in einem renommierten deutschen Comedy-Club beworben hatte und die Antwort bekam: »Du, für die nächsten Monate haben wir schon immer eine Frau in der Show. Meld dich doch in einem halben Jahr nochmal.«

Ich habe auch schon unangenehme Erfahrungen dieser Art gemacht. Nachdem ich die Vorrunde der Talentschmiede des Berliner Quatsch Comedy Clubs gewonnen hatte, gratulierte mir ein berühmter Kollege mit den Worten: »Glückwunsch und mach dir nichts draus, was die anderen sagen.« Auf meine Nachfrage, was das denn bedeuten solle, erwiderte er nur knapp: »Naja, es muss ja auch mal eine Frau gewinnen.« Ein anderes Mal erläuterte mir ein männlicher Kollege hinter der Bühne, dass Frauen eben nur als »witzig« oder »sexy« wahrgenommen werden könnten. Weil er mein Äußeres als ansprechend empfand, riet er mir, ich solle mir doch einen Autor besorgen, der für mich Witze in mein Programm schreiben sollte. Dass ich für diverse erfolgreiche Comedians als Autorin tätig war, wusste er nicht. Ich dachte an erfolgreiche Kolleginnen und fragte ihn, was er von Komikerinnen wie Martina Hill, Carolin Kebekus oder Lena Liebkind halte, und er sagte kurz und knapp: »Zu blond, zu vulgär und nicht fickbar.«

Das WLAN in dem Club funktioniert nicht, also laufe ich zur Bar zurück, um Nachrichten von Lizzy empfangen zu können. Früher habe ich mich voller Begeisterung darüber aufgeregt, wenn Menschen in einem Club, einer Bar oder einem Restaurant nach dem WLAN-Passwort fragten. Wer braucht denn in einem Club WLAN?, dachte ich. Nur damit man ein verwackeltes Foto posten kann, das aussieht, als hätte man einer Katze die Kamera an den Schwanz gebunden? Für mich waren das Leute, die kein echtes soziales Leben haben. Aber gerade belehre ich mich eines Besseren. Es gibt auch solche wie mich, die das WLAN brauchen, weil sie kein einheimisches Handy haben, aber mit anderen in Kontakt sein wollen, ohne enorme Roaming-Gebühren zu zahlen.

Vor der Bar mache ich ein paar ungelenke Bewegungen am Fenster, um das drahtlose Internet zu nutzen, ohne hineingehen zu müssen, denn der Laden platzt inzwischen aus allen Nähten. Nach einer Yoga-ähnlichen Rückbeuge macht das Telefon endlich Anstalten, sich zu verbinden. Dabei bekomme ich einen Krampf im Rücken, drehe mich mit schmerzverzerrtem Gesicht zur Seite und stoße mit dem Arm gegen einen Becher. Platsch. In letzter Sekunde greife ich mit der freien Hand zu, schnappe den Getränkehalter, gerade bevor sich der komplette Inhalt auf die Straße ergießen kann, und ramme dabei dem Becherbesitzer meinen Ellbogen in die Rippen. Seine Miene verfinstert sich kurz, und er fasst sich schmerzverzerrt an die Seite. Dann hellt sich sein Gesicht wieder auf: Ich präsentiere ihm stolz den durch mein Verschulden verkippten, aber immerhin noch zur Hälfte geretteten Gerstensaft und setze meinen, wie ich finde, sexy Schulmädchenblick auf, plinkere heftig mit den Wimpern und hauche ihm ein »Uhh, I'm so sorry« entgegen. Dabei berühre ich ihn sanft am Arm. Männer mögen das. Er stellt sich mit israelischem Akzent vor. Das klingt für mich so, als ob ein Kind französisches Englisch mit russischem Einschlag spricht. Er teilt mir mit, dass er Noam heißt und New Orleans fabelhaft findet. Ich sage ihm meinen Namen und bekomme gleich Küsschen rechts und links, als hätte ich eine großartige Leistung vollbracht. Völlig unvermittelt, wir kennen uns ja nicht einmal eine Minute, bietet er mir an, die Nacht mit ihm zu verbringen. Im Hilton. In der Suite. Trotz seines forschen Angebotes schaut er mich unschuldig und mit großen Augen an.

Selbst wenn ich erwogen hätte, darauf einzugehen, verliert die Idee innerhalb von Sekunden den Charme, als sich herausstellt, dass seine vier Freunde ebenfalls in dem Zimmer nächtigen. Danke, nein, aber Nein!

Von hinten tippt mir jemand auf die Schulter: Lizzy. Sie hat vergessen, wo wir uns treffen wollten, und ist zum »Maison«

zurückgekommen. Ihre Augen sind jetzt noch schmaler, aber sie sieht deutlich zufriedener aus als vorhin. Wir lassen die Boys stehen und spazieren durch die Straßen von New Orleans. Als wir an einem Tierfachgeschäft vorbeikommen, in dessen Schaufenster Katzenkratzbäume ausgestellt sind, ist sie außer sich vor Begeisterung. Der Grund ist ein puscheliger Stubentiger, der zusammengerollt auf einem der Manikürebauten liegt und schläft. Lizzy sagt, das sei das Beste, was sie je gesehen hat, die ausgefeilteste Marketingtechnik, die sie sich nur vorstellen könnte. Dabei kneift sie mich immer wieder in den Arm. Ob mir nicht klar sei, wie brillant diese Idee ist, Kratzbäume anzupreisen, indem man echte Katzen drauflegt. Das sei doch völlig abgefahren. Ich pflichte ihr bei. »Wie ein Spielplatz für Katzen«, ruft sie. »Das sollte man mit Kindern auch so machen, wenn man zum Beispiel Geräte für Kinderspielplätze verkauft«, sage ich, um sie zu necken, und löse einen weiteren Begeisterungssturm aus. Da fällt mir wieder ein, dass sie Gras rauchen wollte und dass es anscheinend seine Wirkung nicht verfehlt hat.

Ménage à Trois

Am nächsten Abend treffe ich Lizzy wieder. Sie hält ihr Smartphone in der Hand, sieht mich bedeutungsvoll an und erklärt, dass sie da drauf eine Liste von Orten hat, die sie unbedingt noch sehen muss, bevor sie zurück nach Dallas fährt. Für heute Abend stehen zwei an. Als Erstes will sie in die Bar »Arnaud's French 75«. Die war bis 1979 nur für Männer, wurde dann zu einem Restaurant erweitert, und inzwischen haben auch Frauen Zutritt. Außerdem gibt es hier den berühmten »French 75 Cocktail«, den Lizzy einmal in ihrem Leben probiert haben möchte.

Auf dem Weg passieren wir eine Hauptstraße, an der mehrere Appartementkomplexe stehen. Eine Frau schreit um Hilfe.

Beunruhigt versuchen Lizzy und ich, die Geräuschquelle herauszufinden. Wieder hören wir die Stimme, dieses Mal noch hysterischer und ängstlicher als zuvor. »Hilfe! Lass mich raus, lass mich los, ich will hier weg!« Lautes Hundegebell ist zu hören und eine Männerstimme, die »Bleib hier, hör verdammt nochmal auf zu schreien!« brüllt.

Sofort muss ich an das Motel denken und die Frau, die mich nachts wach gehalten hat. Doch dieses Mal muss ich etwas unternehmen. Diese Frau hier, das spürte ich, hatte große Angst. Als ich mich dem Tor zum Innenhof nähern will, hält Lizzy mich am Arm fest. »Was willst du machen?«

»Helfen«, antworte ich und gehe festen Schrittes auf das Tor zu. Jetzt kann ich sehen, dass der Mann die Frau in eine Ecke gedrängt hat. »HEY!!!«, rufe ich, so laut ich kann, auch in der Hoffnung, dass weitere Menschen auf der Straße aufmerksam werden.

»Lass das Mädchen los! Sofort!« Lizzy kommt dazu und stimmt ein. »Lass sie in Ruhe, oder ich rufe die Polizei, du Arschloch!« Ich bin erstaunt, wie fest und erbost ihre Stimme klingt. Der Mann lässt kurz von der Frau ab, um durch das Tor zu sehen, mit wem er es hier zu tun bekommt. In diesem Moment wünsche ich mir, dass Lizzy und ich zwei Meter große Profiboxerinnen wären. Die Frau nutzt den Augenblick, um sich loszureißen und durch das Tor zu ihrem Auto zu rennen, das in der Einfahrt steht.

»Verdammte Scheiße, nein«, ruft ihr Angreifer. »Bleib hier!« Er rennt gefährlich nah in unsere Richtung, weil wir uns unmittelbar neben dem abgeschlossenen Auto befinden, in dem die Frau mittlerweile sitzt. Ein Passant bleibt stehen, ein anderer kommt aus dem Haus daneben gelaufen. Zwei Gedanken treffen in meinem Gehirn zusammen. Erstens: Puh, ein Glück, dass wir hier nicht mehr alleine sind. Und zweitens: Wenn der Mann wirklich gefährlich ist, hätte seine Freundin uns auch anbieten können, mit ins Auto zu einzusteigen.

Während sie den Motor aufheulen lässt und mit quietschenden Reifen davonrast, konzentriert sich die Wut des Mannes auf uns vier, die wir übrig geblieben sind. »Ihr habt doch keine Ahnung. Warum mischt ihr euch in unseren Scheiß ein? Wir haben nur gestritten, und sie wird dann immer hysterisch. Fuck, ich habe sie nicht angerührt. Ihr blöden Arschgeigen macht hier einen auf Helden, oder was. Verpisst euch, sonst wird's ungemütlich.«

»Sah aber etwas anders aus«, kommentiert der Passant

das Geschehen. Der Nachbar, der bisher noch nichts gesagt hat, weist Lizzy und mich an zu gehen. »Schon okay, Ladys. Ich kümmere mich darum.«

Mir ist klar, dass wir hier nichts mehr ausrichten können, und wir ziehen ab. Aufgewühlt diskutieren wir über das, was gerade passiert ist: »Was, wenn sie tatsächlich immer so streiten und sie nur hysterisch ist?«, fragt Lizzy. »Selbst wenn«, erwidere ich. »Wenn jemand so um Hilfe ruft, braucht er auch welche. Es gibt doch keine Rechtfertigung dafür, jemanden so anzupacken, wie er es getan hat, oder? Wenn eine Frau gehen will, dann muss sie gehen dürfen. Egal, ob für fünf Minuten oder für immer«, sage ich. »Wahrscheinlich hast du recht«, erwidert Lizzy. »Er war ja auch viel stärker als sie.« Wir stellen uns die Situation einmal anders herum vor. Das löst Heiterkeit aus, weil wir beide an das Bild einer italienischen Frau denken müssen, die ihrem Gatten mit dem Nudelholz hinterherjagt.

Egal, ob Mann oder Frau Hilfe benötigt, man sollte immer helfen. Lizzy ermahnt mich, dass ich so etwas nie alleine machen sollte. Ich verspreche ihr, in Zukunft vorsichtig zu sein. Ein solcher Leichtsinn hatte mich schon einmal in eine brenzlige Situation gebracht, als ich es mit ein paar Nazis aufzunehmen versuchte, die einen Afroamerikaner an einem Bahnhof verkloppten. Weil sie auf mein Rufen hin nicht von ihm abließen, drängte ich mich dazwischen und kassierte eine saftige Backpfeife auf meine linke Wange. Ein paar Bahnhofsgäste kamen zu Hilfe, ich vermute, weil jetzt auch eine Frau in den Tumult verwickelt war. Die Nazis nahmen die Beine in die Hand, und ich lief den Tag über mit einer dicken Backe rum.

Als wir im »Arnaud's French 75« ankommen, ist es rammelvoll und fühlt sich wie eine Zeitreise an. Das Interieur erinnert an die zwanziger Jahre, und auch die Gäste, die sich dicht an dicht in die Sitznischen und an den Tresen drängen, wirken so, als ob sie aus dieser Zeit stammen würden: Die Männer tragen Anzüge, die Frauen edle Abendkleider. Während ich noch im Eingang stehe und mich komplett falsch angezogen fühle in meiner schwarzen Jeans und der schwarz-rosa gepunkteten Bluse, hat Lizzy bereits zwei Plätze an der Bar ergattert. Wie macht sie das nur?

Sie schält sich aus ihrem Trenchcoat, unter dem ein leuchtend rotes Kleid zum Vorschein kommt. »Soll ich für uns bestellen?«, fragt sie und hantiert dabei mit der in Leder gebundenen Getränkekarte. Ich beobachte, wie eine groß gewachsene Blondine in einem Anzug, der Marlene Dietrich gehört haben könnte, an einem der Tische zwei Männer gleichzeitig bezirzt, die an ihren Lippen hängen. Es wundert mich, dass ich hier überhaupt reingelassen worden bin – mit Turnschuhen. Als ich mich wieder zu Lizzy drehe, stehen bereits zwei Sektgläser mit dem legendären French 75, einem Cocktail aus Gin, Champagner und Zitronensaft, vor uns. »Ich lade dich ein! Auf uns Mädels!«, flötet sie mir entgegen, und wir stoßen an. Nach dem zweiten Schluck riskiere ich einen Blick in die Karte. 13,75 Dollar plus Steuern für die 0,1 Liter Sektflöte. Während ich noch überlege, ob das für einen echten Champagnercocktail teuer oder günstig ist, kippt Lizzy bereits den letzten Schluck runter und schiebt dem Barkeeper den Ledereinband samt Kreditkarte herüber. »Komm, lass uns weiterziehen«, sagt sie mit der Unruhe eines jungen Tigers, der in einem viel zu kleinen Käfig steckt. »Aber wir sind doch gerade mal zehn Minuten hier«, entgegne ich. »Egal, wir müssen jetzt zur ›Carousel Bar‹. Dort darf man nicht zu spät auftauchen, wenn man noch einen Platz kriegen will.«

Normalerweise wäre das der Zeitpunkt, an dem ich jemanden lieber ziehen lasse und allein in der Bar bleibe, als mich hetzen zu lassen. Aber da ich mir in diesem Etablissement sowieso nichts wirklich leisten kann, ziehe ich mit ihr weiter.

Die »Carousel Bar« befindet sich in einem der nobelsten Hotels in New Orleans, dem »Monteleone« in der Royal Street im French Quarter. Bereits von außen wirkt das Gebäude imposant, die Fassade in Weiß, mit großen Fahnenhaltern und aufwendigem Stuck, wie das »Atlantic« in Hamburg oder das »Adlon« in Berlin.

Ich fange an zu schwitzen, weil wir an der Tür von einem Concierge beäugt werden, dessen Job es ist, die unbeliebten, lauten und schlecht angezogenen Touristen von den eleganten Hotelgästen zu unterscheiden und gegebenenfalls den Einlass durch die goldene Drehtür zu verwehren. Wie immer marschiert Lizzy selbstbewusst und mit charmantem Augenzwinkern am Türsteher vorbei. Sie kommt mir wie ein Chamäleon vor, das innerhalb kürzester Zeit den Stil seiner Umgebung annehmen kann. Ich vermute, das war genau das, was ihren Exfreund dazu gebracht hat, sie zu verlassen. Sie war ihm zu wankelmütig, zu angepasst, zu farblos und zu anhänglich. Der Fakt, dass sie mit ihren siebenundzwanzig Jahren noch niemals irgendwo alleine hingefahren war, scheint dies zu unterstreichen. Vielleicht begleitete ich sie deshalb so gerne, weil ich spürte, wie viel Energie es sie gekostet haben muss, ein Wochenende alleine wegzufahren. Jetzt kann ich sehen, wie sie immer selbstbewusster wird. Sie hat jemanden neu kennen gelernt (mich) und für ihre Verhältnisse verrückte Sachen gemacht, wie zu kiffen oder jemanden anzubrüllen. Das ist doch schon mal ein Anfang.

Von der Hotelhalle führt eine kleine Treppe zur »Carousel Bar«. Um das Zentrum des Tresens ist ein altes Karussell gebaut, daher der Name. Die Gäste sitzen auf Pferdchen, Schweinchen, Autos oder worauf man im Fahrgeschäft sonst noch Platz nimmt. »Eine Runde«, erklärt mir Lizzy belustigt, »dauert fünfzehn Minuten!«

»Und dann muss man ausgetrunken haben, und die Nächsten steigen ein?«, frage ich sie witzelnd, woraufhin sie mich mit »Gute Frage« belohnt und im dichten Gedränge verschwindet. Kurz darauf kommt sie mit enttäuschtem Gesichtsausdruck zurück. »Leider nein. Man muss warten, bis etwas frei wird.« Ich schmunzele in mich hinein. Das wäre natürlich perfekt für sie gewesen: fünfzehn Minuten, ein bis zwei teure Drinks, und ab in die nächste Bar. Wir versuchen, uns dichter an die begehrten Plätze heranzuschieben. Das Lauern gestaltet sich ziemlich schwierig, weil sich die Menschen an der Bar drehen. Es kommt mir wie eine groteske Gameshow vor, bei der man darauf wettet, wer als Nächster »abspringt«, aber zusätzlich die Rotation mit berechnen muss, um am Ende nicht auf dem falschen Feld zu landen. Pech in der Liebe, Glück im Spiel, denke ich und sage Lizzy, dass ich kurz auf die Toilette gehe, in der Hoffnung, dass sie, wenn ich wieder da bin, einen Platz für uns gewonnen hat. Als ich zurückkomme, bin ich enttäuscht. Ich hatte fest damit gerechnet, dass sie mir mit einem Cocktail in der Hand von einem der Barstühle zufrieden zuwinken würde. Aber sie schleicht immer noch langsam um das Karussell herum, bemüht, möglichst wenig Wartende anzurempeln.

Als ich sie fast erreicht habe, erhellt sich ihr Gesicht, und sie ruft mir mit dem Finger zeigend zu, als ob es um Leben und Tod ginge: »DAAA!« Ich sehe das Paar, das sich gerade von seinen Plätzen erhebt und die Jacken anzieht, und schnelle nach vorne. Ich schaffe es, mich auf einen der Stühle zu quetschen und meine Jacke in Mallorca-Touristen-Manier auf den daneben zu werfen, ehe mir ein dicklicher Mann den Platz streitig machen kann. Dummerweise hat er eine Hand auf dem Barhocker, und wir beginnen einen stummen Wettkampf, bei dem wir uns in die Augen starren. Ich sehe eine zierliche Hand, die auf seine Schulter tippt, den zugehörigen Körper verdeckt er komplett. Wie die Hand aus der Addams Family, die völlig autark ihr Unwesen treibt. Der korpulente Mann versucht, sie zu ignorieren, und stiert mich weiter an. Das Händchen tippt ihn erneut an und beginnt, an seinem Hemd zu ziehen. »Sir«, setze ich an, doch jetzt wandert die kleine Gliedmaße mit ausgestrecktem Finger an seinen speckigen Hüften entlang und piekt ihn kräftig in die Seite. »Was zum …«, beginnt er und dreht sich nach seinem Peiniger um. Zu seiner Überraschung steht hinter ihm ein zartes, liebliches Geschöpf, Lizzy, das ihm ein »Ladies first, darling« entgegenhaucht und sich selbstbewusst an ihm vorbei auf meinen Stuhl mit der Jacke quetscht. Der Mann zieht einen imaginären Hut vor ihr und fragt sie, ob sie nicht etwas mit ihm trinken wolle. »Nö«, antwortet sie flapsig, und er verabschiedet sich mit einem halblaut genuschelten »Scheiß Schlampen«.

»Lizzy, ich will dich ja nicht enttäuschen, aber wir sind jetzt bestimmt schon zwanzig Minuten hier, und ich denke, wir sollten bald mal wieder los«, lache ich sie an. Woraufhin sie auch mich mit ihrem Finger piekt und erklärt, ihr sei durchaus bewusst, dass unser Abgang im »French 75« merkwürdig war.

Die Preise im Carousel sind ähnlich saftig. Lizzy und ich bestellen je einen Sazerac. Das ist ein Cocktail mit Roggenwhisky, Zuckersirup und einem Bitter. Einer der drei Barkeeper macht sich daran, unsere Getränke herzustellen, während uns ein anderer schon mal zwei Gläser Leitungswasser kredenzt. Das Witzige an einer Bar, in der sich die Gäste drehen, ist, dass die Barkeeper, wenn sie die Getränke fertig haben, den passenden Gast suchen müssen.

Plötzlich hören wir hinter uns eine Stimme, die höflich

fragt, ob sie kurz mit aufspringen dürfte. Sie gehört einem Mann, schätzungsweise Ende fünfzig, der mit seinem Anzug eher den Eindruck eines Staubsaugervertreters macht als den eines einflussreichen Geschäftsmannes, den man in so einer Bar vermuten würde. Er versuche seit zehn Minuten ein Getränk zu bestellen, erklärt er gestresst. »Ich will ja noch nicht einmal an der Bar sitzen«, fügt er hinzu. Wir erlauben ihm, sich zwischen uns zu platzieren.

Dann folgt das obligatorische Vorstellen, wie man heißt und woher man kommt: »Ich bin Lizzy, ich komme aus Dallas.« »Ich bin Hank, ich komme aus Detroit.« »Ich bin Kathi, ich komme aus Berlin, Deutschland.« Hank schaut mich verdutzt an. »Wirklich? Du bist Deutsche?« »Ja …«, antworte ich zögerlich, weil ich seinen Gesichtsausdruck nicht deuten kann. Irgendetwas zwischen verwirrt und überrascht, aber ich kann nicht einordnen, ob positiv oder negativ. Hank beginnt unaufgefordert zu erzählen: »Mich hat heute eine Übersetzerin hängen gelassen. Ich habe von meiner Mutter die Tagebücher meiner Großmutter geerbt. Sie sind in alter deutscher Sprache geschrieben, die nicht jeder lesen kann, und ich hatte gehofft, dass die Frau mir helfen könnte, sie zu übersetzen, sodass ich mehr über meine Familie erfahre. Und jetzt treffe ich hier heute Abend zufällig eine Deutsche. Ist das nicht irre?«

»Oder Zufall«, gebe ich zu bedenken. In Lizzys Augen sehe ich ein verschwörerisches Funkeln. »Kannst du das nicht übersetzen? Das wäre doch voll cool!«, ermutigt sie mich. »Ich kann es versuchen«, sage ich. »Hast du die Bücher dabei? Dann kann ich ja zumindest mal reingucken!«

»Ja, ja, ja!«, ruft Hank aufgeregt wie ein Junge, dessen Vater gerade zugestimmt hat, sein neues Fahrrad zusammenzubauen. »Ich hole sie schnell aus dem Zimmer. Ihr wartet hier, okay? Ich bezahle auch die Drinks. Aber ihr wartet, ja?«

»Klar«, beruhigt Lizzy ihn. »Es könnte höchstens sein, dass wir dann da vorne sind!«, erklärt sie lachend und zeigt mit dem Finger auf die andere Seite der Bar. Hank nickt hochkonzentriert und eilt in Richtung der Hotelfahrstühle.

»Wir nehmen noch zwei!«, ruft Lizzy in Richtung der Barkeeper. Als sie sieht, dass ich eine Augenbraue hochziehe, entgegnet sie gelassen: »Was denn? Er hat doch gesagt, dass er bezahlt. Diese Übersetzerin hätte bestimmt auch einiges gekostet.«

Als Hank zurückkommt, trägt er drei Tagebücher und einen Stapel vergilbter Briefumschläge vor sich her, als würde er ein Dutzend rohe Eier in seinen Armen halten. Es dauert ein paar Minuten, bis ich mich in die altdeutsche Schrift eingelesen habe. Die vielen hohen Bögen der Buchstaben machen es schwer, »h«, »f«, »l« und »t« voneinander zu unterscheiden. Während ich lese, erzählt Hank, dass seine Großmutter 1922 nach Amerika kam, um mit einem Mann namens James zusammen zu sein, den sie in Deutschland kennengelernt hatte.

»Wann wurde deine Oma geboren?«, frage ich, während ich das älteste Tagebuch in den Händen halte. Es beginnt 1917.

»Im Jahr 1900«, antwortet er mit unüberhörbarem Stolz in der Stimme, als ob dieses Geburtsdatum eine besondere Leistung seiner Oma wäre. »Na, dann schauen wir mal, was im Leben deiner Großmutter so los war, mit siebzehn«, beginne ich meine Lesestunde.

Lizzy und Hank beugen sich geheimniskrämerisch zu mir herüber. Wie drei Schulkinder, die in einem Baumhaus das erste Mal ein Playboy-Magazin ansehen, sitzen wir da. Auch beim Lesen fühle ich mich wie ein Vorschüler, weil ich immer wieder über einzelne Wörter stolpere, die ich mir nicht erschließen kann.

»Kein Problem, lass dir Zeit«, sagt Hank, »meine Mutter hat leider kein Deutsch mehr gesprochen, und ich habe es auch nie gelernt. Aber es klingt wirklich wunderschön«, ermutigt er mich weiter, und ich frage mich, wie viele Drinks er wohl schon gehabt hat.

Das Jahr 1917 war für Hanks Großmutter Helga eines, das ihr Leben für immer verändern sollte. Auf einer Reise, die sie angetreten hatte, um Verwandte am Rhein zu besuchen und deren Kinder zu hüten, hatte sie besagten James kennengelernt. Die beiden trafen sich zwei Wochen lang fast jeden Tag. Das beschreibt Helga so:

»Er hat etwas an sich, was mich ihn bewundern lässt. Auch wenn er kein großer Mann ist, so ist es die Art seines Ganges, durch die er höher gewachsen scheint.

Wir spazieren gemeinsam, ich stets mit Hut, Rock und Mantel, er mit einer Weste und Schuhen aus Boxcalf. Unten am Rhein schaut er mich an, und während die Kinder vorlaufen, pflückt er mir eine Blume. Ich weiß nicht, was es bedeuten soll, dass ich mich so fahrig fühle, die Luft ist noch kühl, und dennoch spüre ich eine Wärme, die mich an die Zeit erinnert, als ich jünger war und unbekümmert.«

Lizzy ist den Tränen nahe. Zweifellos denkt sie an ihren Exfreund und hat schrecklichen Liebeskummer. Hank hingegen wirkt aufgekratzt und lechzt danach, mehr zu hören von der Romanze seiner Omi mit seinem Opa. Ich frage mich, wie es sein kann, dass ein Amerikaner und eine Deutsche in dem Jahr, in dem die Vereinigten Staaten in den Ersten Weltkrieg eintraten, am Rhein entlangflanierten.

»Weißt du, was dein Opa beruflich gemacht hat?«, frage ich Hank.

»Er war beim Militär«, antwortet er knapp. Vielleicht war er ein amerikanischer Spion?

Es stellt sich heraus, dass Lizzys Geschichtskenntnisse

katastrophal sind: Sie verwechselt den Ersten mit dem Zweiten Weltkrieg und stellt fest, dass alles doch kein Problem gewesen sein sollte, wenn Hanks Oma keine Jüdin war. Hank wirkt fast beschämt, weil ihm klar wird, wie wenig er über seine Familie weiß. »Ich schätze, man muss erst alt sein, um sich dafür zu interessieren – und dann ist es vielleicht schon zu spät.«

Um die Stimmung etwas zu heben, lese ich weiter. Es stellt sich heraus, dass James nach seinem Aufenthalt am Rhein noch länger im Kaiserreich unterwegs war. Es dauert teilweise Monate, bis Helga einen Brief von ihm beantwortet bekommt. Die Post, die sie ihm schickt, hat sie für ihre Tagebücher abgeschrieben. Wenn ich jemandem in dem Wissen schreiben würde, dass die Antwort erst in ein, zwei, drei oder sogar vier Monaten kommt, würde ich mir auch eine Kopie machen.

James hält sich in seinen Briefen kurz. Er bedankt sich höflich für Helgas Post, fragt nach dem Befinden ihrer Familie und erzählt einen kleinen Schwank, wie er einen Kaffee getrunken hat oder alleine spazieren war. Helga erzählt ihm ausführlich, wie es allen geht, und schreibt, wie sie sich ihr Leben in Amerika vorstellt: Dort würde sie ganz viel Schokolade essen. Nur in einem Brief aus dem Jahr 1918 erwähnt sie, dass »seit Vaters Einsatz sein Bein ganz schlimm ist und er noch weniger als sonst spricht.« Sonst findet der Krieg keinerlei Erwähnung in ihrer Korrespondenz. 1920, James ist immer noch unterwegs, geschieht es dann. Helga hat einen anderen Mann kennengelernt.

Hank echauffiert sich künstlich. Die Frauen in seiner Familie hätten es schon immer faustdick hinter den Ohren gehabt, aber er wisse bereits, wie die Geschichte ausgeht. Der neue Mann hieß Otto und lebte im Nachbarort. Helga kannte ihn, weil er ihrem kranken Vater Medikamente brachte, manchmal auch ein paar Eier für die Mutter und Papier für Helga. Otto war ein sensibler Mann, zumindest lesen sich so seine Briefe, die schon allein aus geografischen Gründen häufiger ankommen als die von James. Frage von Otto, bereits nach ein paar Wochen: »Liebst du mich auch? Diese Frage drängt aus meiner Brust mit Sehnsuchtshauch, gleich einem Schwur, hoffe ich, platzt es aus dir heraus, die Antwort, sie muss heißen ›Ja, ich liebe dich auch!‹.« Oh, oh.

Kurz darauf wird in Helgas Tagebuch klar, wie die Antwort lautet. Sie hat ein Foto von Otto eingeklebt und daneben eine Locke von ihm. Es fühlt sich merkwürdig an, im Jahr 2017 in einer Bar in New Orleans zu sitzen und über das Haar eines fremden Toten zu streichen, das er fast hundert Jahre zuvor seiner Angebeteten geschenkt hat.

Lizzy ertränkt ihren Kummer in einem weiteren Cocktail und sieht Hank und mich an, als ob sie gierig auf eine neue Folge ihrer Lieblings-Netflix-Serie warte.

»Wie ist es ausgegangen?«, fragt sie, deutlich angetrunken. Anscheinend kommt es ihr nicht in den Sinn, dass wir hier nicht säßen, wenn Hanks Oma damals den Deutschen genommen hätte.

Am 21. Februar 1921 ist Otto sehr unglücklich. Eine kurze Notiz, die Helga eingeklebt hat, verrät, dass er nur ein einziges Anliegen hat. »Bitte, geh nicht fort« steht darauf. Parallel schreibt Helga, dass es nun nicht mehr lange dauern würde, bis James zurückkäme und ihr Vater sie ihm anvertrauen würde. Ihre Zukunft sei Amerika, denn »so versprochen und erwartend habe ich all diese Jahre gehofft und gebangt, doch nun kommt er und nimmt mich mit fort«. Interessant finde ich die Wortwahl. Er nimmt sie mit fort. Das Wort, das auch Otto gebraucht hatte.

Weihnachten 1921 bekommt Helga zwei Briefe. Einen von jedem Mann. James schreibt, dass er seine letzten Geschäfte abgewickelt habe, bald die Rückreise zu ihr antreten und sie dann zusammen von Bremerhaven nach Amerika fahren würden. Die Hochzeit müsse vorher stattfinden, um die Einreise zu erleichtern. Das war damals genauso aktuell wie heute. Auch ich habe in meinem Bekanntenkreis drei Paare, die geheiratet haben, um problemlos zusammen in Deutschland oder Amerika leben zu können.

Der zweite Brief ist von Otto, mit den besten Wünschen zum Weihnachtsfest und der dringlichen Bitte, Helga noch einmal alleine treffen zu können, bevor sie Deutschland für immer verlässt.

»Und? Haben sie sich nochmal getroffen?«, fragt Lizzy aufgeregt.

Ich blättere die letzten Seiten des letzten Buches durch.

Helga beschreibt das Weihnachtsfest in ihrer Familie und die Silvesterfeier, bei der es Eierlikör gab. Danach gibt es nur noch ein einzelnes Wort auf der letzten Seite: Otto.

»Ich wette, sie haben sich getroffen. Sonst hätte sie doch nicht seinen Namen geschrieben«, wirft Lizzy ein.

Wir schauen erwartungsvoll zu Hank, als ob er Licht ins Dunkel bringen könnte. »Das kann ich euch nicht sagen, ich weiß nur, dass sie 1922 mit meinem Großvater nach Amerika ging und im Folgejahr meine Mutter geboren wurde.«

»Zeig nochmal die Bilder!«, fordert Lizzy und hält kurz darauf mit prüfendem Blick die Bilder der beiden Männer neben Hanks Gesicht. »An welchem Datum wurde sie genau geboren?«

»9. Januar 1923. Wieso?«, fragt er. Er scheint wirklich keine Ahnung zu haben, worauf sie hinauswill.

»Naja, wenn sie, sagen wir mal, im April losgefahren sind und sie noch mit Otto *Kontakt* hatte, dann könnte es doch sein …«

»Niemals.« Jetzt hatte auch er es begriffen.

»Meine Oma hat meinen Opa geliebt. Sie haben noch in Deutschland geheiratet, und sie war ihm treu. Niemals war meine Omi eine Ehebrecherin.«

»Gibt es denn nicht noch mehr Tagebücher?«, fragt Lizzy, ohne Rücksicht auf Hanks Gefühle zu nehmen.

»Das weiß ich nicht«, antwortet Hank, und in seiner Stimme schwingt Betroffenheit mit. Um die Lage etwas aufzuheitern, nehme ich mein Glas und proste den beiden zu. »Ich glaube, deine Omi war eine ganz tolle Frau. Auf Helga!«

»Und auf James!«, fügt Hank hinzu, und Lizzy kann es sich nicht verkneifen, noch ein »Und auf Otto!« beizusteuern.

Texas: unter Banditen

Von New Orleans fahre ich weiter nach Texas, doch dieses Mal lasse ich die Familie aus und fahre durch die Walachei. Ich wollte raus aus der Stadt, rein ins Leben, dorthin, wo die echten Menschen wohnen, so wie Onkel Sam es beschrieben hatte. Entlang der staubigen Landstraße sehen die Häuser anders aus als in den »Gated Communities«. Sie sind klein und heruntergekommen. Keine tolle Natursteinfassade wie bei Onkel Sam und Tante Barbara, kein perfekt gewässerter Rasen im Vorgarten. Holz mit abgeplatzter Farbe und braune Ödnis dominieren hier die Nachbarschaft, wenn man es denn so nennen kann. Auf zwei der schmalen Veranden, die schätzungsweise zwanzig Meter voneinander entfernt liegen, stehen alte, vom Wetter gegerbte Schaukelstühle, die mein Gehirn sofort mit Schrotflinten komplettiert. Ein Klischee aus der Filmkiste. Mir ist mulmig zumute. Ich bin losgelaufen, um dem tristen, kleinen Motelzimmer zu entfliehen. Bisher habe ich noch keinen anderen Fußgänger entdeckt. Wie soll ich so mit jemandem ins Gespräch kommen? Menschen gibt es hier nur in überdimensional großen Autos, die an mir vorbeibrausen. Ich erinnere mich, dass ich am nahegelegenen Highway ein paar Läden und sogar eine Bar gesehen habe. Ich schlage also diese Richtung ein. Es ist zwar erst halb sechs, aber die hereinbrechende Dunkelheit hat bestimmt schon den einen oder anderen Anwohner in die Kaschemme verschlagen.

Nach einem fünfzehnminütigen Fußmarsch, für den Tante Barbara mir sicherlich einen Vogel gezeigt und gepredigt hätte, wie gefährlich das sein kann, erreiche ich die Straße am Zubringer zum Highway. Auf dem Parkplatz der angrenzenden Bar stehen zwei Autos und drei Motorräder. Das lässt auf mindestens fünf Personen schließen, also entscheide ich mich dafür hineinzugehen. Schon von außen erinnert mich das Etablissement, wie so vieles hier in Texas, an die Kulisse eines Tarantino-Films. Eine summende Leuchtschriftreklame verspricht ein lockeres, kaltes Bier. Als ich eintrete, richten sich die Blicke der anderen Gäste auf mich. Drei Biker sitzen an einem Tisch und rauchen, und ein älterer farbiger Mann hockt an der Bar. Am Tresen steht eine Frau, die mich optisch an eine jüngere, aber deutlich verbrauchtere Version von Dolly Parton erinnert. Sie hat ihre blondierten Haare zu einem hohen Pferdeschwanz gebunden und den Ansatz mächtig auftoupiert. Dazu trägt sie starkes Augen-Make-up und knallroten Lippenstift, ihr üppiges Dekolleté droht aus ihrer rotkarierten Bluse zu hüpfen. »Kann ich dir irgendwie helfen, Schätzchen?«, fragt sie. Ich nehme aus den Augenwinkeln wahr, wie die anderen mich taxieren. »Ich hätte gerne eine Cola Light.« »Mit Wodka oder Whiskey?«, hakt sie mit rauer Stimme nach. »Mit Eis und Zitrone bitte.« Ihr Mund mit dem pinken Lippenstift verzieht sich. »Weißt ja, wie das ist«, schiebe ich noch nach, ohne genau zu wissen, ob ich mich gerade als trockenen Alkoholiker ausgegeben habe oder ihr unterstelle, einer zu sein.

Sie reicht mir das Getränk mit viel zu viel Eis über den Tresen und fragt, ob ich einen Deckel machen will oder gleich zahlen möchte. »Lieber gleich«, antworte ich, während ich ihr betont lässig einen Zehner hinhalte. »Das macht zwei

Dollar, Schätzchen«, setzt sie mich über den Preis ins Bild und gibt mir mein Restgeld. Ich lasse ihr zwei 25 Cent Münzen auf dem Tresen liegen.

Dann suche ich mir einen der zehn Tische aus, von dem ich sowohl die Bar als auch den Eingang im Auge habe, das ist eine Marotte von mir. Hinter dem Tisch mit den Motorradjungs entdecke ich eine kleine Bühne. Die Wände links und rechts davon sind mit Leuchtreklamen, Postern, ein paar Cowboyhüten und kleinen Fähnchen, die texanische Sportclubs repräsentieren, behangen. In einer Nische steht ein Billardtisch, der darauf wartet, bespielt zu werden.

Einer der Männer in schwerer Lederjacke und einer fransigen Jeansweste steht auf und geht zur Bar, die brennende Kippe im Mundwinkel. Asche fällt auf den hölzernen Boden. Komisch, denke ich, ich war auf meiner USA-Reise noch in keiner Bar, in der das Rauchen gestattet war. Wahrscheinlich habe ich ihn und seine Zigarette einen Moment zu lange angesehen, denn prompt kommt er an meinen Tisch. Wie alt er ist, kann ich schwer schätzen, da ein üppiger, ungepflegter Vollbart drei Viertel seines Gesichts verdeckt.

»Wie geht's?«, fragt er. Seine Stimme ist tief und heiser. »Ähm, gut, danke. Und selbst?«

»Gut. Auf wen wartest du?«

»Ich warte auf niemanden, denke ich.«

»Wo kommst du her?«, setzt er seine Fragereihe fort. Kurz bin ich geneigt, »aus New Orleans« zu sagen, was theoretisch korrekt ist. Allerdings ist mir klar, dass die Antwort anhand meines kleinen Akzents wahrscheinlich unbefriedigend für ihn sein würde.

»Aus Deutschland«, antworte ich also wahrheitsgemäß, was dazu führt, dass er sich ungebeten an meinen Tisch setzt, nachdem er der Barfrau mit der Hand ein Zeichen gibt, dass sie noch eine Runde Getränke bringen soll.

»Deutschland, das ist Klasse. Pete, John, bewegt mal eure Ärsche rüber, hier ist ein Mädchen aus Deutschland.«

Einer der beiden, John oder Pete, winkt ab.

»Mein Name ist übrigens Dough«, sagt er mit fester Stimme, als ob das schon mal jemand angezweifelt hätte. Dazu hält er mir seine grobschwielige Hand hin. »Ich bin Kathi.« Überraschenderweise ist sein Händedruck nicht so kraftvoll, wie ich es erwartet habe. »Wo bleiben denn die Drinks?«, ruft einer seiner Kumpane herüber. »Ich kümmere mich darum! Bin gleich zurück, nicht weggehen«, erwidert Dough und steht auf.

Ich gucke zu seinen Kumpels und sehe den Namen eines Motorradclubs auf ihren Jacken. Rote Schrift auf gelbem Grund: Bandidos. Darunter das Abbild eines seitlich stehenden, bärtigen Mannes, der einen Sombrero trägt, zwei sich kreuzende Patronengurte über dem hervorstehenden Bauch, eine Pistole in der einen und einen Säbel in der anderen Hand. Links davon lese ich: 1%ler.

Kurz überlege ich, die Cola stehen zu lassen und das Weite zu suchen, denn alles, was ich über die Bandidos weiß, ist, dass sie eine kriminelle Rockergruppe sind, ähnlich den Hells Angels. Und das Letzte, was ich über *die* gehört habe, ist, dass sie am Kottbusser Tor unweit meiner Wohnung jemanden abgeknallt hätten. Diese Jungs sind nicht nur Biker, sondern in einer organisierten Gang. Auch das 1% hat eine Bedeutung. 99 Prozent, so wird von der Gruppe propagiert, sind die ganz normalen Bürger, das eine Prozent, das sind die Gangster.

Ich fühle mich in der Zwickmühle. Was ist, wenn ich einfach aufstehe und gehe? Würde Dough mir folgen, um herauszufinden, warum ich ihn sitzen lasse? Es wäre ziemlich dumm, im Dunkeln entlang der Landstraße zu Fuß vor jemandem zu flüchten, der ein Motorrad hat. In diesem

Moment öffnet sich die Tür, und ein Pärchen kommt herein. Der Mann trägt ebenfalls das Banditen-Outfit, sie ist im unspektakulären Pullover-Jeans-Look. Plötzlich fühle ich mich viel wohler, was natürlich absurd ist. Es steht immer noch drei Frauen gegen vier Männer, und vermutlich würden die beiden anderen Frauen zu den Männern halten, da die eine von deren Alkoholkonsum lebt und die andere gerade von einem von ihnen die Zunge in den Hals gesteckt bekommt. Der lässt sie am Tresen stehen und wendet sich dem Männertisch mit Pete und John zu. Die Neugier in mir siegt, und ich beschließe zu bleiben. Zwar waren das hier nicht die »ganz normalen« Menschen, mit denen ich vorgehabt hatte mich zu umgeben, aber interessant würde es sicherlich allemal werden.

Ich brauche Hintergrundinformationen über die Banditen. Wie gerufen tritt die Barfrau an meinen Tisch und fragt, ob ich noch eine Cola will. »Ja gerne. Und gibt es hier WLAN?« Das würde ich in einer Eckkneipe in Berlin nie fragen, aber ich war in den Vereinigten Staaten noch an keinem Ort ohne Internetzugang. Vom Maniküresalon bis zur Tankstelle: Alle haben WLAN. Um meine Frage zu unterstreichen, zücke ich mein Handy, was die Dame dazu veranlasst, mir behutsam, aber bestimmt die Hand auf die Schulter zu legen. »Schätzchen«, sagt sie mit leiser, mahnender Stimme: »Kein WLAN, keine Bilder. Wenn du telefonieren musst, dann nur draußen!«

»Okay, sorry«, bringe ich ihr entgegen und überlege zugleich, ob das die Politik des Ladens oder der Gäste ist.

Wieder geht die Tür auf, und noch mehr Biker betreten die Bar. Es sind drei Männer, bester Laune. Auch sie tragen an verschiedenen Stellen ihrer Kleidung das Emblem des Clubs und passende Bandidos-Stirnbänder. Sie bleiben an meinem Tisch stehen, und ich fürchte, dass ich vielleicht auf ihrem Stammplatz sitzen könnte. Da werden sie auseinandergeschoben, und ich bin auf eine merkwürdige Art erleichtert, Doughs Gesicht zu sehen. Die Männer begrüßen sich per Handschlag, und Dough sagt, dass er gleich zu ihnen kommt, er müsse noch kurz mit mir reden. Mein Mund verzieht sich zu einem gequälten Lächeln.

Dann setzt er sich zu mir an den Tisch und mustert mich erneut. Ich bin nicht aufgebrezelt, trage ein schlichtes dunkelblaues T-Shirt, Jeans und eine Lederjacke, ohne jede Art von Dekoration, kein Hinweis darauf, dass ich zu den Rockern gehören könnte.

»Woher aus Deutschland kommst du, Kathi?« Ich bin beeindruckt, dass er meinen Namen noch weiß. Bei Amerikanern habe ich schon oft erlebt, dass sie sich nach dem obligatorischen »Wie geht's« keine Namen merken können.

»Berlin«, beantworte ich die Frage.

»Berlin ist großartig. Mein Großvater war dort im Ersten Weltkrieg. Ich liebe Deutschland.« Dough kommt ins Schwärmen.

»Wo warst du denn in Deutschland, auch in Berlin?«

»Nein, ich war noch nie dort. Aber ich habe nur Gutes gehört. Ihr habt tolles Bier und schöne Schlösser. Neuschwanstein. Und das Hofbräuhaus. Magst du Motorräder?«

»Ich schätze, ich habe nichts gegen Motorräder«, entgegne ich.

»Die Jungs hier, die stehen total auf Harleys und Bikes!« Er sieht stolz aus.

»Wirklich?«, sage ich. »Wäre ich gar nicht draufgekommen.« Es ist unklar, ob er die Ironie in meiner Stimme bemerkt hat. »Weißt du, wer die sind?«, fährt er fort.

»Ihren Jacken zufolge würde ich auf Banditen tippen.«

»Du bist echt witzig, deutsches Mädchen. Ja, die gehören zu den Bandidos. Aber die tun nichts. Die hängen hier nur ab. Das sind echt korrekte Jungs. Brauchst keine Angst zu haben.«

Der ist gut, denke ich. Bei dem Gedanken an Rockergangs drängen sich mir Bilder von Schießereien, Drogenhandel und Prostitution auf. Dough scheint die Zweifel in meinen Augen zu sehen und versucht, mich zu beschwichtigen: »Ich weiß, dass viele Leute schlecht über sie denken. Aber glaube mir, so ist es nicht. Die haben in einigen Städten einen schlimmen Ruf, aber das ist zu Unrecht. Ein paar faule Äpfel sind in jedem Korb. Weißt du, die wurden in den sechziger Jahren von einem Vietnam-Veteranen gegründet, und im Prinzip geht es um Kameradschaft. Viele hier waren bei der Army oder bei den Marines. Da kann man doch nichts gegen sagen, oder? Mutige Jungs, die ihren Kopf für uns alle hingehalten haben. Und jetzt suchen sie eben den Zusammenhalt im Club und den Kick beim Motorradfahren, verstehst du? Ihr Ruf eilt denen voraus.«

»Was ist dann mit dem 1%-Aufnäher?«, frage ich ihn vorsichtig. »Ach das, da steckt ein bisschen was von allem drin. Es gab mal eine Aktion von Motorradgruppen, die haben, um ihr Image aufzubessern, angefangen herumzuposaunen, dass 99 Prozent von denen total korrekte, megabrave Leute sind. Damit haben sie auf die hier angespielt, weil, naja, sie eben Bandidos sind. Und die wiederum haben sich dann darüber lustig gemacht und gesagt, na gut, wenn ihr es so wollt, dann ziehen wir uns den Schuh an. Ganz ehrlich, welcher Mann fände es nicht gut, wenn andere Respekt vor ihm haben und ihm ein besonderes Image anhaftet? So, wie Kinder gerne Piraten sein wollen.«

»Mhm. Aber findest du nicht, dass es einen Unterschied gibt zwischen Piratenmärchen und Männern, denen es gefällt, wenn man Angst vor ihnen hat?«

»Wieso denn Angst? Es geht nur um Respekt. Piss die nicht an, und sie pissen dich nicht an. Ganz einfach. Weißt du …«

Doughs Augen wandern durch den Raum, der sich inzwischen gefüllt hat. Die gelben und roten Schriftzüge sind auf fast allen Rücken zu sehen.

»... der Große da hinten zu Beispiel, der mit der Mütze. Der mit den breiten Schultern, um den alle herumstehen.«

Ich muss kurz den Raum absuchen und entdecke den Mann, den Dough meint. Er trägt keinen Vollbart, sondern einen Henriquatre, einen Bart, der den ganzen Mund umspielt, im Milieu auch als Gesichtsmuschi bekannt. Seine Gesichtszüge wirken sehr streng, und ich würde ihn definitiv in die Kategorie »Möchte ich nachts nicht alleine im Dunkeln treffen« einordnen.

»Das ist ein richtig toller Kerl. Familienvater, zwei Kinder, seine Frau sitzt da drüben. Das sind die POBLs, Proud Old Bandido Ladies – stolz, die Alte eines Bandidos zu sein.« Dough deutet feixend zu einem Stehtisch, an dem drei Frauen auf Barhockern sitzen und sich angeregt unterhalten. Eine von ihnen trägt ein Männershirt, das so gar nicht zum Rest ihrer Erscheinung passt. Ihre Haare sind blondiert und mit reichlich Haarspray frisiert, sie trägt viel Make-up und hat, wie mir scheint, schon die eine oder andere Gesichtsbehandlung hinter sich, so glatt gezogen wirkt sie.

»Ist es die mit dem T-Shirt?«

»Haha, nein, das ist Joan. Ihr Mann ist ... nicht hier. Deswegen trägt sie sein T-Shirt.«

»Wo ist er denn?«

»Nicht. Hier.« Damit muss ich mich zufriedengeben, obwohl ich neugierig bin, ob er irgendwo einsitzt oder auf Geschäftsreise ist oder vielleicht tot. Aber ich beschließe, nicht zu viele Fragen zu stellen, und konzentriere mich wieder auf die Damenrunde. Neben Joan sitzt eine Frau, die nicht in das Klischee »Rockerbraut« passt. Sie trägt fast kein Make-up, ihre Haare sind zu einem lockeren Pferdeschwanz gebunden, sie trägt eine schwarze Brille, graue Bluse, blaue Jeans, dezenten Goldschmuck um den Hals und einen Ring am linken Ringfinger.

»Dann ist es bestimmt die daneben.«

»Richtig. Das ist Anna. Sie schmeißt den Haushalt und kümmert sich um das Familienmanagement. Ihre Jungs sind zwei tolle Burschen. Der eine spielt Hockey und hat gerade ein Stipendium angeboten bekommen. Der Jüngere spielt Fußball. Darin seid ihr da drüben ja auch ganz gut.«

»Wir sind sogar ziemlich gut darin, man könnte sagen weltmeisterlich gut.«

Der große Kerl, dessen Namen ich nicht kenne, läuft an unserem Tisch vorbei. Dough erhebt sich, berührt ihn vorsichtig an der Schulter, damit er stehen bleibt, und gibt ihm die Hand. »Schön, Sie hier zu sehen, Sir.« Seine Begrüßung quittiert der Große mit einem simplen: »Dough.«

»Das hier ist eine Freundin aus Deutschland. Kathi«, stellt er mich vor.

»Oh, Deutschland, das ist cool. Zweiter Weltkrieg und so.«

Plötzlich wird mir klar, dass der große Typ nicht irgendjemand ist. Unter der Brusttasche seiner Jacke prangt der Schriftzug »President«. »Ich muss weiter, gleich beginnt die Kirche. Bis später Dough. Ma'am.« Und schon ist er weg.

»Was meint er damit, dass er gleich zur Kirche muss?«, frage ich, während ich dem Mann hinterhersehe.

»Wirst du schon sehen, warte es ab. Wie findest du ihn?«

»Imposant.« Mehr fällt mir gerade nicht ein. Dough hingegen hat eine klare Meinung: »Der ist ein super dufter Typ. Total progressiv. Der beurteilt Leute nach ihren Taten und nicht danach, wie sie aussehen oder woher sie kommen. Sonst könnte *der da* gar nicht hier sein.« Er deutet mit seiner Hand zu einem Afroamerikaner, der am Tresen sitzt. »Schwarze dürfen nämlich nicht in den Club und sind auch in Bars, die zu ihrem Territorium gehören, nicht gerne gesehen. Aber sie respektieren ihn, und er respektiert sie auch. Ich kenne eine Menge von denen, die sich für den Chef eine Kugel einfangen würden.«

Auf einmal beginnt sich die Bar schlagartig zu leeren. Die Männer gehen durch eine Notausgangstür ins Freie. Übrig bleiben das Barpersonal, der Afroamerikaner und die »stolzen alten Weiber« am Stehtisch.

»Der Kirchgang beginnt«, kommentiert Dough das Geschehen. »So nennen sie es, wenn sie sich treffen und Dinge besprechen. Nur Mitglieder dürfen dabei sein. Willst du eigentlich noch was trinken? Ich lade dich ein, weil der Laden nämlich mir gehört.«

»Ich glaube, ich hatte schon genug, vielen Dank, Dough.«

»Wirklich?« Er sieht tatsächlich enttäuscht aus. »Schade. Wo ist eigentlich das Shotgirl?«

»Bitte wer?«

»Das Shotgirl. Du solltest sie kennenlernen. Es ist unglaublich, was die kann. Hey, bringt mal das Shotgirl her!«

Mir ist etwas komisch zumute, weil ich mir völlig im Unklaren bin, was als Nächstes passieren wird. Vielleicht eine Schießvorführung? Bloß nicht. Der Abend war schon aufregend genug.

»Da ist sie ja«, freut sich Dough und umarmt eine Frau, die circa 1,50 Meter groß ist, dunkelhäutig und einen Hintern hat, auf dem man zweifelsohne ein Tablett abstellen könnte, genau wie auf ihrem Dekolleté. Aber Patronengurte oder Pistolenhalter kann ich nirgendwo an ihr entdecken.

»Zeig uns mal, was du am besten kannst, geht auf mich!«, raunt Dough ihr ins Ohr, und flink wie ein kleines Wiesel läuft sie freudestrahlend zur Bar herüber.

»Sie kommt aus Puerto Rico. Ihr Mann ist auch gerade beim Gottesdienst. Die beiden sind ziemlich jung, aber er hat großes Potential. Er ist ein »Prospect«, das ist die Vorstufe, bevor sie dich aufnehmen. Die machen niedere Arbeiten, bewachen die Bikes der anderen und so. Warum dauert das denn so lange?«

Sein Blick geht zur Bar, wo das Shotgirl gerade eine Reihe von Schnapsgläsern auf das Tablett gestellt bekommt. Jetzt verstehe ich. Shots wie Kurze. Allerdings sind die Schnapsgläser hier deutlich größer als in Deutschland. Ein Glas fasst auf jeden Fall 5 cl. Das Shotgirl trägt das Tablett zu meiner Enttäuschung ganz normal in der Hand, anstatt es auf ihrer Kehrseite zu bringen, und stellt mir zwei Kurze hin. Einer beinhaltet eine milchige Flüssigkeit, ich tippe auf eine Art Likör, und der andere ist ziemlich sicher Whiskey. Dough bekommt auch zwei, allerdings beide mit Whiskey gefüllt, und die restlichen vier Gläser stellt sie auf den Tisch.

»Es ist unglaublich, wie viele Kurze diese Frau trinken kann. Wie viele hattest du heute schon?«

»Vier«, gibt sie zu, und ich höre Stolz in ihrer Stimme.

»Na dann, auf geht's. Das ist ein Tequilalikör mit Erdbeergeschmack. Wenn du nichts Süßes magst, dann trink den Whiskey. Sie kümmert sich um was auch immer du willst. Willkommen in Amerika«, prostet Dough uns zu. Ich entscheide mich für den Whiskey. Unsere Gläser klirren aneinander, und während ich den Kurzen in zwei Zügen leere, macht das Shotgirl ihrem Namen alle Ehre: Als ich das Glas abstelle, hat sie bereits alle vier ausgetrunken.

»Ay, que bueno«, sagt sie, während sie sich die letzten Tropfen von den Lippen leckt. »Ist der für mich?«, fragt sie mit gekünstelter Lieblichkeit. Ich nicke. Zack, ist auch der Tequilalikör weg. Dann wackelt sie davon.

Die Tür öffnet sich, und die Rocker strömen wieder herein. »Du, ich muss mal den Ladys ein wenig unter die Arme greifen, die Jungs sind immer sehr durstig nach der Kirche. War schön, dich kennenzulernen«, sagt Dough. Er steht auf, und wir geben uns zum Abschied die Hand. Ein guter Zeitpunkt, um mich auf den Weg zu machen. Aber ich muss nochmal auf die Toilette. Ich schiebe mich durch die Männermenge und schnappe hier und da ein paar Gesprächsfetzen auf. »Er ist der einzige Präsident, der für mich zählt«, »Fährst du nächstes Wochenende mit?«, »Wo zur Hölle ist das Shotgirl?«.

Als ich mich durchgekämpft habe und die Tür zur Toilette öffne, sehe ich vor dem Waschbecken Joan und Anna, die Annas Frontseite betrachten. Sie hat ihre Bluse aufgeknöpft und deutet mit den Händen auf ihre Hüfte. »Oh, sorry«, sage ich und spüre, wie mein Mund leicht offen steht. Die Frau, die aussieht wie der Stereotyp einer »Socker-Mom« hat einen Torso, der mit Tätowierungen übersät ist. »Kein Problem. Bist du die Neue von Danny?«, erkundigt sie sich. »Nein, ich ähm, bin eine Bekannte von Dough.«

»Ah, cool. Wie findest du das?«, fragt sie mich und zeigt mir ihre noch frische Hüfttätowierung. Zwei Pistolen, die direkt auf ihren Schoß zielen.

»Krass. Sieht, ähm, besonders aus.«

Ich gehe an den beiden vorbei in die Kabine. Auf dem Rückweg ist die Tattoovorführung beendet, der Waschraum ist leer. Mein Blick fällt auf ein Werbeplakat, das neben dem Waschbecken hängt. Es gehört zu einem örtlichen Pfandhaus und bewirbt, dass man hier Gold und Waffen in Zahlung geben kann.

Als ich die Bar verlasse, staune ich nicht schlecht, wie viele Motorräder mittlerweile auf dem Parkplatz angekommen sind, ich tippe auf etwa dreißig. An einer besonders großen Maschine stehen ein paar Männer, die ihren Jacken nach Anwärter sind. Ich frage mich, welcher davon wohl der Freund vom Shotgirl ist. Auf dem Rückweg ins Motel fällt mir ein, dass ich immer noch nicht weiß, warum man in der Bar rauchen darf. Aber wahrscheinlich ist es damit zu erklären, dass es eben Orte gibt, an denen Leute ihre eigenen Regeln machen.

New Mexico: Drum prüfe, wer sich ewig bindet

Von Texas ging es weiter nach New Mexico. Hier sitze ich im Café eines Einkaufszentrums, als eine Durchsage ertönt:

»ACHTUNG, ACHTUNG, jemand hat seinen Ehering verloren. ACHTUNG, ein Ehering wurde gefunden! Bitte melden Sie sich an der Information!« Entgeistert und kopfschüttelnd sehen sich die anderen Gäste um mich herum an. Sie flüstern sich zu: »Oh mein Gott, wie kann man nur …?!« Und auch ich denke, welcher Idiot verliert denn seinen Ehering in einem Shoppingcenter? Bestimmt auf dem Klo nach dem Händewaschen liegen gelassen. Was für ein Trottel.

Oh. Der Trottel bin ich.

Zwei Stunden zuvor.

Ein Tankstellenbesitzer hatte mich in ein viel zu langes Gespräch verwickelt. Ich war seine erste Kundin, und das, obwohl die Sonne bereits angefangen hatte unterzugehen und mir südwestlich nervend in mein Fahrerfenster geschienen hatte.

Ich hatte mich verfahren und kam so rein zufällig an dem verstaubten Landstraßenableger vorbei. Aus Angst, mir könnte das Benzin ausgehen, und wegen akutem Kaffeedurst hielt ich an.

Erst war ich mir nicht sicher, ob die Tankstelle überhaupt geöffnet hatte, aber der alte, rotbäckige Mann mit dem Vollbart, der ausgebeulten Latzhose und dem Strohhut hatte mir bereits zugewunken, als ich langsam vorbeifuhr.

Nachdem ich das Auto mit Benzin und mich mit einem Filterkaffee versorgt hatte, versuchte der Inhaber mir jedes, aber auch wirklich jedes seiner Produkte zu verkaufen.

Seit die neue Hauptstraße gebaut worden war, bekam er nur noch selten die Gelegenheit, seine Waren feilzubieten.

Die Situation ähnelte einem bizarren, verzweifelten Garagenflohmarkt. »Schau mal, brauchst du noch Motoröl? Das ist abgelaufen, aber bestimmt noch gut. Öl wird doch nicht schlecht.«

»Nein danke. Nur das Benzin und den Kaffee.«

»Wie wäre es mit ein paar Würstchen aus der Dose für unterwegs? Oder hier noch eine Landkarte. Nur 85 Cent. Brauchst du Tampons?«

»Glücklicherweise nicht.«

Ich vermutete, dass er den Laden einfach schließen oder niederbrennen würde, wenn er alles losgeworden war.

»Postkarten?«

Ich überlegte. Bisher hatte ich mich weder um Postkarten noch um Souvenirs gekümmert.

»Meinetwegen. Ich nehme fünf!«

»So viele habe ich nicht, aber nimm doch drei und die Landkarte!«

»Abgemacht. Gibt es auch Briefmarken?«

»Leider nein. Aber ich habe noch Schrauben.«

»Schon gut!« Um den Vorgang zu beschleunigen, drückte ich ihm dreißig Dollar in die Hand und verabschiedete mich.

Im Auto schaute ich auf die Postkarten. Sie zeigten vergilbte Motive verschiedener Steinmonumente, und ich überlegte, ob ich vielleicht noch irgendwo alte Briefmarken bekommen könnte, um Leuten Streiche zu spielen, indem ich ihnen eine Postkarte aus der Vergangenheit schicke.

Ich fuhr weiter und beschloss, bei der nächsten Gelegenheit in einer belebteren Gegend ein paar Einkäufe zu erledigen und mich nochmal intensiv mit dem Thema Souvenirs zu beschäftigen. In der Nähe von Alamogordo wurden entlang der Straße mehrere Shoppingcenter auf Werbetafeln angepriesen, denen ich folgte.

Die Ernüchterung kam schnell, als ich vor einem Shoppingtempel stand, der mich an eine überdimensionale Version der Tankstelle erinnerte. Daher war ich überrascht, dass es offene Geschäfte gab, sogar auf zwei Etagen, und steuerte auf einen kleinen Schmuckladen zu. Die Verkäuferin war sehr ambitioniert und versuchte, mir in nun schon vertrauter Manier alles mögliche Chichi anzudrehen. Währenddessen stellte sie mir Fragen: Woher ich komme, was ich in Amerika will, wie ich New Mexico finde, mit wem ich unterwegs bin.

Als ich ihr erzählte, dass ich alleine reise, war sie ernsthaft schockiert. Das wäre unheimlich gefährlich, fand sie und wies mich an, kurz zu warten, sie habe genau das Richtige für eine Frau in meiner Situation.

Ich wartete an einem der Federschmuckstände und war gespannt, was sie aus dem hinteren Teil des Ladens holen würde. Pfefferspray? Ein Messer? Eine Pistole?

Sie kam freudestrahlend zurück und präsentierte mir ein kleines Kästchen, aus dem sie einen Ring mit einem Brillanten herausbeförderte. Kurz befürchtete ich, dass sie mir einen Heiratsantrag machte. Seit 2013 ist New Mexico der 17. Bundestaat, der die Ehe von gleichgeschlechtlichen Paaren legalisiert hat.

»Und?«, fragte sie mich mit großen Augen. Ich war sprachlos, weil ich mir nicht erklären konnte, was hier gerade vor sich ging.

»Puh, ähm ... naja ... Sollten wir uns nicht erst mal kennenlernen?«

Sie brach in schallendes Gelächter aus.

»Ach Schätzchen, der ist doch nicht von mir für dich, den sollst du kaufen, damit dir unterwegs nichts passiert.«

Ich stand immer noch auf dem Schlauch und sah sie fragend an.

»Der kostet nur zwanzig Dollar. Aber vor verheirateten Frauen hat man mehr Respekt«, erklärte sie.

Das kennt man ja aus Interviews mit Schwerverbrechern, dachte ich: Ich hatte mir schon eine Frau ausgeguckt, die ich überfallen, vergewaltigen, zerstückeln und dann in der Wüste verscharren wollte, aber dann hab ich gesehen, dass sie einen Ehering trägt, und habe es mir anders überlegt!

Wie in Trance reichte ich ihr zwanzig Dollar, während sie den Glasklunker an meinen linken Ringfinger steckte. Als ich aus dem Geschäft trat, war ich sauer. Wieso hatte ich jetzt einen hässlichen Ring und immer noch keine Souvenirs? Warum hatte ich nicht Nein gesagt? Ich sollte wieder reingehen und den Ring zurückgeben. Über den Gedanken bekam ich schlechte Laune. Wegen des Fehlkaufs, weil ich hungrig war und weil mir auffiel, dass dieses hier vermutlich das einzige Einkaufszentrum in den USA war, das über keine Klimaanlage verfügte, sodass ich sehr schwitzte. Auf der Toilette machte ich mich frisch und entschied, etwas zu essen, denn trotz der stickigen Luft war es hier drinnen sicherlich noch allemal kühler als draußen.

Unbewusst schaue ich auf meine linke Hand, was einigen der anderen Gäste nicht entgeht. Eine Frau am Nachbartisch reißt die Augen auf und ruft mir mit ausgestrecktem Zeigefinger entgegen, dass die Information in Sichtweite der Rolltreppe ist.

Ach Mist. Ich lasse mein angebissenes Sandwich liegen und setze mich in Bewegung, die Blicke der anderen im Rücken. Ich meine, sie tuscheln zu hören: »Wie kann man nur?« und »Wie schrecklich«.

An der Information stehen drei aufgetakelte Mitarbeiterinnen des Centers und begutachten den Modeschmuck. Ich sage in schuldbewusstem Ton, dass es meiner ist. Eine von ihnen legt ad hoc ihre Hand darüber, sodass ich den Ring nicht mehr sehen kann. Ich fühle mich ein bisschen wie auf dem Schulhof, wo die hübschen Mädchen ein Geheimnis haben, das man nicht erfahren darf, sie aber sichergehen wollen, dass man weiß, dass sie eines haben.

Wie genau der Ring denn aussehen würde, will sie jetzt wissen, und die anderen sehen herausfordernd zu mir rüber. Na, wie so ein Ring eben aussieht. Gold ist er, mit einem Brilli drauf.

»Wie viel Karat hat der?«, fragt sie und grinst dabei. Was weiß ich denn? Eins? Zehn? Dass der Stein aus Glas ist, werde ich ihr sicherlich nicht sagen. Dann wäre die ganze Aufregung wegen nichts. Kommt nicht in Frage. Also anders: »Aber Ladys, das ist ja fast so, als ob Sie mich fragen würden, was er gekostet hat … Na, na, na.« Sie kichern, und endlich öffnet sie ihre Hand. »Der ist wirklich wunderschön! Ihr Mann muss Sie sehr lieben.« Ach ja? Und ich dachte immer, dass die Größe eines Diamanten im direkten Verhältnis zu den Silikonmöpsen steht, die der Mann vorher seiner Sekretärin spendiert hat.

Schließlich gibt sie ihn mir wieder, und ich stecke den Ring an den Finger.

Auf dem Weg zum Auto hält mich plötzlich jemand an der Schulter fest. Es ist ein junges Mädchen, vielleicht sechzehn oder siebzehn Jahre alt. Sie sieht südamerikanisch aus, trägt bunte Sneakers und altersgerechten Modeschmuck in grellen Farben. Hinter ihr tauchen ein Mann und eine Frau auf, vermutlich ihre Eltern.

Freudestrahlend erzählt sie mir, dass sie diejenige sei, die den Ring gefunden habe, und sich nun krass freue, dass ich ihn zurückhabe. Tolle Wurst. Ihre dunklen Augen strahlen, als hätte man zwei Murmeln mit Honig glasiert. Ich bedanke mich herzlich und versuche, meinen Weg zum Auto fortzusetzen, während sie für ihre Eltern ins Spanische übersetzt.

Wieder tippt sie mich an. Das Mädchen hat Fragen. Ob sie den Ring nochmal sehen kann. Ich zeige ihn ihr und sage, dass sie ihn sogar haben könne, woraufhin sie zu kichern beginnt. Woher ich denn komme, will sie als Nächstes wissen. Ich antworte wahrheitsgemäß: Alemaña. Anerkennendes Nicken. Nun ist es ja nicht so, als hätte ich irgendetwas dazu beigetragen, dass ich Deutsche bin. Es ist doch eher dem Zufall geschuldet, dass sich meine Eltern auf einer Ruhrpott-Studentenfete kennengelernt haben und meine Mutter zehn Jahre später beschlossen hat, dass ein zweites Kind doch auch noch ganz gut wäre.

Aber egal. Die Fragestunde geht weiter. Woher denn mein Mann kommen würde, will sie wissen. Öhhhmmm. An der Stelle ein kleiner Tipp: Lügen ist keine gute Sache. Lügen haben kurze Beine (meine sind im Übrigen äußerst lang und filigran). Aber andererseits, wenn man vor der Wahl steht, einem jungen Mädchen Hoffnung auf ein schönes Leben zu geben oder ihr, ihrer Familie und sich selbst den Tag zu versauen, dann kann man eine Notlüge am besten so konstruieren: Greifen Sie beim Lügen nicht nach den Sternen. Ein brutaler Anfängerfehler nach dem Motto: Ja, ich habe auch schon den Kilimandscharo bestiegen, an einem Tag und ganz alleine!, fliegt schnell auf. Bleiben Sie besser bei Informationen und Personen, die Ihnen bekannt sind, und modifizieren Sie diese.

Woher mein Mann kommt, will sie wissen.

Ich fahre mit dem Ziel Los Angeles.

»Los Angeles«, antworte ich ihr.

»Was macht er da?«

Ich denke an meinen Freund Jack.

»Er ist Schauspieler.«

»Wow. Wo spielt er denn so mit?«

Ich berichte ihr von der Zombie-Serie, in der er den Nazi gab, und jetzt ist sie völlig aus dem Häuschen. Aufgeregt berichtet sie ihren Eltern, die nun bewundernd nicken.

Das Mädchen spricht so schnell, dass ich nur die Hälfte verstehen kann, und wendet sich dann wieder an mich.

»Das ist meine Lieblingsserie. Die Folge habe ich gesehen, die war super, wie der Zombie ihm den Kopf abgebissen hat. Kann ich ein Autogramm haben?«

»Von mir?«

»Ja, das wäre so cool.«

Sie kramt einen Collegeblock und einen Stift aus ihrer Tasche.

Ich schreibe: »Alles Liebe und vielen Dank von Kathi und Jack!«

Ihre Eltern beglückwünschen sie zu dem Autogramm und mich zu der erfundenen Ehe, dann lassen sie mich endlich weitergehen.

Im Auto nehme ich den Ring ab und verstaue ihn in meinem Portemonnaie.

Ich bin noch keine drei Stunden verheiratet und schon völlig im Stress. Nein, so habe ich mir meine Ehe nicht vorgestellt. So kann ich nicht weiterleben, aber es liegt nicht an dir, es liegt an mir, sorry, Jack, du hast etwas Besseres verdient.

Arizona: Mutter, der Donni mit dem Koks ist da

Ich bin wieder on the road. In Arizona, abseits der Interstate, halte ich an einem kleinen Imbiss, um mich umzuziehen. Es herrschen zwar noch sommerliche Temperaturen, aber ein Blick auf die Wettervorhersage am Morgen hat mir verraten, dass es in den höheren Gefilden zu Schneeschauern kommen kann. Um die komme ich auf dem Weg nach Nevada nicht herum. Meine Reisegarderobe ist zwar nicht so richtig auf kalte Temperaturen eingestellt, aber zwei Pullover übereinander geht immer.

Als ich aus dem Auto steige, um an den Kofferraum zu gehen, fallen mir zehn Briefkästen auf Pfosten auf, die dicht gedrängt an der Straße stehen. Circa fünfzig Meter dahinter stehen mehrere Container, die ich eher in Deutschland auf einer Großbaustelle, als Büro für den Bauleiter, vermuten würde. Davor rostige Wäscheständer, vereinzelte Autos und Kinderfahrräder. Ich nähere mich den Briefkästen, um einen besseren Blick auf die Container zu bekommen, als ich hinter mir eine Männerstimme höre, die in scharfem Ton fragt, was zur Hölle ich hier verloren hätte.

»Ich wollte mir das ansehen«, gebe ich entschuldigend zurück, während ich mich umdrehe.

Ein Mann Mitte vierzig in Jeans und einem weißen Unterhemd kommt schnellen Schrittes auf mich zu.

»Warum?«, will er wissen.

»Ich habe so etwas noch nie gesehen«, antworte ich.

»Woher kommst du?«

»Aus Deutschland.«

»Gibt es da keine Containerhäuser?«

»Nicht dass ich wüsste.«

»Ich bin Josh. Wie heißt du?«

»Kathi.«

»Was verschlägt dich hierher?«, hakt er nach.

»Ich fahre nach Las Vegas und wollte hier kurz Pause machen, um mir etwas Wärmeres anzuziehen«, erkläre ich ihm.

»Junggesellenabschied oder Geburtstag?«

»Weder noch. Ich fahre einfach so hin.«

»Das ist gut. In Vegas saufen alle wie verrückt bei solchen Partys. Pass auf, dass du nicht zu viel Geld verspielst. Viele hier in der Gegend hassen Vegas. Da wird nur rumgeprotzt, alles ist künstlich. Vom echten Leben haben die doch keine Ahnung.«

Hier ist es also, denke ich, das echte Leben. Irgendwie musste ich Josh animieren, sich weiter mit mir zu unterhalten. »Ist das dein Laden?«, frage ich ihn und schaue auf das Kabuff hinter ihm, woraufhin er stolz nickt.

»Das ist der einzige Imbiss hier weit und breit. Möchtest du etwas essen?«

»Klar, gerne.«

»Dann komm mal mit.«

Während Josh mir Spiegeleier mit Bacon brät, berichtet er von den Containerhäusern. Er wohnt selbst auch in einer der Metallbehausungen, mit seiner Frau und den drei Kindern. Auf meinem weiteren Weg durch Nevada und Kalifornien, so prophezeit er mir, würde ich noch viele solcher Siedlungen sehen. Manchmal sind es um die hundert Container, die einen Wohnort bilden. Um von dort aus die nächste Stadt zu erreichen, braucht man mit dem Auto mindestens eine, wenn nicht sogar zwei Stunden. Das Zentrum dieser Orte, erzählt Josh weiter, bilden eine kleine Kirche, eine Schule und eine Tankstelle mit Supermarkt, die gerne auch als örtliche Mini-Polizeistation fungiert.

»Weißt du, die Leute hier haben sehr wenig Geld. Ein echtes Haus in einem Vorort kann sich heute kaum jemand leisten. In Arizona arbeiten die meisten Menschen in der Landwirtschaft oder fördern Kohle, Kupfererz oder Erdöl. Viele haben ihre Arbeitsplätze verloren, so wie ich. Aber Trump wird das jetzt richten. Der macht sich stark für uns. Ich hatte Glück, dass ich ein altes Geschäft übernehmen konnte und den Imbiss reingebaut habe. Man denkt es nicht, aber frühmorgens und am späten Nachmittag ist hier ganz schön Betrieb.«

Er reicht mir mein Essen und gießt mir ungefragt einen Eistee ein.

»Du bist auch nicht so der Klimaschützer, oder?«, frage ich ihn frei heraus, obwohl ich mir seine Antwort schon denken kann.

»Alles Quatsch«, antwortet er erwartungsgemäß. »Die Erde gibt es schon so lange, die kriegt man nicht kaputt. Ich glaube, das sind alles Erfindungen von denen da oben.« Er zeigt mit dem Finger auf den Ventilator über ihm.

»Den Menschen soll immer nur Angst gemacht werden, damit sie sich dem System beugen. Aber damit ist Schluss. Meine Frau geht fast jeden Tag in die Kirche, sonntags gehe ich mit. Aber so richtig glaube ich nicht an das Paradies und das Leben nach dem Tod. Deswegen sage ich mir, dass ich aus meinem Leben hier und jetzt das Beste machen muss.«

»Und was ist mit deinen Kindern?«, frage ich ihn, während mir das Eigelb am Mundwinkel entlangläuft und er mir ein Stück Küchenrolle anbietet.

»Was soll mit denen sein? Ich schufte mir den Arsch ab, um sie über die Runden zu bringen. Aber wer hier zur Schule geht, hat kaum eine Chance, jemals eine Universität von innen zu sehen. Dabei haben wir in Arizona zwei richtig gute. In Phoenix und in Tuscon. Da wird die Elite von morgen gemacht«, lacht er höhnisch.

»Ich verstehe dich nicht ganz«, sage ich wahrheitsgemäß. »Du willst nicht an morgen denken, obwohl deine Kinder dieses ›morgen‹ erleben werden. Gleichzeitig würdest du sie zur Uni schicken, damit sie mehr Möglichkeiten haben, obwohl du die Leute verachtest, die dort studieren.«

Für mich ist Bildung der Schlüssel. Wer keinen Zugang zu Wissen und Kultur hat, immer nur den einen Fernsehsender schaut, immer von derselben Handvoll Menschen umgeben ist oder sich nur um sich selbst dreht, für den ist es fast ausgeschlossen, über diesen Horizont zu blicken, sich weiter zu entwickeln und zu denken.

»Wenn meine Kinder mal so ambitioniert wären«, lacht Josh. »Die sind ganz normal und zufrieden. Mein Junge spielt Basketball und kann sich vorstellen, in die Rinderzucht einzusteigen. Da kann man noch was verdienen, wenn man sich nicht vollkommen blöd anstellt. Meine Tochter will unseren Nachbarn heiraten und Kinder haben. Ich wüsste nicht, was daran falsch ist. Der Junge arbeitet bei einer Baufirma im Norden.«

Ich esse das letzte Stückchen Speck und hole mein Portemonnaie heraus.

»Magst du keine Amerikaner?«, fragt er mich unvermittelt.

Bevor ich antworten kann, fährt er fort: »Wir sind gute Menschen hier. Viele sagen Schlechtes über Arizona, weil wir schon vor Jahren erkannt haben, dass es ein Problem mit den Mexikanern gibt. Wir hatten eine Gouverneurin, die schon 2010 eine verschärfte Einwanderungspolitik und Kontrollen von Ausländern gefordert hat. Daraufhin wollten die feinen Pinkel aus Los Angeles unsere Produkte boykottieren. Was für Affen. Leider wurde das Gesetz von Richtern gekippt. Und jetzt ist alles noch viel schlimmer. Aber …«

»Trump wird es schon richten«, vervollständige ich den Satz und bin genervt.

Um meine gedankliche Bingokarte vollzumachen, frage ich ihn, welchen Fernsehsender er am liebsten guckt. »Fox«, sagt er. Bingo.

Las Vegas: Wer hat noch nicht, wer will noch mal?

Ich bin angekommen in der größten und vor allem berühmtesten Stadt im Bundesstaat Nevada: Las Vegas. Hier leben ungefähr zwei Millionen Menschen. Dazu kommen jährlich 39 Millionen Touristen, die ihrer Vergnügungssucht frönen wollen, und treiben an die 34 Milliarden Dollar Umsatz in die Kassen. Ein Viertel davon verdienen die Casinos, drei Viertel hauen die Touris für Shows, Souvenirs, Ausflüge und Luxusgegenstände auf den Kopf. Auf dem Weg durch die Wüste Nevadas denke ich an verrauchte Spielhöllen, Hotels mit extravaganten Suiten, Expresshochzeiten, die man am nächsten Morgen bereut, »Hangover« – den Film, die Mafia, Robert De Niro und eine endlose Party in der Stadt der Sünde.

Am Strip angekommen stelle ich fest, dass der für die Vormittagszeit ziemlich gut frequentiert ist. Viele kleine Grüppchen bahnen sich ihren Weg zu den Souvenirshops und Malls, in der Hand tragen sie Becher von Starbucks, und ihre T-Shirts verraten, dass sie Vegas lieben.

Emma hatte mir das »Treasure Island Hotel« empfohlen, weil die Zimmer dort im Vergleich zu den großen Luxustempeln bezahlbar sein sollen und sie außerdem ein Parkhaus haben, in dem ich den Mietwagen gratis parken kann.

Das Hotel sieht aus, als hätte es Johnny Depp entworfen. Es erinnert an irgendein Piratenabenteuer, das sicherlich vor Jahren mal spannend war. Vor dem Hochhauskomplex, bestehend aus 36 Stockwerken und 2885 Zimmern, befindet sich eine kleine Wasserlandschaft mit Piratenschiff und Kanonen. Allerdings bezweifle ich, dass hier in den letzten Jahren Kugeln geflogen sind. Die Fassade ist in hellem Orange gehalten, über mehrere Stockwerke spannt sich ein Banner des Cirque du Soleil. An der Rezeption heißt es erst einmal: anstehen. Als ich an der Reihe bin, frage ich nach einem Zimmer. 90 Dollar die Nacht schlägt mir die Frau vor. Dafür habe das Zimmer aber auch zwei Kingsize-Betten. Ich entgegne ihr, dass ich auf einer Hotelvergleichsseite ein deutlich günstigeres Angebot gesehen hätte. Sie schaut noch einmal in ihrem Computer nach und bestätigt, was ich erfunden hatte. Sie könne mir ein Zimmer für 60 Dollar anbieten, das liege aber in einem der unteren Stockwerke. Damit kann ich sehr gut leben, und sie reicht mir ein Formular, das ich ausfüllen muss. Anschließend lasse ich mein Gepäck einlagern, denn bis zur offiziellen Check-in-Zeit sind es noch drei Stunden.

Glücklich, ein Hotelzimmer gefunden zu haben, spaziere ich hinaus auf den Las Vegas Boulevard. Als Erstes suche ich einen Geldautomaten, um Bargeld abzuheben, damit ich einen besseren Überblick über meine Finanzen habe. Überall seine Kreditkarte zu zücken führt meiner Meinung nach dazu, dass man mehr ausgibt. Zwar finde ich ein paar Bankautomaten, jedoch keinen der Bank of America. Das ist die Partnerbank meiner Bank, bei der ich kostenfrei Geld abheben kann.

Ich frage einen Mann, der auf der Straße steht und an die vorbeilaufenden Fußgänger »Two for One«-Coupons verteilt, die in das »Cosmopolitan Hotel« locken sollen. »Bank of

America?« Er lacht. »Schätzchen, das hier ist der Strip. Hier gelten eigene Gesetze. Einen ATM der Bank of America wirst du hier nicht finden.«

Als Nächstes frage ich einen Mann in der Uniform eines Sicherheitsdienstes, der vor einem riesigen Fanshop von M&Ms steht. Wie zwei in Schokolade getauchte und mit Zucker glasierte Erdnüsse einen vierstöckigen Merchandise-Shop haben können, ist mir ein Rätsel. Das ist Amerika.

Auf meine Frage nach dem Automaten antwortet der Mann schlicht: »Ja, der ist hier.«

»Wo?«, frage ich ebenfalls knapp zurück.

»Im dritten Stock!«

Und tatsächlich. Versteckt zwischen T-Shirts, Plüschfiguren, Bechern und den obligatorischen Tüten der Süßware in allen Größen steht auf der dritten Ebene in einer Ecke ein Automat der Bank. Ich hebe mein Tageslimit von 200 Dollar ab. Der Automat spuckt zwei Einhunderter aus. Natürlich kann ich damit den Kaffee, nach dem es mich so dürstet, im Supermarkt nicht bezahlen. Ich beschließe, in ein Casino zu gehen und das Geld dort zu wechseln.

Mein Vorsatz, dass ich erst am letzten Tag in Vegas spielen werde, um nur das Geld auszugeben, was gewissermaßen übrig ist, droht zu kippen, als ich das »Bellagio« betrete. Bereits die Eingangshalle gleicht einer imponierenden Kunstausstellung. Überall hängen asiatisch anmutende Lampignons. In Sichtweite erkenne ich schnell einen der Casinoräume, aus denen fröhliche Popmusik in die Halle dringt. Die Lichter und Geräusche der Spielautomaten laden zum Aufhalten ein. Nein. Ich werde nicht spielen, ich werde die Scheine wechseln und mir dann einen Kaffee holen. Es ist zehn Uhr morgens, doch bereits nach wenigen Minuten in dem Casino, in dem keine Uhren hängen, scheint sich die Zeit aufgelöst zu haben. Menschen sitzen an den Bars inmitten der Spieltische und Automaten, trinken Cocktails und rauchen Zigarren.

Es dauert einen Moment, bis ich die Kasse finde. »Möchten Sie Jetons dafür?« »Nein, danke!« »Soll ich das als Guthaben auf eine Karte laden?« »Nein, sehr nett, danke.. Nur wechseln bitte.«

»Reichen Ihnen vier Fünfzigdollarscheine?« »Nein. Gerne zwei Fünfziger, vier Zwanziger und zwei Zehner.« Sie legt ihre Stirn in Falten, gibt mir dann aber das Wechselgeld wie gewünscht.

Mir drängt sich der Verdacht auf, dass es gewollt ist, dass die Leute mit möglichst großen Scheinen herumlaufen, um mehr zu verzocken.

Ich nehme mir für meinen weiteren Aufenthalt vor, das genauer herauszufinden. Ich will Einblick in diese künstliche Welt haben. Ich möchte erfahren, wie es ist, hier Tourist zu sein, Spieler, Arbeiter, Anwohner. Aber alles zu seiner Zeit. Jetzt erst mal Kaffee. Draußen vor dem Bellagio befindet sich ein großer künstlicher Teich. Schräg gegenüber kann ich einen Supermarkt ausmachen, aber dahin zu gelangen gestaltet sich nicht ganz einfach. Denn am Las Vegas Boulevard gibt es nur wenige Fußgängerüberwege. Ich laufe an der Straße weiter bis zu einer Rolltreppe, die mich auf eine Brücke über die Straße lotst. Auf der anderen Seite führt keine Rolltreppe zurück zur Straße, sondern ins Innere einer Mall, und plötzlich stehe ich wieder in einer Spielhölle. Darauf läuft hier also alles hinaus. Viele Wege führen nach Rom, aber alle Wege führen ins Casino.

Zum Glück hat der Supermarkt einen Eingang in der Mall.

Ich kaufe meinen Kaffee und suche mir anschließend einen Platz an dem künstlichen Gewässer vor dem »Bellagio«. Plötzlich ertönt aus Lautsprechern, die in den Bäumen hängen, die amerikanische Nationalhymne. Dazu erheben sich aus dem kühlen Nass Fontänen, die sich im Takt hin und her bewegen.

Ein äußerst beeindruckendes Schauspiel, jedoch drängt sich mir die Frage auf, ob es bei der Wasserknappheit in Las Vegas nicht auch nur eine simple Vergeudung ist.

Ein Mann in einem roten Anzug erklärt seiner Begleitung, dass hier über tausend Wasserdüsen installiert sind. Die Dame macht sich ebenfalls Gedanken über die Wasserverschwendung. »Das ist schon okay«, beschwichtigt sie der Mann, »sie bereiten das Wasser immer wieder auf.«

Immerhin.

Direkt im Anschluss erklingt »Time To Say Goodbye« von Sarah Brightman und Andrea Bocelli, und ich komme nicht umhin, ein paar Tränchen zu verdrücken, als die circa 150 Meter hohen Wassermaßen zum Crescendo aus dem Springbrunnen aufsteigen. Gänsehaut pur. Sofort sind meine ökologischen Zweifel weggespült, und in mir breitet sich ein warmes Glücksgefühl aus.

Andere Touristen scharen sich um den Brunnen, machen endlos Handyaufnahmen und wenden sich zum Ende des Liedes wieder ihren Plastikcocktailbechern zu.

Mittlerweile ist es auf dem Strip rappelvoll. Mehrere Gruppen von Junggesellenabschieden torkeln in die Amüsierbetriebe hinein und wieder heraus. Vor dem »Paris Hotel« posiert ein Hochzeitspaar für einen Fotografen, die Braut trägt eine schwarze, kurze Polizeiuniform, Marke Stripperin, garniert mit einem weißen Schleier, ihr Bräutigam trägt eine züchtige blaue Polizeiuniform. Die Trauzeugin ist Catwoman und mit Handschellen an einen anderen Officer gekettet, den Trauzeugen.

Zurück im Hotel beziehe ich mein Zimmer. Das Bett ist riesig, und obenauf liegen fünf verschiedene Kopfkissen. Gegenüber an der Wand hängt ein großer Plasmabildschirm, auf dem der hoteleigene Kanal Shows und Restaurants anpreist. Im Badezimmer steht eine große Badewanne, neben der Toilette hängt ein Telefon, man weiß ja nie, wann man etwas braucht. Nach einem kleinen Mittagsschlaf ist es sechzehn Uhr, und ich schmeiße mich in meinen Bikini, um die Poollandschaft zu erkunden. Meine Freude trübt sich schnell, als ich unten angekommen auf einem Schild lese, dass der Außenbereich samt Schwimmbecken um siebzehn Uhr schließt und ab morgen, Montag, bis Freitag geschlossen bleibt. Das sind die Winteröffnungszeiten. Aber hey, eine Stunde Badespaß ist schließlich besser als nichts. Der Pool ist unterteilt in normale Liegen, auf denen man sich ausbreiten kann, und einen speziellen VIP-Bereich mit eigener, knapp bekleideter Kellnerin, die Drinks serviert. Schätzungsweise 80 Prozent der Badelustigen dort haben schon gewaltig einen im Tee, überall stehen Bierflaschen und Cocktailgläser rum. Die Stimmung ist ausgelassen bis übermütig, und dass hier von der falschen Seite in den Pool gesprungen wird, interessiert die Baywatch-anmutenden Lifeguards nur sekundär.

Ich setze mich an den Beckenrand und krame mein Fitzek-Buch aus der Tasche. Einige der Gäste sehen mich an, als ob ich ein Alien wäre. Nicht gerade die sexy Bikinifigur, kein Getränk in der Hand, aber ein Buch. Das erscheint ihnen sonderbar.

Abends mache ich mich auf zu einer weiteren Erkundungstour durch Casinos und Bars. Auf den Straßen hat sich im Vergleich zu tagsüber die Menschenmenge locker verdreifacht. Ich denke, wenn New York die Stadt ist, die niemals schläft, dann ist Las Vegas der verwöhnte Rüpelbruder auf Ritalin.

Am Ende des Tunnels scheint ein Licht, oder?

An jeder Ecke in Vegas bekommt man Gutscheine in die Hand gedrückt, die einem den Aufenthalt versüßen sollen. Leider lohnen die sich oft erst ab zwei Personen. Ich beschließe, einen Supermarkt zu finden, um mir etwas Essbares zu kaufen, das weder übermäßig teuer noch Fast Food ist.

Ich setze also meinen Cowboyhut auf und spaziere los. Den Hut habe ich sehr lieb gewonnen, meine Tante hatte ihn mir in Texas geschenkt. Wann kommt man in Deutschland schon mal dazu, ungeniert einen Cowboyhut zu tragen? Hier mischt er sich ganz gut in das Bild der Touristen, die aus aller Welt gekommen sind, um ein paar Tage die Sau rauszulassen. Außerdem gefällt es mir, wenn mich die Leute, die mir auf dem Strip Gutscheine und Coupons in die Hand drücken wollen, mit »Hey, Cowgirl!« ansprechen. Viel besser als »Hey du da!«. Die Kopfbedeckung hat auch noch einen richtigen Sinn, sie schützt mich nämlich vor der brennenden Nachmittagssonne. Es sind knapp 100 Grad Fahrenheit, also circa 37 Grad Celsius. Das ist ein Grund, weshalb man Vegas lieber im Winter besuchen sollte. In den Sommermonaten herrschen hier auch gern mal 42 bis 50 Grad Celsius.

Ein Garant für eine Erkältung, weil die Casinos auf frische 20 Grad klimatisiert sind.

Ich ignoriere den ersten Supermarkt und auch den zweiten. Obwohl es Läden sind, die zu den großen Ketten wie »7/11«, »Ralphs« oder »Safeway« gehören, bilde ich mir ein, dass es einen Supermarkt am Rande des Strips geben muss, der noch günstiger ist. Ich passiere den »Trevi«-Brunnen, vor dem ein als Chewpaca verkleideter Mensch auf fotogeile Touristen wartet. Sein zotteliges Fell wirkt heruntergekommen, und ich kann die netzartig verkleideten Seeschlitze sehen, aus denen er hervorlugt. Die Vegas-Desillusionierung beginnt bereits am zweiten Tag. Das hatte ich nicht erwartet. Plötzlich verändert sich etwas in seiner Haltung. Obwohl er immer noch verkleidet ist, kann ich den Menschen in dem Wuki-Kostüm erkennen. Das ist bei mir so eine Sache, da versuche ich mir etwas Kindliches zu bewahren. Auch wenn ich weiß, dass es ein schlecht oder gar nicht bezahlter Schauspieler ist oder nicht einmal ein Schauspieler, sondern einfach jemand, der sich den Zottelkopf aufsetzt, um damit ein paar Dollar zu verdienen, will ich diesen schrecklichen Moment nicht miterleben, wenn mir die Maskerade bewusst wird. Jetzt aber kann ich den Menschen in dem Wuki-Kostüm erkennen.

Die pelzigen Pfoten heben sich neben seinen Kopf, und ZACK zieht er sich den Fellkopf vom Menschengesicht. Mittagspause.

Ich gehe weiter, um festzustellen, dass der letzte Supermarkt am Strip dieselben Preise hat wie der neben dem »Treasure Island«. Ein Stück vor dem Eingang sitzt eine junge Frau und bettelt. Sie hat keine »coole« »Für Gras oder für Alkohol«-Pappe vor sich, wie ich sie in New Orleans gesehen hatte, sondern lediglich einen verdreckten Becher mit der Aufschrift »Need Food«. Ich frage sie, ob ich ihr aus dem

Supermarkt etwas mitbringen soll. Das mache ich auch ab und zu in Berlin, wenn Penner oder Punks vor meinem Penny abhängen.

»Gerne«, sagt sie und bittet mich um ein Sandwich und eine Flasche Wasser. Ich kaufe vier Sandwiches, zwei für mich zum Abendessen und zwei für sie, für jede eine 1,5-Liter-Wasserflasche und noch zwei Dosenbier. Als ich wieder herauskomme, hat sie sich ein Stück weiter weg gesetzt, um der Sonne zu entfliehen. Nun hockt sie unter dem Vordach des Supermarktes.

Sie sieht verlebt aus, nicht so schlimm wie die Heroinjunkies vom Kottbusser Tor in Kreuzberg, aber dennoch vom Leben gezeichnet. Ich schätze sie vielleicht auf Mitte dreißig. Sie wirkt nicht extrem ungepflegt, aber ich kann sehen und kurz darauf auch riechen, dass ihre letzte Dusche eine Weile her sein muss. Neben ihr liegen trotz der wahnsinnigen Hitze ein zerschlissener Parka und ein kleiner Rucksack. Ihre Haare sind leicht verfilzt, und sie trägt ein hellgrünes T-Shirt, auf dem in gelben Buchstaben »Las Vegas – too weird to live, too rare to die« steht. Zu seltsam, um zu leben, zu selten, um zu sterben. Das ist ein Zitat aus Hunter S. Thompsons Buch »Fear and Loathing in Las Vegas«, dessen Verfilmung mit Johnny Depp und Benicio del Toro Kult geworden ist.

Ein oberflächliches »Wow, cooles T-Shirt« erscheint mir irgendwie falsch, und ich reiche ihr wortlos die Sandwiches und das Wasser und frage sie, ob sie auch das Bier will. Sie antwortet, dass sie es gern für ihren Freund nehmen würde. Er sitze ein paar Blocks weiter die Straße runter. Normalerweise bettelten sie zusammen, aber sie hätten sich heute Morgen gestritten und würden sich erst in ein paar Stunden wiedersehen, das Bier wäre gut, als eine Art Versöhnungsgeschenk. Dann bedankt sie sich und stellt sich vor. Ihr Name ist Betty.

Ich setze mich zu ihr, frage sie, wie sie nach Vegas gekommen ist, und höre mir ihre Geschichte an.

Betty stammt aus einem Vorort von Chicago. Ihre Kindheit war nicht die schlechteste. Kein Missbrauch, keine alkoholabhängigen Eltern. Ihre Noten in der Schule waren nicht besonders gut, aber auch nicht ganz schwach. Mit fünfzehn lernte sie ihren ersten Freund kennen: Eric, einen Schulabbrecher, der mit den älteren Teenagern am Bahnhof rumhing. Ihre Eltern verboten ihr, sich mit diesem missratenen Typen zu treffen, der keine Ausbildung hatte, keinen Job und keine Zukunft. Doch das war ihr egal. Er war gut zu ihr, er liebte sie, er wollte mit ihr verrückte Orte besuchen, die Welt erkunden, irgendwann eine Familie gründen.

Der Konflikt mit ihren Eltern führte dazu, dass auch sie die Highschool nicht beendete und kurz vor ihrem sechzehnten Geburtstag mit ihm durchbrannte. Eric hatte ihr eröffnet, dass er durch einen Job an etwas Geld gekommen sei und sie damit ein paar Monate durchbringen könnte, bis sie irgendwo ankämen, wo es ihnen gefällt, und sich dort niederließen.

Es folgten Monate, in denen sie quer durchs Land reisten, meist per Anhalter, ab und zu mit dem Bus, ganz selten mal eine Strecke im Zug. Das Geld reichte hinten und vorne nicht, und aus der Not heraus beging Eric ein paar Ladendiebstähle und war in einigen Städten nächtelang verschwunden, um Jobs zu erledigen. Er gab vor, dort jemanden zu kennen. Das Geld reichte dann wieder für ein paar Tage.

Betty sagt, dass es für sie der große gelebte Traum der Freiheit war. Sie und Eric gegen den Rest der Welt. Irgendwann, wie lange es her war, wusste sie nicht mehr, schlug er vor, dass sie nach Vegas fahren sollten. Betty hatte ihre Bedenken, da sie wieder knapp bei Kasse waren und es ihr dämmerte, dass Erics Geldbeschaffungsmaßnahmen vielleicht doch nicht immer so legal waren, wie er vorgab. Doch er überzeugte sie mit dem Argument: »Baby, in Vegas werden wir heiraten!«

Das ist bis heute nicht geschehen. Anfangs kellnerte Betty in einer Touri-Bar, flog da aber im hohen Bogen raus, weil sie, von Eric angestiftet, immer ein bisschen mehr vom Umsatz abgezweigt hatte. Eric selbst kultivierte in Las Vegas ein ordentliches Spiel- und Drogenproblem, sodass er eigentlich nie wirklich irgendwo arbeiten konnte. Sie wohnten in einem Auto, das man ihnen klaute. Eric verlor nach und nach den Kontakt zu seinen Bekannten. Spielschulden und Beschaffungsdelikte trugen ihren Teil dazu bei, dass sich sogar sein zwielichtiger Freundeskreis von ihm abwendete. Immer wieder bat Betty ihn, mit ihr fortzugehen. Woanders hin. Sie sagt, dass Vegas nach und nach ein Stück der Seele verschlingt. Sie fing an, Drogen zu nehmen. Im Moment ist sie angeblich wieder clean und versucht, einen neuen Job zu bekommen.

Nachdem das Auto futsch war, saßen die beiden buchstäblich auf der Straße, bis sie sich mit einem anderen Obdachlosen unterhielten, der ihnen von den Tunneln erzählte. Dort leben sie jetzt.

Die Tunnel?

»Ja«, sagt sie. »Die Tunnel. Das ist praktisch, weil es dort unten schön kühl ist, und nach einer Weile haben wir uns eine gute Ecke eingerichtet, fast wie eine Wohnung.« In ihrer Stimme schwingt ein bisschen Stolz mit. Ich kann ihr noch nicht richtig folgen.

»Tunnel?«, wiederhole ich.

»Ja. Es ist gut. Wir zahlen keine Miete und sind sicher.«

Betty und ich wechseln noch einmal den Platz, die Sonne brennt gnadenlos. Sie fährt fort. Eric und sie betteln nun entweder tagsüber, oder sie betreiben Credit Hustling. Credit Hustling?

Das funktioniert so: Zunächst besorgen sie sich halbwegs saubere Klamotten, um Zutritt zu den Casinos zu bekommen und nicht gleich von den Securitys rausgeschmissen zu werden. Dann suchen sie nach Automaten, in denen noch Spielkredite vorhanden sind. Das passiere häufiger, als man denkt, sagt sie. Jemand muss weg oder ist genervt und verlässt den Automaten. Ja, und dann spielen sie. An guten Abenden können schon mal 50 Dollar zusammenkommen. Meistens gehen sie zusammen in die Casinos, das hat ein bisschen etwas von einem Date, schwärmt Betty. Dann tun sie für ein paar Stunden so, als wären sie ein ganz normales Paar, das für ein Wochenende in Vegas ist. Wenn sie alleine loszieht, packt Betty von ihrem »Gewinn« immer ein paar Dollar für sich zur Seite. Das darf Eric natürlich nicht wissen.

Auf einmal beendet Betty die Erzählstunde. Sie rutscht nervös auf ihrer Pappe hin und her und sagt, dass ich jetzt gehen müsse. Wenn sie nur rumsitze und quatsche, könne sie kein Geld verdienen. In der Zeit, in der wir uns unterhalten haben, ich tippe, es war eine halbe bis dreiviertel Stunde, hatte sie keinen einzigen Dollar bekommen. Schuldbewusst zücke ich einen Fünfer und gebe ihn ihr. Ich würde ihr am liebsten noch einen geben und sie bitten, sich weiter mit mir zu unterhalten. Aber das erscheint mir irgendwie großkotzig. Ich verabschiede mich und gehe zurück, entlang des Strips, zu meinem Hotel.

Den Rest des Nachmittages nutze ich, um die Tunnel zu recherchieren. Dabei stoße ich auf mehrere Dokumentationen zu dem Thema und bin ziemlich baff: Schätzungsweise 300–400 Menschen leben in den Tunneln unterhalb der Unterhaltungsmetropole. Ursprünglich waren das Fluttunnel, um den Regenmassen Einhalt zu gebieten, die zwar selten, aber dann ungebremst aus den Bergen in die Stadt fließen und so die Fundamente der Luxushotels unterspülen können. Bei starkem Regen strömen die Wassermassen mit bis zu 50 Stundenkilometern in die Tunnel. Die Tunnelbewohner verlieren dann nicht nur ihre Habseligkeiten, sondern manchmal auch ihr Leben. Der Mann, mit dem das Kamerateam aus der Doku zu sehen ist, heißt Matthew O'Brien. Als ich seinen Namen bei Facebook eingebe, finde ich ihn sofort.

Ich schicke ihm eine Nachricht, dass ich mich für seine Arbeit in den Tunneln interessiere und gerne mehr darüber erfahren würde, was da unten vor sich geht. Eine halbe Stunde später erhalte ich Antwort. Gerne könne er mir mehr erzählen. Schon eine Stunde später sitzen wir zusammen in einem Café.

»Es begann alles 2002«, erzählt der 39-Jährige, große, schlanke, dunkelhaarige Journalist, der mir mit einem Becher Eistee gegenübersitzt.

»Durch die Presse ging der Fall von Timmy Weber, einem Mann, der wegen mehrfachen Mordes gesucht wurde. Während einer spektakulären Verfolgungsjagd verschwand er spurlos. Später, nachdem die Polizei ihn verhaftet hatte, erzählte er, dass er fünf Stunden lang durch die Fluttunnel gelaufen ist. Das hat mich interessiert, und ich bin selbst hinuntergegangen, um einen Artikel darüber zu schreiben. Ich kam in Kontakt mit einem Fotografen, der auch schon mal in einem der Tunnel war, und wir gingen zusammen runter.

Nach und nach habe ich viele der Tunnel erkundschaftet, aber bei weitem noch nicht alle. Ich habe viele Menschen kennengelernt, die dort leben. Wenn es dich wirklich interessiert, dann kannst du mit mir kommen. Wie wäre es morgen Nachmittag, da wollte ich sowieso ein paar Sachen hinbringen. Batterien, Socken, so was«, schlägt er mir vor.

»Ja, klar, gerne«, antworte ich und frage mich im selben Moment, wie ich arglos hatte einwilligen können, mit einem fremden Mann durch unterirdische Tunnelsysteme zu spazieren. Immerhin hatte er ein Buch darüber geschrieben und war im Fernsehen, versuche ich mich zu beruhigen, obwohl das nicht zwangsläufig etwas darüber aussagt, ob jemand ein guter Mensch ist. Aber ich sorge mich sowieso mehr darum, was ich unterhalb der Neonwelt von Vegas zu Gesicht beziehungsweise vor die Taschenlampe bekommen werde. Denn, das habe ich schon verstanden: In den Tunneln herrscht komplette Dunkelheit.

»Du kannst es dir ja bis morgen überlegen«, bietet Matthew an.

Wenn ich nervös bin, sage ich oft das, was mir als Erstes einfällt, und äußere ihm gegenüber die schlimmste Befürchtung, die mir in den Kopf kommt: »Ich habe Bedenken, dass ich mich übergeben muss. Ich bin sehr empfindlich, was Gerüche betrifft, und fände es ganz schlimm, mich sozusagen bei jemandem im ›Wohnzimmer‹ zu erbrechen.«

Matthew nickt, nimmt mir aber diese Angst mit den Worten: »Das wäre nicht schlimm. Da würden die Jungs ziemlich sicher drüber lachen. Und ganz ehrlich, es riecht an sich überhaupt nicht schlimm, weil es immer zwei Röhren nebeneinander sind. In der einen leben sie, und die andere ist gewissermaßen die Toilette. Durch die müssen wir aber nicht gehen, und du kannst dir ja zur Sicherheit eine Tüte mitnehmen. Ich hätte eher gedacht, dass du mich fragen würdest, ob es gefährlich ist.«

»Ja, das wäre vielleicht eine bessere Frage gewesen. Ist es?«

»Normalerweise nicht. Es kann natürlich immer irgendetwas passieren, aber das kann es auf der Straße auch. Ich rufe ein paar der Jungs an, dann wissen sie, dass wir kommen.«

»Per Handy?«, frage ich. Bei meinem Telefonanbieter habe ich schon Schwierigkeiten mit dem Empfang im Hinterhof.

Dass man in einem Tunnel telefonieren könnte, liegt außerhalb meiner Vorstellungskraft.

»Ja, natürlich. Oder per Facebook. Das sind ja keine Wilden, viele von ihnen haben Telefone«, erklärt Matt.

»Aber die sind mit Sicherheit nicht bei O2«, füge ich hinzu und ernte dafür einen verwirrten Blick.

Am nächsten Nachmittag treffe ich ihn auf einem Parkplatz nahe des Strips. Ich habe mich mit einer Taschenlampe ausgerüstet und habe das Gefühl, dass ich mich schon hier übergeben muss. Nicht wegen irgendeines Geruches, sondern vor Aufregung.

»Ich habe zwei Tunnel ausgesucht, die nicht so lang sind und in denen ein paar Kerle leben, die ich schon lange kenne. Die Tunnel sind bis zu acht Kilometer lang, da wären wir eine Weile unterwegs«, teilt er mir fröhlich mit. Na immerhin, denke ich, auf einen 8-Kilometer-Marsch hätte ich mich wahrscheinlich auch nicht eingelassen. Das wäre doch verrückt. Jetzt mit diesem Mann in einen kürzeren Tunnel zu gehen, in dem Obdachlose und Drogenabhängige leben, klingt doch schon alleine wegen des Wortes »kürzer« nur noch halb so gefährlich. So kann ich meinen eigenen Verstand manipulieren: »Acht Kilometer, was da alles passieren kann. Vier Kilometer, das halbiert das Risiko. Zwei Kilometer, also bitte, drei Viertel ungefährlicher, ein Klacks. Über einen Kilometer musst du gar nicht nachdenken.« Hat Matt überhaupt gesagt, wie lang die Tunnel sind?

Damit er nicht denkt, ich sei ein Angsthase, frage ich nicht nach und beende die Sorgenspirale mit dem Gedanken, dass Matt schon viele Male dort unten war und immer unversehrt zurückgekommen ist. Jetzt steht er mit einem kleinen Rucksack und weißen Socken in alten Turnschuhen vor mir und sieht eher so aus, als ob er eine Wanderung durch den Harz machen würde.

Wir überqueren die Straße und stehen vor einem Maschendrahtzaun. Dahinter befindet sich kein Luxushotel, keine Einkaufsmall, keine Bar, sondern ein brachliegendes Gelände neben einem Betongraben. Matt geht am Zaun entlang, bis dieser aus mir unersichtlichen Gründen abrupt endet. Wir haben immer noch die Straße im Rücken, und der Ausblick über den Graben ist derselbe.

Als wir hinter den Zaun treten, erkenne ich den Eingang von zwei Tunneln. Vermutlich soll die Absperrung Touristen davon abhalten hineinzuklettern. Als Matt mir die Hand reicht, um in den Graben zu steigen, spüre ich, dass sich etwas verändert hat. Plötzlich fühlt es sich an, als ob wir in einem Vakuum wären. Ich kann zwar die Geräusche der Straße noch wahrnehmen, aber sonst erinnert nichts mehr an Sin City.

Der Eingang der Tunnel sieht aus wie ein Paar schwarze, eckige Augen. Mein Herz schlägt schneller, und ich höre das Blut in den Ohren rauschen. Meine Hände fühlen sich kalt und schwitzig an, obwohl mir heiß ist.

»Lass mich kurz vorgehen und schauen, wer da ist«, sagt Matt, und ich recke meinen Kopf ein bisschen vor, um herauszufinden, wie es riecht. Bisher nach nichts. Auch der Betonboden am Tunneleingang ist vollkommen sauber.

Aufmerksam verfolge ich jeden Schritt, den Matt in den Schacht hineingeht.

Er muss den Kopf einziehen, ich schätze, dass er 1,85 Meter groß ist, ein bisschen größer als die Höhe des Tunnels.

Die Breite schätze ich auf ungefähr drei Meter.

»Hallo? Jim? Ist jemand zu Hause?«, ruft er in die Dunkelheit, als ob er gerade an die Tür eines Einfamilienhauses geklopft hätte.

Nach einem kurzen Moment versucht er es erneut: »Jim! Ich bin es, Matt. Bist du da? Bist du wach?«

Er dreht sich zu mir um, legt seine beiden Handflächen

zwischen Kopf und Schulter aneinander, um mir zu signalisieren, dass Jim vermutlich schläft.

Ich bin unsicher, was das bedeutet. Soll ich zu ihm kommen? Gehen wir doch nicht hinein, um niemandem durchs »Schlafzimmer« zu latschen, während er ratzt?

»Ist okay, du kannst herkommen. Vielleicht ist er auch gar nicht da.«

Zögerlich lasse ich meine Hand in die Tasche meiner Jacke gleiten und hole meine Taschenlampe heraus. Vier Meter lässt mich das Sonnenlicht in die kalte Betonröhre hineinsehen, danach herrscht absolute Dunkelheit. Jetzt erinnert es mich eher an einen Mund, in den ich hineingehe.

Nach ein paar Schritten spüre ich, dass es deutlich kühler wird, vermutlich ebenfalls ein Grund, warum die Obdachlosen dieses Quartier beziehen.

Im Schein der Taschenlampe erkenne ich eine alte Matratze und einen Einkaufswagen. »Jim?«, ruft Matt erneut, und ich sehe, dass sich auf der Matratze etwas bewegt. Ein Mann in einem zerschlissenen grünen Schlafsack gibt schlaftrunkene Grunzgeräusche von sich, während sich ein Arm unter der Decke hervorschiebt und nach einer Eisenstange greift, die vor der Matratze zwischen ausgedrückten Zigarettenstummeln auf dem Boden liegt.

»Ich bin es, Kumpel. Ich bin mit einer Freundin aus Deutschland da, ich hatte dir gestern am Telefon davon erzählt«, versucht Matt den Mann zu überzeugen, dass von uns keine Gefahr ausgeht.

»Oh, Matt, sorry Mann, ich bin wohl eingeschlafen. Ja. Willkommen in meinem bescheidenen Heim«, sagt er, nach wie vor verschlafen, aber freundlich.

Ich orientiere mich an Matt und leuchte mit meiner Taschenlampe dorthin, wo auch er hinleuchtet, um Jim nicht zu blenden und seine Privatsphäre nicht zu stören.

»Jim wird auch ›der Wächter der Tunnel‹ genannt. Er weiß genau, wer hier ein und aus geht. Wie geht es dir heute, Kumpel?«, fragt Matt, während sich Jim auf seiner Matratze aufrichtet. Ich kann ein wenig von seinem Gesicht sehen, er hat einen zerzausten Vollbart und trägt eine alte Militärmütze.

»Ja, alles okay. War ein harter Morgen heute. Wayne ist völlig durchgedreht und hat die ganze Zeit rumgeschrien. Da bin ich lieber nochmal nach oben gegangen. Ich bin einfach zu alt, um die Bengel zur Ordnung zu rufen. Und ich habe auch keine Lust, das hier zu benutzen«, erläutert Jim und zeigt auf sein Eisenrohr.

»Wayne? Ist das dieser Junge, der erst seit kurzem da ist?«, fragt Matt und reibt sich nachdenklich sein Kinn.

»Richtig. Aber ich schätze, dass er nicht lange hierbleiben wird.« Er wendet sich mir zu: »Weißt du, hier ist es normalerweise sehr ruhig. Deswegen wohne ich hier. Wenn Neue Stress machen, oft weil sie zu viele Drogen nehmen, dann schmeißen wir sie einfach raus. Mein Platz hier ist der beste, finde ich. Ich kann tagsüber den Ausgang und das Licht sehen, das spart mir Batterien. Und ich habe es nicht weit zur Arbeit!« Er lacht heiser.

»Jim arbeitet als Nachtwächter in einem Supermarkt, da kann er tagsüber auch mal schlafen«, fügt Matthew hinzu, und ich bewundere, dass er diesen Satz so ruhig und liebevoll, ohne jegliches Anzeichen von Sarkasmus oder Zynismus über die Lippen bringt.

»Jim, wir haben dir etwas mitgebracht. Ich hab neulich von einer Journalistin Schokolade aus Japan geschenkt bekommen. Magst du die probieren? Ich habe auch noch ein paar Batterien und frische Socken dabei.«

»Keine Schokolade zum Frühstück«, gibt der Obdachlose zurück, gefolgt von einem rasselnden Raucherhusten. »Aber lass sie mir da, vielleicht esse ich sie später. Ich arbeite sechzig Stunden die Woche, und dieser kleine Spacko da hinten hat mir meinen Schlaf versaut. Jetzt pennt er wahrscheinlich. Ihr solltet aufpassen, wenn ihr in die Richtung weitergeht.«

»Das machen wir. Versprochen. Jim, wie lange lebst du nochmal hier unten?«, leitet Matthew das Gespräch weiter, damit ich etwas über den Mann erfahren kann. Ich bin ihm dankbar dafür, weil ich zwar im Moment keine Angst verspüre, aber damit überfordert bin, so lässig wie Matt Konversation zu führen.

»Seit vier Jahren. Seit meine Mädchen aufs College gekommen sind. Ich habe immer gesagt: Wenn ihr aufs College geht, dann gehe ich nach Vegas.«

»Einfach so?«, frage ich, was er mit einem »Ah, die Dame kann auch sprechen« quittiert. Allerdings in einem netten Ton, was mich darauf schließen lässt, dass ihm nicht entgangen ist, dass ich im Moment etwas schüchtern bin.

»Ja, Mädchen. Einfach so. Ich hatte selbst mal einen Supermarkt, war ein erfolgreicher Geschäftsmann. Ich hatte sogar ein paar Restaurants. Aber man kommt an einen Punkt im Leben, da muss man sich fragen, was man mit dem Rest anfangen will. Ich wollte nach Vegas. Spielen, trinken, rauchen, herumhuren. Meine Ehe war miserabel, das Einzige, was mich bei meiner Frau gehalten hat, waren meine beiden Töchter. Sie dachten wohl immer, dass ich scherzen würde, wenn ich ihnen von meinen Vegasplänen erzählte. Nach ihrem Highschoolabschluss habe ich einen Camper gekauft und bin mit den beiden durchs Land gereist. Dann habe ich sie mit dem Wagen zum College gebracht, bin nach Hause gefahren und hab meine Frau gefragt, ob ich die große Plastiktüte haben könnte. So eine blaue von IKEA. Sie fragte zurück, was ich damit will, und ich sagte ihr, dass ich etwas einkaufen gehen würde. Das hat ihr als Antwort gereicht. Sie hat nicht gefragt, *was* ich besorgen wollte. Es war ihr schlichtweg egal, was ich tat. So habe ich ein paar von meinen Sachen gepackt, mich ins Wohnmobil gesetzt und bin nach Vegas gefahren. Ihre Anrufe habe ich ignoriert, ich kann mich auch nicht erinnern, dass es besonders viele gewesen wären. Nach ein paar Wochen meldeten sich meine Töchter und wollten wissen, wo zur Hölle ich stecken würde. ›Natürlich in Las Vegas‹, hab ich geantwortet. Sie waren erstaunt und auch ein bisschen sauer, glaube ich. Aber mal ehrlich. Ich habe in meinem Leben sehr hart gearbeitet. Wer kann es mir verdenken, wenn ich beschließe, hierherzukommen, um alles zu versaufen und zu verspielen.«

Jim greift am Kopfende seiner Schlafstätte in einen kleinen Karton und holt eine Zigarette und ein Feuerzeug heraus. Im Schein der Flamme kann ich das erste Mal direkt in seine Augen sehen.

Sie sehen warmherzig aus, nicht wie die eines Mannes, der seine Familie im Stich gelassen hat. Er wirkt auf mich weder alkoholisiert, noch als würde er unter Drogeneinfluss stehen.

»Wie lange hat es gedauert, bis du alles verloren hattest?«, hake ich nach.

»Nicht besonders lange. Ich hatte Ersparnisse und den Wohnwagen. Den habe ich verkauft, als ich angekommen bin, hab mir eine Wohnung gemietet. Damals habe ich auch noch getrunken. Alkohol und Glücksspiel. Da reicht ein Abend oft schon aus, um ein paar zehntausend Dollar durchzubringen. Ich hatte es hier ein paar Wochen ganz gut. Dann verlor ich die Wohnung und musste mir wieder einen Job suchen. Dass ich jetzt als Nachtwächter in einem Supermarkt arbeite, das hat schon eine gewisse Ironie.«

»Was machst du denn mit dem Geld, das du verdienst?«, frage ich ihn, da in meiner Vorstellung jemand, der sechzig Stunden die Woche arbeitet, nicht in einem Tunnel leben müsste.

»Ich habe ein Konto bei einer Bank. Ich versuche zu sparen. Wer weiß, vielleicht mache ich was mit dem Geld in ein paar Wochen. Mal sehen, ich habe keinen Zeitdruck. Ich habe ein Dach über dem Kopf und meine Ruhe hier unten. Aber vielleicht hole ich mir auch wieder einen Wohnwagen und ziehe in einen Trailerpark. Gibt es so was in Deutschland auch? Wohnsiedlungen, die nur aus Campern bestehen?«, fragt er, und ich schüttele den Kopf. »Das kostet fünfhundert im Monat, und ich habe Strom und Wasser. Vielleicht besorge ich mir auch einen Truck und reise mit dem Ding ein bisschen. Das habe ich früher auch gerne gemacht.«

In diesem Moment bekomme ich ein beklemmendes Gefühl. Natürlich könnte er unter anderen Umständen in einen Trailerpark ziehen, ein bescheidenes, aber deutlich komfortableres und sichereres Leben führen, aber vermutlich kommt ihm seine Spielsucht immer wieder in die Quere, zumindest kann ich mir sonst nicht erklären, wie dieser Zustand schon seit vier Jahren anhält. Aber Jim unterstreicht erneut den Punkt, dass er hier unten niemandem Rechenschaft ablegen muss und das als Luxus empfindet: »Ich bin gerne hier. Ich habe vielleicht keinen Kühlschrank, aber ich bin mein eigener Boss und habe nie Stress mit meinem Vermieter. Ich habe ein Bett«, fügt er hinzu und zieht seinen Schlafsack zur Seite, sodass ich einen Blick darauf werfen kann. »Die Matratze ist von einem Freund von mir. Er hat für sich und seine Frau eine neue gekauft. Diese hier ist aus Schaum, Queensize. Ich habe sie in zwei Teile geschnitten und die andere Hälfte einem der anderen Jungs gegeben. Ich kann mir von der Arbeit Tageszeitungen mitnehmen und lesen, was da draußen so vor sich geht. Dann sitze ich hier in meinem Bett, lese mit einer Taschenlampe und habe es schön kühl, während sich da oben alle halb totschwitzen.«

Bei der Vorstellung muss er lachen. Ich denke daran, wie überklimatisiert die Hotels und Casinos sind.

»Und wer weiß, mit Trump als Präsident kommt auch unsere Wirtschaft wieder in Schwung, das habe ich gelesen. Der sorgt dafür, dass es wieder mehr Chancen gibt, sich etwas aufzubauen. Ich verstehe gar nicht, warum sich so viele über ihn aufregen. Der macht genau das, was er angekündigt hat. Er wird sich um die Illegalen kümmern, indem er die Konzerne bestrafen wird, die sie anstellen. Wenn die hier keine Jobs mehr kriegen, dann bleiben sie von ganz alleine weg. Er stellt jetzt die Weichen für die nächsten zwanzig, dreißig Jahre.«

»Findest du wirklich, dass er einen guten Job macht? Mich würde es nicht wundern, wenn er aufgibt und zurücktritt«, wirft Matt ein.

»Das glaube ich nicht, dafür ist sein Ego viel zu groß«, gebe ich zu bedenken.

»Ihr habt beide unrecht. Er wird acht Jahre lang Präsident sein. Irgendeiner muss eben mal anfangen aufzuräumen. Er wird das Problem mit den Illegalen lösen. Das ist nicht egoistisch, das ist ein Verdienst für dieses Land. Auf der ganzen Welt ist es hässlich geworden durch die vielen Flüchtlinge und Illegalen. Zu diesem Zeitpunkt muss man auf politische Korrektheit scheißen und es anpacken. Sein Land zu schützen, egal wie, das hat höchste Priorität. Ansonsten wird Amerika kollabieren. Man kann nicht unendlich viel Geld drucken. Die Menschen werden sich irgendwann gegenseitig an die Gurgel gehen. Nicht jeder ist mit so wenig zufrieden wie ich.«

Er streicht seinen Schlafsack glatt und zeigt dann mit seinem Finger in die Dunkelheit des Tunnels. »Es geht den Menschen hier immer schlechter. So wie dem Jungen, der vorhin so geschrien hat. Die Todesursache Nummer eins in Amerika sind Drogen. Das ist doch verrückt. In allen anderen zivilisierten Ländern steigt die Lebenserwartung für weiße Männer, nur hier nicht, hier geht sie zurück, weil sie nicht klarkommen und Drogen nehmen. Die richten sie zugrunde, oder die Ärzte im Krankenhaus tun es. Das war vorher eine der häufigsten Todesursachen: Ärztefehler. Weil unser System so marode ist. Es ist verdorben. Die oberen Zehntausend machen sich Gedanken über computergesteuerte Autos und Häuser mit Kühlschränken, die wissen, wann man einkaufen muss, und es für einen erledigen. Was sie aber vergessen, ist, dass es auch Menschen geben muss, die sich das leisten können. Trump wird mehr Arbeitsplätze für Amerikaner schaffen und dafür sorgen, dass uns Nordkorea nicht den Arsch mit Atomraketen abschießt. Ich glaube, er hat das gut im Blick. Erinnert ihr euch an die Schwedensache?«

Langsam frage ich mich, ob Jim wirklich die Tageszeitung oder eher eine Fernsehzeitung liest. »In Schweden ist gar nichts passiert!«, rufe ich. Trump hatte eine Doku über Einwanderung und Kriminalität in Schweden gesehen und bei einer seiner Reden darauf hingewiesen, dass dort gerade schreckliche Dinge vor sich gingen. Ein bisschen hatte mich das an Orson Welles' »Krieg der Welten« erinnert. Der Regisseur hatte damals Menschen über ein Livehörspiel im Radio weisgemacht, dass Aliens die Stadt angriffen. Die Vorstellung eines Präsidenten, der eine Dokumentation für eine Liveberichterstattung hält, birgt wirklich Potenzial für eine Trash-Comedy! »Schweden ist weit weg, vielleicht wollen die auch nicht, dass wir hier erfahren, was wirklich passiert ist«, rechtfertigt er sich.

»Ich komme aus Deutschland, das ist ziemlich nah an Schweden dran. Glaub mir, ich wüsste, wenn dort etwas Schlimmes passiert wäre«, will ich ihn beruhigen, aber er bleibt skeptisch.

»Es gehen eine Menge Dinge in der Welt vor, die sie uns

nicht erzählen. Aber wenn du meinst, Kind, dann glaube ich dir mal. Matt«, wechselt er abrupt das Thema, »hattest du nicht was von Batterien gesagt? Ich könnte gut welche brauchen.«

»Na klar, hier hast du sie.« Matt holt eine Packung aus seinem Rucksack.

»Wir werden jetzt weitergehen. Pass auf dich auf, alter Junge.«

»Mach ich. Und ihr auch. Vergesst nicht, vorsichtig zu sein wegen dem da.« Wieder zeigt er in die Dunkelheit. »Schläft bestimmt oder ist zum anderen Ende raus, weil er weiß, dass er mit mir Ärger kriegen würde, wenn er hier vorbeikommt«, ergänzt er noch und beginnt, sich wieder in seinen Schlafsack zu verkriechen.

»Hey Jim«, frage ich ihn, inzwischen wieder mutiger. »Bereust du es, dass du nach Vegas gekommen bist?«

»Nein. Vegas ist das Beste. Hier ist alles möglich. Mal geht es auf- und mal abwärts. Das ist wie im wahren Leben, nur mit mehr Drinks und Spaß.«

Matt und ich marschieren weiter. Nach einer Weile bleibt er unvermittelt stehen.

»Riechst du das?«

»Es riecht angebrannt«, antworte ich, was aber mehr klingt wie »Das Telefon hat geklingelt, und mir ist in der Pfanne etwas angebrannt« als »Wir sind in einem Tunnel, und es riecht nach Feuer«.

Matt leuchtet mit seiner Taschenlampe die Wände entlang. Ein Stückchen vor uns ist die Betondecke nicht mehr grau, sondern schwarz. Rußspuren ziehen sich an ihr entlang und sehen aus wie ein expressionistischer Druck.

Matt zieht seinen Finger darüber und riecht daran, bevor er die Wände ein paar Schritte weiter vorn ableuchtet.

»Ist okay, es ist nur hier. Jemand hat etwas verbrannt.

Feuer ist hier unten extrem gefährlich. Aber oft ist es der einzige Weg, wie die Jungs Revierkämpfe beenden können. Sie zünden das Camp eines anderen an, dann hat er alles verloren und muss woanders hinziehen.«

So wie Matt es beschreibt, klingt es wie aus einer Tierdokumentation: »Die Männchen verwüsten das Nest ihres Konkurrenten, damit sich dessen Weibchen bei ihm einnistet.«

»Wayne?«, ruft Matt. »Sein Camp müsste gleich dort vorne sein. Warte kurz, ich sehe nach, ob er da ist.«

Während er ein Stückchen vorläuft, betrachte ich eine Inschrift an der Wand. Sie sieht aus wie Runen oder wie Schrift, die in einer alten Höhle entdeckt wurde. Kaum lesbar.

»Kathi? Kannst kommen!«, ruft Matthew, als ob wir gerade Verstecken spielen würden. Nachdem ich in die Kurve eingebogen bin, höre ich, wie sich Matt mit jemandem unterhält.

Ob das der randalierende, drogenkranke Wayne ist? Der Schein meiner Taschenlampe trifft ein Pappe, die die Hälfte des Tunnels versperrt. Darauf klebt ein großer weißer Aufkleber, mit roter Schrift: KEIN DURCHGANG, vermutlich von einer Baustelle entwendet. Dahinter türmen sich Kartons auf einem Einkaufswagen, vor dem Matt gerade steht und jemandem seine japanische Schokolade anbietet.

»Du hast Glück Kathi, heute bekommst du die ganze Prominenz zu Gesicht. Das hier ist mein Freund Greg, man nennt ihn auch den ›Bürgermeister der Tunnel‹. Greg, das ist meine Freundin Kathi, sie ist aus Deutschland. Hast du nicht auch deutsche Wurzeln und einen deutschen Nachnamen?«

»Ja. Hitler. Deswegen muss ich mich auch hier verstecken.«

Schallendes Gelächter dröhnt von seinem Bett aus durch den Tunnel. »War nur Spaß. Mein Großvater hatte so einen Nachnamen, da waren witzige Punkte über den Buchstaben.

Ein paar ›Ös‹ oder so. Weiß nicht mehr. Aber ich nehm' an, dass ich irgendwie deutsch bin. Ja. Wollt ihr was essen?«

Als er von seinem Lager aufspringt, weiche ich intuitiv einen Schritt zurück, da seine Bewegungen, ähnlich den Sätzen, die er spricht, abgehackt und zackig sind. Er ist von großer Statur und muss den Kopf einziehen.

»Greg ist super im Dumpster-Diving. Ich kenne keinen anderen, der so viel gutes Essen aus Mülltonnen holen kann«, sagt Matt anerkennend.

Greg schiebt hastig ein paar Kartons hin und her und fördert eine große Plastiktüte mit sicherlich dreißig Bagels zutage.

»Hier, die hab ich mir geangelt. Von 'ner Bäckerei. Die wollen nicht, dass wir sie holen. Aber ich kenne einen, der mir gesagt hat, wo sie weggeschmissen werden. Die sind wirklich gut. Ich hab' keinen Hunger. Wollt ihr einen? Die Tüte war zu, ist also nichts drangekommen.«

»Nein danke, wir haben gut gefrühstückt«, antwortet Matt für uns beide.

»Ihr seht süß aus zusammen. Könntet ein gutes Paar sein. Schaut mal, was ich hier habe.« Wieder springt er auf und wühlt in seinen Habseligkeiten. Er zeigt uns eine Stehlampe, die zuvor flach auf dem Boden hinter einem der Kartons lag. »Geht natürlich nicht. Aber ich dachte, ist cool, 'ne Stehlampe zu haben. Wie in einem Wohnzimmer. Die anderen denken, ich bin bescheuert. Bin ich aber nicht. Ich finde es nur witzig. Und guckt mal hier!«

Plötzlich werden Matt und ich geblendet. Greg streckt uns einen viereckigen Kasten entgegen, der mit Leuchtdioden gefüllt ist. Damit macht er deutlich mehr Licht als wir mit unseren Lampen. »LED. Cool, was?«

»Ziemlich cool. Greg …«

»An … aus … an … aus. Damit kann ich Tageslicht machen.

He, he, da sind die anderen ganz neidisch. Und schaut mal, hier.« Greg greift unter sein Bett, das er auf zwei Einkaufswagen aufgebockt hat, in denen große, schwere Steine liegen. Er kramt ein übergroßes Marmeladenglas heraus, in dem Kupferdrähte und Spiralen sind. Ich vermute, dass er sie geklaut hat und zu Geld machen will.

»Endlich Ordnung. Fliegt nix mehr rum jetzt.«

Nervös kratzt er sich im Gesicht und am Hals und hält das Glas dann wieder mit beiden Händen fest. Aber die Ruhe währt nur ein paar Sekunden, dann springt er wieder auf. »Musste kürzlich umziehen. Ist alles noch nicht fertig. Aber guckt mal, hier hab ich die Wäsche aufgehängt.«

Er deutet hinter das Fußende seines Bettes, das ebenfalls mit einem Pappkarton abschließt, sodass sein Camp wie eine Parzelle von beiden Seiten geschützt ist.

Dahinter befinden sich Stiegen, die zu einem verschlossenen Gullideckel führen. Daran hat Greg ein paar Laken, eine Hose und zwei T-Shirts festgeknotet.

»Wird nix nass. Hängt in der Luft.«

Matt und ich nicken anerkennend, als ob man ein Kind lobt, das begriffen hat, nicht auf eine heiße Herdplatte zu fassen.

»Mit dem Wasser ist es gefährlich«, erklärt Matt. »Innerhalb von einer Minute kann es mit hoher Geschwindigkeit durch die Tunnel fließen. Letztes Jahr im Juni war es enorm viel. Eine Frau, ihr Name war Sharon, hat es nicht geschafft rauszukommen. Sie lebte in einem Camp ein Stück weiter den Tunnel runter mit ihrem Freund. Das Wasser hat die beiden überrascht. Er wurde schwer verletzt, sie hat man am nächsten Tag gefunden.« Ich spüre, wie sich mein Hals zuschnürt und ich das Gefühl bekomme, einen Stein im Magen zu haben.

Ich hatte mir Sorgen gemacht über potentielle Angreifer,

Junkies, Verrückte, die sich gegenseitig oder uns etwas antun könnten, und dabei die offensichtlichste Gefahr völlig außer Acht gelassen. Diese Menschen leben in Fluttunneln. Sie geben ihnen Schutz vor der Sonne, vor den missbilligenden Blicken der Außenwelt und vielleicht auch vor sich selbst, aber sie können innerhalb von Minuten zur Todesfalle werden.

»Ja, Sharon. Schrecklich. Ich weiß nicht, wo ihr Freund jetzt ist. Weißt du es Matt? Ich war ja eine Weile nicht hier«, sagt Greg.

»Er ist im Gefängnis, er hat es nicht verkraftet und ist wieder rückfällig geworden«, antwortet Matt und erklärt dann zu mir gewandt: »Greg hat eine Weile in einem Trailerpark gewohnt. Mit Hilfe einer Organisation hat er einen Platz dort bekommen.«

Apropos rückfällig, denke ich.

»Ja, war okay da. Aber zu eng. Die ganzen Regeln. Hab's nicht geschafft. Wollt lieber wieder hier sein. Vielleicht nächstes Mal. Hehe«, quittiert Greg den Ausstieg aus der Möglichkeit auszusteigen. Ich versuche an Matts Gesicht abzulesen, ob er enttäuscht ist. Immerhin ist er derjenige, der Wohltätigkeitsorganisationen erst auf das unterirdische Leben und deren Protagonisten aufmerksam gemacht hat. Aber sein Gesichtsausdruck verrät, dass er so einer Situation schon öfter ausgesetzt war. Er organisiert Hilfe, damit Menschen aus den Tunneln rauskommen, und dann kehren sie freiwillig wieder zurück.

Greg erzählt weiter: »Obdachlos will ich nur in Vegas sein. Eine Stadt, die zu viel hat. Die spuckt immer irgendwas aus. Man muss gewitzt sein. Und das bin ich. Kredite in den Casinos zum Beispiel. Viele wissen gar nicht, wie die Maschinen funktionieren. Hehe. Kredite abstauben ist gut. Die Leute gehen einfach weg. Vor zehn Jahren habe ich mal 4300 Dollar gewonnen. Im ›Bellagio‹. Ich habe an einer Maschine gespielt, die noch 100 Dollar Kredit hatte. Das war das meiste, was ich je gewonnen hab. Da nannten sie mich den King. Hab alle eingeladen. Party für ein paar Tage. Viel Alkohol und Crack. Wusste gar nicht, wie ich so viel ausgeben soll. Ging aber.« Er lacht dreckig. »Nächsten Monat ziehe ich vielleicht wieder aus!«

»Jetzt doch?«, fragt Matt.

»Ja, hätte gerne WiFi. Ich habe einen kleinen Laptop. WiFi wäre cool. Hab so eine E-Mail bekommen. Wie man Sozialleistung kriegen kann. So viel, dass es zum Leben reicht.«

»Sicher, dass es keine Spam-Mail ist von Leuten, die dich abzocken wollen?«, hakt Matt nach.

»Glaub nicht. Mal sehen. Habt ihr Wayne gesehen?«

»Nein!«, antworten Matt und ich gleichzeitig.

»Gut. Vielleicht kommt er ja nicht wieder. Nervt ziemlich, der Typ. Kein guter Nachbar.«

»Brauchst du noch etwas? Batterien oder frische Socken?« Matt stellt seinen Rucksack auf die Matratze, aber Greg winkt ab. »Nein, nein. Hab alles. Hab' ja das hier.« Wieder blendet er uns mit seinem neuen Spielzeug. »So 'ne Batterie hast du nicht, oder?«

»Nein, tut mir leid. Da müssen Knopfzellen rein. Solche habe ich nicht dabei. Aber ich denke nächstes Mal dran. Bis bald, Kumpel.«

»Macht's gut.«

»Tschüss Greg, pass auf dich auf.«

Die nächsten Meter schweigen wir. Dann durchbricht Matt die Stille. »Es gibt Leute, die es wirklich schaffen rauszukommen. Ich arbeite gerade an meinem zweiten Buch zu diesem Thema. Im ersten erzähle ich von den Menschen hier unten. Jetzt arbeite ich an der Fortsetzung, in der ich die Geschichten derer erzähle, die inzwischen in Trailerparks leben. Der Knackpunkt ist die Sucht.«

Stimmt, denke ich. Ich stelle es mir schon schwierig genug vor, mit *einer* Suchtkrankheit zu leben, aber wenn man alkohol-, drogenabhängig und zugleich spielsüchtig ist, wie hoch stehen da die Chancen, das ganze Leben wieder in den Griff zu bekommen?

»Ich habe neulich ein Interview mit einem Mann geführt, der von 1994 bis 1997 unterirdisch gelebt hat. Jetzt ist er schon seit zwanzig Jahren clean und führt ein gutes Leben.«

Wir biegen um eine weitere Kurve, und ich sehe einen Lichteinfall, wie Sonnenstrahlen, die durch dunkle Wolken scheinen. Unwirklich sieht das aus. »Was ist das?«, frage ich Matt und stelle fest, dass das Licht zu der Hoffnung passt, die er mir mit seiner Geschichte über die Aussteiger gemacht hat. Aber es ist kein Wunder, sondern lediglich ein Gitter, durch das Regenwasser von der Straße in den Tunnel fließen kann. Wir befinden uns inzwischen unterhalb des Strips und können das lautstarke Treiben über uns hören.

Autos rauschen vorbei, Schritte sind zu vernehmen, schnelle, langsame, schwere, das Klackern von High Heels, Musik, die sich von den Eingängen der Malls und Casinos in den allgemeinen Geräuschpegel aus Gesprächen und Gelächter mischt. Wir gehen weiter und hören kurz darauf wieder nur unsere eigenen Schritte und unseren Atem, umgeben von der Dunkelheit.

Es kommt mir absurd vor, dass es beide Männer, mit denen wir gesprochen haben, nicht bereuen, in Las Vegas zu sein. Aber vielleicht können sie auch nicht anders, weil ihnen klar ist, dass es in der Welt außerhalb der fleischgewordenen Spielhölle Nevadas keinen Platz für sie gibt. Und wahrscheinlich würden sie ihre tiefsten Ängste und Sorgen auch nicht einer fremden Frau anvertrauen, die mit einer Taschenlampe in ihrem Wohnzimmer steht.

Nach zwei Stunden kommen wir in die obere Welt zurück.

Wir haben Wayne nicht getroffen, sind dafür aber an einem der »Badezimmer« vorbeigekommen, was dann doch noch dazu geführt hat, dass mir ziemlich übel wurde. Fast wie bei einem Aktionskunstwerk waren an der Tunnelwand im beinahe immer gleichen Abstand Haufen zu sehen, um die Toilettenpapier gewickelt war.

»Ist eine Stelle voll, suchen sie sich eine andere und warten, bis alles weggespült ist«, hatte Matt kurz und knapp erklärt, seinen Pullover wegen des Geruchs über Nase und Mund gezogen.

Zurück am Auto gibt er mir noch zwei seiner Bücher, über das Leben in Las Vegas und das Leben der Obdachlosen (»My Week At The Blue Angel« und »Beneath The Neon«). »Es war schön, dich kennenzulernen«, sagt er zum Abschied. »Ebenso, vielleicht sehen wir uns ein nächstes Mal«, antworte ich.

»Wahrscheinlich nicht, ich gehe Mitte des Jahres nach El Salvador und arbeite an einer Schule für Kinder. Ich muss mal raus aus Vegas. Ich war fast zwanzig Jahre hier, ich denke, es wird Zeit für etwas Neues.«

»El Salvador, das ist so ziemlich das Gegenteil von Vegas, oder?«

»Richtig.« Er lächelt. »Da liegt das Ober- und Unterflächige nicht so weit auseinander. Ich möchte Spanisch lernen und Südamerika entdecken. Bevor ich weggehe, werde ich aber noch meine Geschichten zu Ende erzählen, das bin ich mir und den Leuten dort unten schuldig.«

»Das finde ich gut«, sage ich und meine es auch so. »Ich wünsche dir viel Erfolg bei allem.«

»Danke, Kathi«, sagt er und steigt in sein Auto. Ich bleibe noch einen Moment auf dem Parkplatz stehen, auf dem gerade zwei Reisebusse anhalten, aus denen eine Gruppe Japaner aussteigt.

Die Männer tragen Hemden mit Jacketts und die Damen teuer aussehende Kostüme. Eines haben sie gemeinsam, sie tragen alle eine Kopfbedeckung, die aussieht wie ein Sack, den es für fünf Dollar im Sonderangebot bei KiK gab. Blau, gelb, grün, rosa.

Kaum ausgestiegen zücken sie ihre Handys, präparieren ihre Selfiesticks und beginnen, eifrig und scheinbar wahllos Bilder zu knipsen. Hauptsache, irgendwas mit Vegas.

Mein Blick wandert von ihren Selfiesticks zurück zu ihren Kopfbedeckungen, weiter hinunter, bis zu den Schuhen. Ziemlich sicher stehen sie über Jims Wohnzimmer und haben keine Ahnung von der anderen Seite, von dem Leben unterhalb des Neons.

Der Mönch, ein Mensch wie du und ich

Nachdem ich durch neun Staaten der USA gereist bin, stehe ich wieder am Ausgangspunkt: dem Flughafen von Los Angeles. Gedankenversunken sitze ich draußen an einen Betonfeiler gelehnt und genieße die warme Nachmittagssonne auf meinem Gesicht.

Plötzlich wird meine Aufmerksamkeit in Richtung Flughafeneingang gelenkt. Drei Männer in orangebraunen buddhistischen Gewändern diskutieren aufgeregt und lautstark in einer mir fremden Sprache. Das Bild, das die drei abgeben, passt so gar nicht zu den friedlichen, ruhigen Assoziationen, die ich sonst mit Männern in dieser religiösen Kleidung verbinde.

Einer von ihnen, er unterscheidet sich in Körpergröße und Leibesfülle deutlich von den anderen, weshalb ich beschließe, ihn »Big Buddha« zu nennen, steckt sich eine Zigarette an, während der Kleinste die Hände über dem Kopf zusammenschlägt. Der dritte im Bunde redet weiter auf Big Buddha ein, der sich davon nicht im Geringsten beeindrucken lässt. Schließlich verschwinden die beiden ins Innere des Flughafens, während sich Big Buddha auf einen Mauervorsprung setzt und weiterpafft.

Für einen Moment habe ich das Gefühl, dass er zu mir herübersieht. Ich sitze ungefähr fünfzig Meter von ihm entfernt und verliere mich wieder in Gedanken über meine Reise.

Einen Moment später tippt mich jemand an, und ich erschrecke mich, aber nicht so wie in einem Horrorfilm, sondern eher so, wie wenn man sich wundert, dass man einen Bekannten auf der Straße trifft.

Aber ich kenne diesen Mann nicht, alles was ich von ihm weiß, ist, dass er ein Gewand wie der Dalai Lama trägt und darin irgendwo eine Tasche hineingenäht haben muss, so hoffe ich jedenfalls, aus der er eine Packung Marlboro Light herausbefördert … Es ist Big Buddha. Er bietet mir eine Zigarette an, die ich höflich ablehne. Er lächelt mich freundlich an, und ich fühle mich gleich beseelt. Buddha. Ich kenne niemanden, der mit dem dicken Baby in Erwachsenengröße etwas Negatives verbindet. Über Buddhas freuen sich immer alle. Buddhas bringen Glück. Trotzdem verzichte ich vorerst darauf, ihm das dicke Bäuchlein zu reiben oder seine Glatze zu küssen.

So ist er es, der in gebrochenem Englisch die Unterhaltung beginnt: »Du bist eine Frau, die sehr viel denkt.« Stimmt, denke ich, und du bist ein knuddeliges Glücksbärchen, das sehr viel raucht. Als ob er meine Gedanken lesen könnte, fährt er fort. »Rauchen«, sagt er und zieht an seinem Glimmstängel, »ist uns nicht verboten. Es gibt buddhistische Strömungen, denen es nicht gestattet ist. Bei uns in Thailand aber ist es in Ordnung. Buddha lehrte uns, dass wir unseren Körper und Geist nicht benebeln sollen. Viele unserer Brüder sehen das leider anders. Sie trinken oder rauchen Gras. Bis auf die beiden«, er nickt mit seinem Glatzkopf in Richtung der Tür, »die beiden sind so rein wie zwei Neugeborene.« Er lächelt, während er den Rauch aus seinen Lippen bläst. »Im Leben gibt es viele Widersprüche, aber das weißt du selbst am besten. Sie beginnen schon in dir. Du bist nicht ein Sternzeichen, sondern zwei. In deinem Tierkreisglauben sehe ich in dir Löwe, aber noch etwas anderes.«

Bisher habe ich ihm zugehört und nur aus Höflichkeit ein- oder zweimal genickt, aber jetzt hat er meine volle Aufmerksamkeit. »Wie bitte?«, frage ich, während ich das Gefühl habe, dass er mir in beide Augen gleichzeitig schaut.

»Du solltest Löwe sein, bist es aber nicht geworden. Was ist dein Sternzeichen?«, hakt er nach, und ich bemerke, wie meine Beine im Sitzen etwas wackelig werden.

»Krebs«, bringe ich knapp hervor. Ich sollte eigentlich im August geboren werden, war aber acht Wochen zu früh dran.

»Krebs und Löwe, das ist interessant. Für dein ganzes Leben sind Widersprüche wichtig. Du hast die Stärke des Löwen, aber auch die Sensibilität eines Krebses. Du willst alles alleine schaffen, brauchst aber die Zustimmung und Geborgenheit der anderen. Du bist tatendurstig, denkst aber zu viel nach.«

Wieder nicke ich und schiele kurz auf mein Handy, um den Check-in nicht zu verpassen. Es sind noch knapp anderthalb Stunden, weil ich meine Reisetasche als Handgepäck mitnehme. Eine Variante, die sich während der letzten Wochen bewährt hat.

»Es ist noch Zeit«, sagt Big Buddha und lässt den ausgedrückten Zigarettenstummel in seinem Leibchen verschwinden. Woher weiß er das denn? Glaubt er, ich bin gerade erst angekommen? Oder hat er alle Abflüge auswendig gelernt und sieht an meiner Flensburger Reisetasche, dass ich Deutsche bin? Ich beschließe, nicht weiter nachzuforschen, sondern mich auf das Gespräch einzulassen. Ein kettenrauchender Mönch ist tatsächlich jemand, der mir in meinem Kuriositätenkabinett noch fehlte.

»Ich bin sehr froh, dass wir uns getroffen haben«, fährt

er fort. »Schau mal, würde ich nicht rauchen, hätte ich meinen Flug nicht verpasst, dann hätten wir uns nicht getroffen. Ich habe dich beobachtet, wie du hier sitzt und denkst. Ich glaube, dass du eine lange Reise hinter dir hast, und jetzt sind in deinem Kopf all diese Gedanken. Ich möchte dir helfen, sie zu ordnen. Schließe deine Augen und atme. Beim Einatmen sagst du ›Bu‹ und beim Ausatmen ›ddha‹. Das geht natürlich nur von innen, keiner kann beim Einatmen sprechen. Mach es in deinem Kopf. Und konzentriere dich nur auf diese beiden Silben. ›Bu‹ und ›ddha‹. Wenn ein Gedanke dazwischenkommt, akzeptiere ihn und beginne von vorne.« Kurz überlege ich, ob er mich vielleicht beklauen will, das wäre doch eine gute Masche. Sich als Mönch verkleiden und den Leuten sagen, dass sie die Augen zumachen sollen, und – zack – weg ist der Koffer. Zur Sicherheit schiebe ich meinen rechten Fuß durch eine der Schlaufen meiner Tasche, die auf dem Boden steht, und dann schließe ich die Augen. ›Bu– – – – – – ddhaaaa – – – Bu – – – Trump, Trump, Trump – – – Bu – – – die texanische Rockergang – – ddha – – – Bu – – – die Dunkelheit im Tunnel – – ddah …

Immer wieder starte ich einen neuen Anlauf. Nach ein paar Minuten tippt Big Buddha mir mit seinem Zeigefinger zwischen die Augen. Ich deute das als Zeichen, sie zu öffnen. »In deinem Kopf ist zu viel Unruhe, du solltest diese Meditation üben. Es wird dir guttun.« Dieses Mal ist er es, der auf sein Handy schaut. Wo holt er die Sachen nur her?, frage ich mich.

»Ich habe noch etwas Zeit und spüre, dass etwas in dir ist, das heraus möchte. Erzähle mir von deiner Reise, von den Menschen und dem, was du gesehen hast.«

»Ich glaube nicht, dass ich das jetzt so schnell zusammenfassen kann«, antworte ich. »Ich habe so viele unterschiedliche Menschen getroffen und ihre Geschichten gehört, gesehen, wie sie leben und was sie bewegt«, beginne ich einen Erklärungsversuch. »Gut, konzentriere dich und versuche den Kern zu erfassen«, fordert Big Buddha mich auf.

»Den Kern?«, wiederhole ich und denke angestrengt nach.

»Im Grunde genommen waren es alles Menschen, die Hoffnungen und Ängste haben. Die etwas Gutes für sich und andere wollen, aber die Umstände, unter denen sie leben, führen zu ganz unterschiedlichen Ansätzen, wie sie das erreichen können. Die einen lieben Trump als Präsidenten, sehen in ihm eine bessere Zukunft, loben ihn über den grünen Klee. Die anderen hassen ihn und sorgen sich, dass die Welt mit ihm den Bach runtergeht. Und alle haben in ihrem Mikrokosmos Beispiele dafür, warum sie jeweils recht haben.«

»Den Bach runtergehen. Das wird nicht passieren. Unsere Welt ist schon so alt, die hat schon anderes mitgemacht. Sie wird immer einen Weg finden, um zu überleben«, antwortet Big Buddha.

»Und die Menschen?«, frage ich ihn in der Hoffnung, dass er mir eine Lösung für die Probleme der Welt anbieten wird.

»Die Menschen waren auch schon immer so: Sie schauen zu den anderen. Sie wollen das, was die anderen haben. Sich bereichern, um ihren eigenen Schmerz eine Weile zu unterdrücken und nicht zu spüren. Zu glauben, dass es einem besser geht, wenn man sich über andere stellt oder über andere schimpft, ist ein Irrglaube. Kennst du die vier edlen Wahrheiten des Buddhismus?«

Kurz überlege ich, sehe aber beim Gedanken an Buddhismus nur das Bild aus »Auf der Suche nach dem goldenen Kind«, einem Film von 1986, in dem ein kleiner Buddhistenjunge in einem Käfig sitzt und Blätter kaut.

»Nicht so ganz«, gebe ich beschämt zu.

»Die erste edle Wahrheit ist, dass unser Leben eine Reihe von Leid ist. Von dem Tag, an dem du geboren wirst, bis zu deinem Tod. Bei deiner Wiedergeburt beginnt alles von vorne.«

»Klingt ziemlich übel«, attestiere ich seiner Religion, während er mit seinen nikotinverfärbten Fingern auf meinen Handrücken trommelt.

»Die zweite edle Wahrheit ist, dass drei Dinge, wir nennen sie Gifte, zu diesem Leid führen. Hass, Gier und Verblendung. Verblendung ist am gefährlichsten, denn sie entsteht aus Unwissenheit.«

»Wie kann man die Unwissenheit überwinden?«, frage ich Big Buddha, der mich amüsiert ansieht, als ob er die Gedanken in meinem Kopf tanzen sehen könnte.

»Zunächst muss man erkennen, dass diese Gifte immer wieder zu Unglück und Leid führen werden. Vermeiden kann man sie, indem man sich in der Praxis des edlen Achtfachen Pfades übt, eine Art Verhaltenslehre.«

»Aber viele Menschen lesen heutzutage nicht mal mehr Bücher, wie sollen sie denn da diese Acht-Pfade-Sache lernen?!«, frage ich ihn und bemerke, dass meine Stimme der eines quengeligen Kindes ähnelt, das nicht verstehen kann, warum es erst aufräumen muss, um dann Fernsehen zu schauen.

Big Buddha hat dafür ein herzliches Lachen übrig.

»Natürlich wäre es schön, wenn alle den Lehren Buddhas folgen würden, aber die Grundlagen des edlen Achtfachen Pfades gibt es in vielen Religionen, und wer nicht glaubt, der findet sie in vielen Leitlinien des Zusammenlebens: Es geht dabei um Moral, um Tugend, Bescheidenheit, die richtigen Gedanken, die richtigen Absichten, das richtige Sprechen, sich seiner selbst bewusst zu sein, eine vernünftige Lebensweise zu führen.«

»Aber das macht ja keiner«, erwidere ich trotzig. »Manchmal habe ich das Gefühl, dass alle verrückt geworden sind.«

»Deswegen musst du auch bei dir anfangen. Jeden Tag kannst du versuchen, ein bisschen etwas zu verändern. Wenn es gelingt, schön. Wenn nicht, probiere es weiter. Und schau danach, was Menschen verbindet, nicht danach, was sie trennt.«

»Klingt in der Theorie ganz gut«, gebe ich zu und denke gleichzeitig daran, was wohl passieren würde, wenn ich eine Party machte und alle Leute dazu einladen würde, denen ich unterwegs begegnet bin. Würden sie sich nach kürzester Zeit die Köpfe einschlagen, oder wären ihre Differenzen womöglich gar nicht mehr so groß, wenn sie wüssten, was ihr Gegenüber bewegt, und eine konträre Meinung plötzlich ein Gesicht bekäme?

Wenn all diesen Amerikanern klar würde, dass es eines gibt, was sie miteinander verbindet: die Liebe zu ihrem Land, die Liebe zur Freiheit?

Während ich in meinen Gedanken belustigt beobachte, wie Rocker mit Afroamerikanern, texanische Hausfrauen mit arbeitssuchenden Schauspielern und Obdachlose mit Millionären Limbo tanzen, steht Big Buddha auf und deutet mit seinem knubbeligen Zeigefinger auf mein Gesicht.

»Siehst du, du lachst schon wieder. Es ist alles halb so wild. Lachen ist immer gut.«

»Noch eine buddhistische Weisheit?«, frage ich.

»Nein. Lebenserfahrung.«

Zurück in Deutschland

Es gibt eine Redensart, die sagt, dass man jemanden dort abholen soll, wo er steht. Ich dachte, vielleicht interessiert es Sie, wo ich nach meiner Amerikareise stehe. Auf meinem Balkon. Ich überlege gerade, ob Sie mir glauben, dass ich Big Buddha wirklich getroffen habe, es liest sich am Ende fast zu gut, finden Sie nicht auch? Schauen Sie mal in meinen sozialen Kanälen nach, dort gibt es sogar ein Foto von ihm. Das wäre also geklärt.

Ich hatte vor, eine Urlaubsreise zu unternehmen, und ob ich wollte oder nicht, die amerikanische Politik bestimmte sie. Als ich losfuhr, hatten wir Deutschen die große Sorge, dass sich Populismus auch bei uns gegen demokratisches Denken und Handeln im Sinne des Grundgesetztes durchsetzen könnte.

Ich glaube aber, dass viele Menschen an Hand der Geschehnisse in den USA begriffen haben, dass es *keine* einfachen Lösungen für komplexe Probleme gibt. Es ist für uns heute wichtiger denn je, im Dialog zu sein, sowohl politisch als auch gesellschaftlich.

Ich habe es auf meiner Reise versucht, und ich habe Sie gern mitgenommen, um Ihnen davon zu berichten. Ich freu' mich auf ein baldiges Wiedersehen! Vielleicht im Buchladen, vielleicht in einer Kreuzberger Kneipe, vielleicht in Norwegen. Wenn Sie möchten, schreiben Sie mir, dann bleiben wir im Gespräch, ich antworte garantiert.

Ihre Katharina Stueber

stueber.schreibt@gmail.com

Danksagung

Mit einer Danksagung ist es ein bisschen wie mit einer Rede bei einer Preisverleihung. Mit wem fange ich an? Mit wem höre ich auf? Wie lange habe ich Zeit bis zur orchestralen Untermalung und dem Rausschmiss?

Ich beginne mal so: Überhaupt eine Danksagung schreiben zu können bzw. dürfen bedeutet, dass etwas ganz Tolles passiert ist, in diesem Fall ist mein erstes Buch erschienen. Und wenn Sie es gerade in den Händen halten, dann hat es auch tatsächlich jemand gekauft. Donnerwetter. Aber bevor ich meine PR in den Himmel lobe, möchte ich chronologisch beginnen.

Natürlich sind da als Erstes meine Eltern. Vielen Dank für eure vielfältige Unterstützung! Hättet ihr mir nicht meinen Willen gelassen, hätte ich am Ende noch etwas »Ordentliches« gelernt. ☺

Insbesondere gilt mein Dank meiner Mutter, die es mir ermöglicht hat, mein schönes Leben in der Wahlheimat meines Herzens, Berlin, aufzubauen.

Auch dem Rest meiner Familie danke ich von Herzen: Wulf, Karin, Bocki, Gerdi und Gerlinde für die guten Gespräche und natürlich meiner Schwester Friederike, mit der mich trotz unserer unterschiedlichen Temperamente wahnsinnig viel verbindet.

Ein großer Dank gebührt meinen langjährigen Weggefährten, allen voran Carolin, meine Verbündete in sämtlichen Lebenslagen, die mir immer mit Rat und Tat zur Seite steht. Und auch Tommy, mein Fels in der Brandung, Danielle und Peter, Janna, Louisa, Juliana, Nora und Michi, Vatiii, Anthony und Patte. Ihr seid immer für mich da, ihr seid fabelhaft.

Vor vielen Jahren lernte ich den Schriftsteller und Drehbuchautor Alexander Häusser kennen, der für mich zu einem unverzichtbaren Freund und Kollegen geworden ist und mich dazu ermutigt hat zu schreiben. Danke dir, Schmalex. Ein Dank auch an Lorenz Meyer, der meine ersten, holperigen Schreibversuche zu diesem Projekt begleitet hat, stets mit einem Basmatitee und dem richtigen Scheng Pfui.

Bei einer Comedy-Veranstaltung lernte ich den unvergleichlichen Marcel Mann kennen, und bei einer anschließenden nächtlichen Fast-Food-Orgie lernten wir uns lieben. Seitdem ist Marcel ein Teil meiner »Künstlerfamilie«, den ich nicht missen möchte. Marcel, mein Einhorn, danke.

An einem Wochenende im Dezember 2014 trat Dirk Stiller in mein Leben, ohne den ich es nicht geschafft hätte, das Netzwerk aufzubauen, das mich auf diesen fabelhaften Weg gebracht hat, das Projekt »Buch« zu verwirklichen. Dirk, ich werde dir ewig dankbar sein. Er führte mich zu Sabrina Rabow, eine der klügsten und liebsten Personen, die ich kennenlernen durfte und die mich so viel unterstützt, dass ich ihr alleine eine mehrseitige Danksagung widmen könnte, das würde aber die Druckkosten drastisch erhöhen, deswegen hier ein ganz fettes DANKE.

Ein Buch an den Mann oder die Frau zu bringen ist gerade in der heutigen Zeit nicht einfach. Daher mein riesengroßes Dankeschön an meine Agentur, die AVA International, Roman Hocke und Markus Michalek, und den Goldmann Verlag. Insbesondere Monika König hat mir von Anfang an ihr

Vertrauen geschenkt. Maren Ziegler, meiner Lektorin, danke ich für ihre Geduld und all ihre Unterstützung!

Liebe Presseabteilung, liebe Veranstaltungsmanagerin, Frau Sackermann, ihr lieben, großartigen Vertriebsmitarbeiter, Marketinger, Grafiker, liebe alle Verlagsmitarbeiter, die man selten sieht, die ihr aber so wichtig seid für den Erfolg eines Buches, ich danke euch, dass ihr euch so für mich ins Zeug gelegt habt. Ebenso gebührt all den Buchhändlern, die, euch vertrauend, mein Buch in ihr Regal packen, mein ganz besonderer Dank!

Selbstverständlich danke ich auch den vielen spannenden, berührenden und lieben Menschen, die mich während meiner Reise in ihr Leben haben eintauchen lassen und damit dieses Buch ermöglicht haben. Danke auch an Boris, Björn und Martin, deren Musik mich auf jeder Reise begleitet.

Zum Abschluss noch ein extra Dank an meine »Uschis«, die meine Launen während des Schreibprozesses mit einem offenen Ohr und dem einen oder anderen Glas Rotwein austariert haben: Fabi, Romy, Inga, Stefan, Micky, Lisa, Matze, Almut, Gerd, Martin, Tino, Samim, Guisi und last but not least, Robin.

Höre ich da schon die Streicher?

Und jetzt noch mein wichtigster Dank. Da wir uns ja schon ein bisschen kennengelernt haben, beschließe ich dich ab jetzt zu duzen, lieber Leser:

Danke dir, dass du mein Buch gekauft hast. Ich hoffe, dass wir noch oft voneinander lesen werden. Wie gesagt, wenn du magst, schreib mir doch, an: stueber.schreibt@gmail.com.